劉因集

［元］劉因 著
商聚德 點校

人民出版社

點校說明

一、底本的選擇

劉因文集的版本甚多，中國古籍總目（中華書局、上海古籍出版社 2009 年版）列出的有十四部。其中，主要為如下幾部：

（一）靜修先生文集（二十二卷。含詩十四卷，詞（樂府）一卷，文七卷），元至順庚午(1330)宗文堂刊本。四部叢刊（上海商務印書館 1935 年初版，1984 年起上海書店影印出版）、中華再造善本叢書（北京圖書館出版社 2004 年版）所刊的靜修集，都是它的影印本。當今的一些電子版靜修集，所據也是這個版本。（簡稱元至順本）

（二）劉文靖公文集［二十八卷。含詩十五卷（含賦三篇），詞一卷，文十卷，附錄一卷，考異一卷］，明成化十五年(1479)蜀藩刻本。北京圖書館古籍珍本叢刊（書目文獻出版社 1988

年版）所收的劉文靖公文集，是其影印本。（簡稱明成化本）

（三）靜修先生文集［十二卷。含詩五卷（含賦三篇），文七卷］，畿輔叢書刻本。清光緒年間定州謙德堂王灝刻。叢書集成初編（商務印書館民國二十五年初版，中華書局 1985 年新一版）所收的靜修集即據畿輔叢書本排印。（簡稱畿輔叢書本）

（四）靜修先生文集（二十八卷。含丁亥詩集五卷，樵庵詞一卷，遺詩六卷，遺文六卷，拾遺七卷，續集三卷。原有附錄二卷闕）文淵閣四庫全書本。乾隆四十二年修，台北商務印書館 1986 年影印。（簡稱文淵閣本）

（五）文津閣四庫全書本（篇卷同文淵閣本）。乾隆四十九年修，北京商務印書館 2006 年影印。（簡稱文津閣本）

（六）靜修先生文集，容城三賢文集本。有清道光十六年刊本、光緒二十四年刊本。（簡稱三賢集本）

本次點校，以文淵閣本作底本，以文津閣本、元至順本、明成化本、畿輔叢書本、三賢集本為主要參校本。理由是：

（一）四庫全書本收集劉因詩文最齊全。該本收有詩 874 首，詞（樂府）33 首，賦 3 篇，文 116 篇。在上述各本中是最全的。（元至順本只有詩 757 首，詞 32 首，文 90 篇，賦全闕；明成化本與文淵閣本相近，但也有闕遺（如，五言古詩闕五首）；畿辅叢書本校勘較精，但詞33首全闕，詩、文也有闕遺。）

（二）反映了劉因文集的初始面貌。該本提要稱，其内容包括：劉因自訂的丁亥集五卷、門人故友裒輯的樵庵詞集一卷、遺文六卷、遺詩六卷、拾遺七卷、續集三卷（楊俊民輯），共二十八卷。後賈彝復增入附錄二卷。至正中，官為刊行。該書總目稱：「静修集三十卷，兩江總督採進本。」但未提及所據之底本。畿辅叢書本刊有一篇元代刊刻劉因文集的公文，提供了重要信息。其文曰：「元至正九年九月十一日牒。皇帝聖旨。（中略）先生詩文，大關世教。豈容獨缺。今鈔録詩文附録共三十卷，於各路儒學錢糧多處，刊行傳布，則上可以禪國家之風化，下可以為學者之範模。牒請照驗施行。准此。」至正九年為公元1349年。牒中説的這個三十卷本，與四庫全書總目所説正相吻合（文淵閣本、文津閣本以及四庫全書總目，都説到「静修集三十卷」，但抄寫時略去附録，實為二十八卷）。由此推測，這個版本，可能即是四庫全書總目所説的「至正中，官為刊行」的版本。該本之編次，反映了劉因詩文搜集的過程及原始面貌，可信度高，有利於進一步研究。

文津閣本比文淵閣本後出，補出了原本中的一些闕文，但卻又增加了一些新的缺誤。以劉因集而論，還是文淵閣本更好些。

（三）底本也有缺點，即同一體裁的詩文分散於不同卷中，不易查找。我們特編了「體裁簡目」，似可解決這個問題。

總之，劉因集以文淵閣本為底本，以文津閣本、元至順本、明成化本、畿辅叢書本、三賢集本為主要參校本。

二、其他參考書籍

主要有：

元·蘇天爵編：元文類，原名國朝文類，四部叢刊本。

清·顧嗣立編選：元詩選，中華書局 1987 年排印本。

陳衍輯撰：元詩記事，上海古籍出版社 1987 年版。

李修生主編：全元文，江蘇古籍出版社 1999 年版，卷四六二，劉因文。

楊鐮主編：全元詩，中華書局 2013 年版，第十五冊，劉因詩。

唐圭璋編：全金元詞，中華書局 1979 年版。

三、軼文拾補

本書據元詩記事採入軼詩一首（馮道），據全元詩採入軼詩一首（題楊補之梅花），據全元文採入軼文一篇（山居賦），據全金元詞採入軼詞二首（菩薩蠻·湖上即事、玉樓春）。以上內容，作為「拾補」，附於續集卷三之末。

劉因遺像一幀，選自三賢集本。

四、點校方式

卷次、篇目、文字，以底本為準，凡有所改動，均出注。底本有缺誤的，則據他本改正。不能確定正誤的，用「一作」表示並存。點校者有所申說，則用「按」表示。

注號位置，關於個別字詞的，置於該句標點符號前；關於全句的，置於標點符號後；關於全篇的，置於篇末。

注文用腳注，每頁重新編號，以便查看。

本書採用現代標點符號。

底本原有「附録」，已不可考見。謹據明成化本、三賢集本所載補入，但篇目有所增删。

書名依照當今古籍點校本通例，改稱劉因集。

點校者　商聚德

二〇一五年四月

體裁簡目

（為便於檢索，特編此目）

辭2章（卷一2章）

五言古詩161首（卷一34首、卷二76首、卷十三38首、卷十九8首、卷二十六5首）

七言古詩63首（卷三23首、卷十四32首、卷十九8首）

雜言10首（卷三5首、卷十四2首、卷十九2首、卷二十六1首）

五言律詩105首+1首（卷四37首、卷十五36首、卷十九29首、卷二十六3首、拾補1首）

七言律詩204首（卷四69首、卷十五32首、卷十六57首、卷二十39首、卷二十六7首）

五言絕句52首（卷五37首、卷十七15首）

七言絕句277首+1首（卷五94首、卷十七71首、卷十八61首、卷二十一51首、拾補1首）

樂府（詞）33首+2首（卷六22首、卷十八11首、拾補2首）

賦3首+1首（卷二十二1首、卷二十七2首、拾補1首）

雜著15篇（卷七6篇、卷二十二6篇、卷二十八3篇）

書疏18篇（卷七1篇、卷二十三8篇、卷二十四4篇、卷二十七5篇）

碑銘表誌13篇（卷八5篇、卷九8篇）

記12篇（卷十11篇、卷二十四1篇）

序説題跋28篇（卷十一16篇、卷十二8篇、卷二十四4篇）

銘贊雜文25篇（卷十二22篇、卷二十四1篇、卷二十七2篇）

雜記5篇（卷二十五5篇）

總計：詩875首（含拾補2首）；詞（樂府）35首（含拾補2首）；賦4篇（含拾補1篇）；文116篇。

目录

卷二　丁亥集二

卷四　丁亥集四……五八

卷五　丁亥集五……九四

卷六 樵庵詞一卷……一二四

卷七 遺文一……一三二

卷十三 遺詩一

卷十四　遺詩二……二四三

卷十五 遺詩三……二六四

卷十六　遺詩四……二八八

卷十七 遺詩五……三一〇

卷十八　遺詩六……三二〇

卷十九　拾遺一……三五〇

卷二十一　拾遺三……三八四

卷二十七　續集卷二

卷二十八　續集卷三

原刊于《容城三賢文集》本《静修先生集》

劉因的生平與思想

劉因（1249—1293），字夢吉，號靜修，保定容城（今河北容城縣）人。元代思想家、詩人。他傾心理學，很有思想，著書立說，成為名重一時的學者。元代初年，是理學由江南走向全國普及的時期，在當時，理學還是興盛的，有生命力的。劉因以自己的教學和著述為理學在北方的傳播作出了積極貢獻，他提出的一些見解博得了學界的好評，他的詩文深受人們的喜愛，他的品格和風節更贏得了普遍的尊敬。

一、時代與生平

劉因生活在一個久亂初寧的年代。他的故鄉容城地處華北平原腹地。遠自五代時期後晉石敬瑭割讓燕雲十六州於契丹，包括容城在內的廣大北方地區即淪於契丹（後稱遼國）的統治之下。北宋初年，雖一度光復，但為時不長，澶淵之盟則近一步確認了遼國對這一地區的統治權。其後，遼國衰落，女真族建立的金國興起，並很快取遼而代之，北方廣大地區遂成為金國版圖。公元1127年，發生了「靖康之變」，趙宋王朝的徽、欽二帝當了金人的俘虜，北宋滅亡，江淮以北的廣大地區便全處於金國的統治之下。

十三世紀初，蒙古崛起，勢力漸向中原擴張，河朔地區長期處於蒙、金的戰亂之中。金人日益腐化，力量逐漸衰落。蒙古步步進逼，金國朝不慮夕。金宣宗（完顔珣，金朝的倒數第二代君主）于貞祐年間（1214）放棄黄河以北廣大地區，被迫南渡，將首都遷至汴京（今開封），後再遷蔡州（今汝南），苟延殘喘至1234年，金國終被蒙古與南宋的聯軍所消滅。

與金國衰落的同時，南宋也並無起色。直到金人遷都汴京的那年，南宋才停止了對金人的納幣稱臣。其後，雖然參與了聯合滅金的軍事行動，但總的來説仍是只圖苟安，不思進取，對於蒙古（後改國號為「元」）的南侵掉以輕心。1279年，元軍終於滅掉南宋，完成了中國的再度統一。

劉因出生于蒙古滅金後的第十五年，上述這些戰亂他並没有親身經歷過。劉因幼年，就全國範圍説，戰爭雖有，但遠在江南，劉因生活的今河北一帶，倒是一派升平氣象。蒙古貴族在進軍華夏的初期，原本是很野蠻的，「以殺戮搶掠為常」。太宗窩闊台時期，採納耶律楚材的建議，訂出稅法，改由按户徵收粟賦，從而有了比較穩定的剝削方式；嚴重破壞農業生產的「圈地」政策也被明令停止。遭受長期戰亂破壞的北方經濟得以恢復和發展。1259 年，憲宗（蒙哥）死于軍中；忽必烈北上爭位，很快便擊敗了幼弟阿里不哥，次年，在開平（今多倫）即大汗（皇帝）位，建元「中統」(劉因時年十二歲)。

忽必烈當藩王時，就在潛邸設金蓮川幕府，廣攬人才，重用儒生。中統建元後，進一步遵用漢法，吸收歷代統治經驗，改革舊的蒙古制度，從而使他的政權蒸蒸日上，呈現出一派蓬勃生機。在政治軍事方面，他先是徹底粉碎了阿里不哥聯合漠北、中亞諸王企圖爭位的勢力；繼而於中統三年，鎮壓了盤踞山東、江淮的李璮的叛亂；至元八年（1271）定國號為「元」，至元十三年（1276）攻佔南宋的國都臨安，至元十六年（1279）滅南宋，統一了全中國，建立起「北逾陰山，西極流沙，東盡遼左，南越海表」〔一〕的大帝國。疆域之遼闊，超過漢唐盛世。

劉因的祖輩是金朝的臣民，高祖父、曾祖父和叔祖父曾仕金，其父劉述親身經歷了金朝末年的戰亂，幼年時從親南渡，二十幾歲返回故鄉，而後曾短期仕元，但主要過的是隱居不仕的處士生活。劉因在故鄉出生時，已是久亂初寧的元蒙初年。時代的風雲，家業的盛衰，祖父輩的經

〔一〕元史卷五八，地理志·序，中華書局 1976 年版。

歷，都在他的心靈中烙上深深的印跡，給予他的思想和性格以重要影響。

劉因自幼天資聰慧，穎悟過人。本傳說他「天資絕人，三歲識書，日記千百言，過目即成誦。六歲能詩，七歲能屬文，落筆驚人。」劉因少有大志，十八歲作的希聖解中，即以「希賢希聖」自期，並以「天地間一清才」自命。青年時期寫的一些詩篇中，也常坦率地表露自己的志向和抱負。

元朝初年，還沒有實行科舉。劉因身為布衣，無由進入仕途，難以實現他建功立業的抱負。劉家「世為儒家」，不治產業。為了謀生，劉因只得走「授徒教學」一途。劉因的教學與一般的鄉村塾師不同，他有自己的獨立見解，能將理學思想貫注其中，他還親自編訂和撰寫了一批輔助教材和參考書籍。用今天的話說，就是在教學上頗有革新精神。這就引起了時人的注意。在丞相文貞王不忽木的薦舉下，至元十九年（1282），太子真金下詔，徵劉因入朝，授給他承德郎、右贊善大夫的官職（五品）。後又命他教授近侍子弟。但劉因入朝為時不長（一說「數旬」，一說「數月」），因繼母病重，劉因辭歸。第二年繼母去世，為官的事遂被擱置。

此後的幾年間，劉因仍以教書為生。但因遭荒年，糧價上漲，他的生活頗為拮据，有時不得不以一些代食品糊口。此時期的詩作中，對這種清貧生活多有反映，並流露出比較濃重的隱逸情調。劉因的生活不僅是清貧的，而且是孤寂的，不幸接連而至：早失父母，兩個姐姐又相繼亡故；四十歲後喜得一子，卻又不幸早夭。劉因身體本來就比較羸弱，喪子的憂傷更使他受到沉重打擊，以致百病纏身，「形體癯瘁，鬚髮斑白」〔一〕。

至元二十九年，又有朝臣薦舉劉因，忽必烈才又想起這位「貧居教授」的儒生，於是下詔，「以集賢學士、嘉議大夫徵因」，這個職位屬於「三品清要之官」，授給一個平民，在當時是被看作「不次之寵」的。但此時的劉因，身體已惡化到「不能扶病而行」的地步，只得上書「以疾固辭」，寫下了著名的上政府書（一名上宰相書）。忽必烈得知這個情況後，也不相勉強，惋惜地說：「古有所謂不召之臣，其斯人之徒與！」〔二〕「不召之臣」喻賢能耿介有操守的人。忽必烈這樣說，既是對劉因的稱讚，又有隱然以「大有為之君」自命的意思。如果劉因不是中年早逝，或許他能輔翼這位君主而發揮更大的作用吧。遺憾的是，他竟沒有從那場大病中挺過來，就在這年夏季四月十六日，劉因竟因病與世長辭。年僅四十五歲。

門人故友將他葬于容城溝市里先塋。元仁宗延祐年間（1313—1319），朝廷對劉因進行表彰：「贈翰林學士、資德大夫、上護軍，追封容城郡公，謚文靖。」〔三〕

〔一〕李謙序。原載四部叢刊本靜修先生文集卷首。見劉因集·附錄一。
〔二〕元史本傳。見劉因集·附錄二。
〔三〕靜修先生墓表及元史本傳。見劉因集·附錄二。

劉因勤於著述，生前曾自選詩五卷，號丁亥集，劉因死後，門人故友裒其遺稿，輯為靜修先生文集，有多種刊本傳世。劉因的著作還有小學、四書語錄（門生所錄）、易系辭說（病中親筆），惜已佚。劉因還選編過一本四書集義精要（簡稱四書精要），該書是對朱熹四書集義的摘要簡編本，所選內容的確都是朱熹比較重要的觀點，前人曾以「簡嚴粹精」評之（蘇天爵語）。有四庫全書本。

二、思想與成就

劉因首先是位理學家。理學是中國封建社會後期的統治思想。它奠基於北宋，至南宋朱熹而集大成。但兩宋理學在形成和發展中並不順利，不斷遭到壓抑和打擊。直到南宋末年，理學才受到朝野的尊奉，但其流行的範圍不過拘於江南一隅，因此，還談不到真正意義上在全國思想領域處於支配地位。理學真正在全國範圍成為統治思想是在元朝實現的。元朝在政治經濟上使中國達到空前統一，在思想上經過一段時間的選擇，終於奉程朱理學為正統。從此，理學真正成了官方意識形態，並為明清兩代奠定了格局。但如果從理論建樹說，南宋理學在體系上已經成熟，理論成就已達到巔峰。後人對於它，要有一個理解、消化和吸收的過程，一時很難再超過它。元朝便是理學在全國普及推廣的時期。劉因生活於元朝前期，他承擔起了歷史賦予的角色，為理學思想的傳播和闡揚，為理學普及於民間並最終被確定為統治思想作出了自己的努力和貢獻。

劉因在青年時期就經歷了由經學到理學的轉變。曾師從國子司業硯彌堅學習經學，「究訓詁疏釋之說」，但他很快就不滿足了，說：「聖人精義，殆不止此」。其後，他接觸到周敦頤、二程、張載、邵雍、朱熹等理學家的著作，「一見能發其微」，說：「我固謂當有是也。」〔一〕從此，他沉潛義理，拳拳服膺。義理之學既佔據了他的整個身心，也成了他一生矻矻從事的事業。

劉因在許多詩文中由衷地表達了他對宋代理學諸大家的景仰之情。如他對周敦頤、邵雍兩位理學開創人物十分欽敬，有詩道：「百年周與邵，積學欲何期?徑路寬平處，襟懷灑落時。風流無盡藏，光景有餘師。」〔二〕對於張載，他一再說：「橫渠百世師」；〔三〕「當誦東銘篇」。〔四〕「朱張遺學有經綸，不是清談誤世人。」〔五〕對於程頤，他更是無限嚮往，說：「伊川門外雪盈尺，茂叔

〔一〕元史本傳。見劉因集·附錄二。
〔二〕五律周邵，劉因集卷四。
〔三〕五古隱仙谷，劉因集卷一。
〔四〕五古送劉校書回，劉因集卷十三。
〔五〕七絕書事之三，劉因集卷十七。

堂前草不除。要識唐虞垂拱意，春風元在仲尼居。」〔一〕「程門萬古春風在，百草千花得自由。」〔二〕對於朱熹，劉因尤其尊仰，有詩道：「舉觴當和紫陽歌」；〔三〕「高談方對紫陽翁」〔四〕。還說過一段綜論理學諸大家的高論：「邵，至大也；周，至精也；程，至正也。朱子，極其大，盡其精，而貫之以正也。」〔五〕這段話對邵雍、周敦頤、二程、朱熹諸大家思想之所長，分別作出了扼要而精當的評價，可以說為評述宋代理學史確立了基調，因而被後人廣泛引用，從中既表現了劉因的「高見遠識」，也道出了他的思想淵源。劉因其生也晚，未能親炙伊洛諸公門下，但他「聞風妙契，能自得師」〔六〕。其思想皆祖述宋代諸子，而又有所選擇和發揮。他對於周敦頤的「無極太極」之學，邵雍的象數之學，張載的氣學，二程的理學，朱熹「綜羅百代」的理氣性命之學，都曾致力鑽研，或加以引證，或藉以立論，或加以引申，或進行闡發，表現出一定程度的兼綜傾向。惟對陸九淵心學較少提及，偶爾提到，他也不像其他元代思想家那樣進行「朱陸會同」，而是對陸氏取明確

〔一〕七絶燕居圖，劉因集卷十七。
〔二〕七絶癸酉新居雜詩之二，劉因集卷十七。
〔三〕七律黄精地黄合釀甚佳名以地仙酒，劉因集卷十六。
〔四〕七絶理西齋成，劉因集卷二十一。
〔五〕元史本傳，見劉因集·附録二。
〔六〕〔明〕邵寶：重刊靜修集序，載畿輔叢書本靜修先生文集，見劉因集·附録一。

的批判態度。儘管他實際上也受到心學的某些影響。

劉因沒有大部頭的著作傳世，其理學思想散見於他的記序書跋之類短篇雜著以及詩詞當中。（他本來著有易系辭說、四書語錄，從書名推測，其中的哲學成份當更集中，惜已亡佚）從中可以看出，劉因對於理學思想的許多重要方面都有所接觸，並提出了富有哲學意味的見解。

劉因對於宇宙本體（天人之際，性命之原）問題有所思考和探求，他提出了「天化論」，說：「大哉化也，源乎天，散乎萬物，而成乎聖人。自天而言之，理具於乾元之始，曰造化。宣而通之，物付之物，人付之人，成象成形，而各正性命。化而變也，陰陽五行，運行乎天地之間，綿綿屬屬，自然氤氳而不容已，所以宣其化而無窮也。天化宣矣，而人物生焉；人物生矣，而人化存焉。大而父子、君臣、夫婦、長幼、朋友之道，小而灑掃、應對、進退之節，至於鳶飛魚躍，莫非天化之存乎人者也。」〔一〕這裏，劉因把「化」（宇宙間的化育）區分為天化（天地的化育）和人化（人群的教化）。天化表現為陰陽五行運行於天地之間的自然界的秩序，生成萬物，繁衍生息，綿延不絕，運動不停；人化則表現為以五倫為代表的綱常倫理所維繫的社會秩序。他認為，這種社會秩序是與自然秩序完全相符合的，而要由聖人來完成。天化人化的根源都

〔一〕宣化堂記，劉因集卷二十四。

是「天」，天化的理在世界一開始就已具備，人化的理則是在人類產生之後才出現的。這裏，劉因顯然是在為綱常名教尋找宇宙觀的根據，但他把世界的發展表述為一個過程，把人類看作是自然（天）的產物，這還是有道理的。

劉因還提出「氣化論」。他所謂的「氣」，有時指陰陽二氣，如：「二氣日交感，變態何紛紜。」〔一〕「邈哉開闢初，造化惟陰陽。」〔二〕「四時有代謝，寒暑皆常經。二氣有交感，美惡皆天成。」〔三〕二氣（陰陽）交感，化生萬物，是自易傳以來的唯物主義思想，劉因對於這一傳統是認同的。可是他並不徹底，並不到此為止，而是又從陰陽二氣再進一步向前推尋，歸結為太極。他說：「二氣原從太極分，浮雲起滅見來真。」〔四〕「太極」語出易傳：「易有太極，是生兩儀。」〔五〕但「太極」是精神性的，還是物質性的，原文並未做明確表述。後世則發生了根本分歧。朱熹說，

〔一〕五古答樂天問三首之一，劉因集卷十三。
〔二〕五古答樂天問三首之二，劉因集卷十三。
〔三〕和飲酒之十六，劉因集卷二。
〔四〕七律玉柱雙清香，劉因集卷十六。
〔五〕易·系辭上，十三經注疏，中華書局 1980 年影印本，第 82 頁。

「太極」是理：「總天地萬物之理，便是太極。」〔一〕「太極生陰陽，理生氣。」〔二〕張載則說太極是氣：「一物兩體，氣也。」〔三〕「一物而兩體，其太極之謂與。」〔四〕劉因似乎沒有理會這一分歧，因而其哲學屬性也就不很分明。劉因還常用「太虛」來表述世界的本原：「匏瓜隕自天，中涵太虛氣。造物全其真，世人苦其味。雖得盡天年，惜坐無用器。伊誰竅混沌，大樸分為二。」〔五〕「太虛」是張載經常使用的概念，用來指世界的最高本體。匏瓜，語出孔子：「我豈匏瓜也哉，焉能系而不食？」〔六〕劉因借用它表達了太虛之氣造化萬物的意思。「大樸」亦即太虛之氣，這個氣也就是元氣：「湛爾太虛兮，性命之所居兮。皓爾太素兮，元氣之所寓兮。」〔七〕「無寒不溫，無貞不元。時時革化，由是而門。吁炎吹冷，元氣所存。」〔八〕把這些話聯繫起來，可知劉因的世界觀中也較多

〔一〕朱子語類卷九四，岳麓書社 1997 年版。
〔二〕太極圖說解，載叢書集成本周濂溪集卷一，第六頁。
〔三〕正蒙·參兩，張載集，中華書局 1978 年版。
〔四〕正蒙·大易。張載集，中華書局 1978 年版。
〔五〕五古匏瓜亭，劉因集卷二十六。
〔六〕論語·陽貨。
〔七〕希聖解，劉因集卷二十二。
〔八〕苦寒賦，劉因集卷二十二。

地吸收了張載的成份；最後一段中，又分明可見柳宗元元氣說的影響。應該指出，上引劉因這些詩文，不同於哲學專著，「理」「氣」等概念僅是為表達人生問題而設定的宇宙觀根據。劉因從前代思想家不同的文章中攝取了各不相同的餘論，而對它們之間的差別和矛盾則未予理會。也許在劉因看來，它們都具有真理性，「都只是一般物事，言偶不同耳」〔一〕。因此，綜合起來看，它們便顯得不夠統一。究竟什麼是宇宙的最高本體，是「元氣」，還是「太極」「太虛」，說得遊移不定，對於這些概念之間的關係也缺乏交代，表明劉因的宇宙觀在體系上尚不夠完備，且缺乏足夠的理論深度。但如果從元初那樣一個特定的時代（少數民族統治者認同中華傳統文化，理學由江南一隅走向全國）來考慮，從在北方宣傳推廣尚處在興盛階段的理學角度來評價，則仍然有其意義。

劉因在關於宇宙人生之究竟問題的探討中，常表現出「天人合一」的思想。由於中國古代對於「天」的理解具有模糊性，「天人合一」的含義也就帶有多元性，既有人與自然相統一的意思，又有命定主宰的天與人交互影響的意思。〔二〕它的發展，從思想進程說，有一定的階段性；但從社會實際說，又有一定的並存性（在精緻階段仍存在粗糙乃至原始的形式）。劉因的天人合一思想正是表現了這種並存性，既有較粗糙的天人相類觀，也有較精緻的天人諧調、天人合一觀。

〔一〕語錄下，陸九淵集卷三五，中華書局 1980 年版。

〔二〕參見李澤厚：試論中國的智慧，中國古代思想史論，人民出版社 1985 年版，第 318—319 頁。

他寫過一篇集注陰符經序，說：「予讀陰符經，『觀天之道，執天之行，盡矣』，此言其體之自天而人者也。『天有五賊，見之者昌』，即『觀天之道』也；『五賊在心，施行於天，宇宙在乎手，萬化生乎身』，即『執天之行』也，此言其用之自人而天也。『天性，人也。人心，機也。立天之道，以定人也』，此則言聖人之兼體用，以天道立人極者也。『天發殺機，龍蛇起陸』，則非天性矣；『人發殺機，天地反覆』，則非為人心矣；『天人合發，萬化定基』，則又『立天之道，以定人』者也。夫苟不以道定焉，則天人判而二；以道定焉，則天人合而一。二之，則機過而相悖；一之，則機定而化行。化行，則天地位，萬物育，而君臣父子各得乎天理而止其所矣。」〔一〕陰符經是道教經典，舊題黃帝撰，不可信。其作者還有西周呂望（姜太公）、北魏寇謙之、唐李筌等說。傳本有太公、范蠡、鬼谷子、張良、諸葛亮、李筌六家注。原文只有三百多字，分三章，百言演道（神仙抱一之道），百言演法（富國安民之法），百言演術（強兵戰勝之術），是一部糅合了儒、道、兵、法、陰陽、縱橫各家思想的作品。朱熹對它頗有興趣，認為此書時有精語，非深於道者不能作，為之作考異一卷〔二〕。四庫提要根據李筌說，解釋該書的書名意思是：「陰，暗也；符，合也。天機暗合於行事之機，故曰陰符。」並以為，「書雖晚出，而深於理致，故文士

〔一〕集注陰符經序，劉因集卷十一。
〔二〕陰符經考異，文淵閣四庫全書影印本，第1055冊，第11頁。

多為注釋」〔一〕。劉因對陰符經的第一章（演道章）最重視，他採用引證加發揮的方式，引一句經文，加一段評論，從而表達對原文的理解和他自己的哲學思想。這段話的首句是全篇的綱，意思是說，認識自然的法則，把握自然的運動，人所應做的事盡在其中了。「五賊」指五行（金、木、水、火、土），五行有相生相剋的屬性，所以稱之為賊。文中講的天道，主要指自然規律（也有某些神秘意味）；人道則指社會制度、倫理規範、政治措施等。劉因認為，這二者是合一的、一致的。天道是人之行事必須遵循的至理，又是人事最終成敗的關鍵。人性由天道所決定，人心又是人性的樞機，只有做到人心人事暗合于天道，才能成功。從本體上講，天道是人道的根本，即自天而人；從作用上說，必須用人道去符合天道，即自人而天。聖人根據天道來確立人道，是天道的體現者和人道的完成者，所以說聖人是兼體用的。無論是自然還是社會，違反了「天人合一」的原則，就會出亂子；實現了「天人合一」的原則，一切就都會有良好的秩序。劉因的這些說法，表明了他為解釋天人關係所做的努力。他主張天道不可違反，是有道理的；他強調「執天之行」，也沒有忽視人的主觀能動作用；但他以人事比附自然，突出聖人的作用，則不免有些牽強。該文的後半篇，體例同前（仍然引一段經文，加一段發揮），繼續闡發他的「天人合一」思想，說：

〔一〕四庫全書總目卷一四六，子部道家類。

『性有巧拙，可以伏藏。九竅之邪，在乎三要〔一〕，可以動靜。』此希天希聖之功，而所謂執天道，見天賊，立天道，合天人者，其天（一作本）皆出乎此也。蓋九竅之邪未除，則不能靜而常動。若以三要為害而絕之，則又一於靜而不動也。惟知夫九竅之邪在乎三要，克其邪而反其初，則可以動靜矣。其所謂動靜者，即朱子之所謂動未嘗離靜，而靜非不動者也。其天人合發，萬化定基，則動而未嘗離靜者也。而殺機則動之過者也。『火生於木，禍發必剋。奸生於國，時動必潰。知之修煉，謂之聖人。』夫火剋奸潰，以其大者而言之，則『龍蛇起陸，天地反覆』之謂也。以其小者而言之，則九竅之邪也。知之修煉，以其大者而言之，則『立天之道以定人』之謂也；以其小者而言之，則伏藏動靜也。此其言之自相發明，若無所容夫說者。」〔二〕這就是說，陰符經邏輯嚴密，說理透闢，天人之蘊已闡發無遺。這些話雖然主要是解釋原文，劉因自己的發揮並不很多，但他主張天人諧調的意思還是很鮮明的。

「天人合一」的更高層次是指一種覺悟、一種境界。張載講的「儒者則因明致誠，因誠致明，

〔一〕按，「三要」指眼、耳、口。陰符經認為，九竅是招致邪惡、產生過失的途徑，所以稱之為邪。而其中最主要的是眼、耳、口。

〔二〕集注陰符經序，劉因集卷十一。

故天人合一」〔一〕，程顥講的「仁者以天地萬物為一體」，「仁者渾然與物同體」〔二〕，都是這個意思。劉因也繼承了這一思想。前文提到過的宣化堂記對此就作了較充分地闡發。該文在講了「化育」這個偉大的力量是「源乎天，散乎萬物而成乎聖人」的意思後，着重講了「人化」（人參與天地之化育）的道理。他說：「大而父子、君臣、夫婦、長幼、朋友之道，小而灑掃、應對、進退之節，至於鳶飛魚躍，莫非天化之存乎人者也。天能物與之化，而不能使之不違其化，所以明人倫，察物理，作禮樂，制刑政，以修其道，以明其德。人欲化而天理，血氣化而性情，呻吟化而謳歌，暴夭化而仁壽，洋洋乎而發育萬物，而放乎四海，盤亙天地，貫徹古今，而莫之違者，此聖人宣天地之化以立人之化，而使天下後世宣之也。於是時，君宣聖人之化，大臣宣時君之化，列侯守令又宣大臣之化，至於一家宣一長之化，一身宣一心之化，一事宣一理之化，一物宣一性之化。化而宣，宣而復化。宣而不已，至於不宣；化而不已，至於無所化。故人伸天化之上，天隱人化之中。合人物於我，合我於天地，融溢通暢，交欣鼓舞，無所間隔，無所壅蔽，人化宣而天化成矣。」〔三〕「宣化」的「宣」是傳播發揚的意思，「化」是化育變化的意思。語出董仲舒舉賢

〔一〕正蒙・乾稱，張載集，中華書局1978年版，第65頁。
〔二〕二程遺書卷二上，二程集，中華書局1981年版。
〔三〕宣化堂記，劉因集卷二十四。

良對策：「今之郡守縣令，民之師帥，所使承流而宣化也。」劉因把它的意思大大引申和擴展了，不僅表示官吏對君主的政治關係，進而表達一切上下關係，以及身心、事理、物性等關係，尤其是天人關係。在劉因的這番論述中，固然可以看到傳統的「修齊治平」論的影子，以及維護封建秩序的用心，但是，從中也貫注著對良好的社會秩序的憧憬，對減輕人民痛苦的呼籲。最後幾句，對「天人合一」的境界（既是社會境況，又是思想境界）的描述也是很動人的。

劉因在一些詩篇中也表達了他對「天人合一」的精神境界的體認。如：「一氣原從太極分，浮雲起滅見來真。白虹貫日豪華散，砥柱中流意象新。方寸有靈涵大塊，頭顱無物隔蒼旻。藍田萬頃煙生玉，未辨晴窗半穗春。」〔一〕該詩自注：「『心無外，體無間。』吾熏爐銘也。」熏爐銘現靜修文集中未單獨收入。該銘是僅此兩句，還是還有其他文句，已不得而知。僅從這兩句看，正是上述他的詩玉柱雙清香第三聯的意思。他表達的是一種境界、一種覺悟。「心無外」，即是孟子所謂「萬物皆備于我」，朱熹所謂「心包萬理，萬理具于一心」〔二〕；「體無間」即是程顥所謂「渾然與物同體」，張載所謂「天地之塞，吾其體；天地之帥，吾其性。民吾同胞，物吾與也」〔三〕。劉因

〔一〕七律玉柱雙清香，劉因集卷十六。

〔二〕學三·論知行，朱子語類卷九，岳麓書社 1997 年版。

〔三〕正蒙·乾稱，張載集，中華書局 1978 年版，第 62 頁。

認為自己已經真切地體認到這一境界。

劉因的「天人合一」思想大多是對前代理學大師們思想的體會和宣揚，難説有多高的創造性。但從時代性來考慮，其意義還是應該給予肯定的。何況他表現得那麼生趣盎然、生動形象，這就尤其難能可貴。

在人生觀方面，劉因的前半生與後半生有明顯變化。他青少年時期的詩文，情調高昂，積極進取，「以遠大自期」，希聖希賢，抱負不凡，渴望建功立業，「頭上無繩繫白日，胸中有石補青天」〔一〕。勉勵學生，「各底於成，則可以為君相，可以為將帥，可以致君為堯舜，可以措天下如泰山之安。時不與志，用不與材，則可以立德，可以立言，著書垂世，可以為大儒，不與草木共朽，碌碌以偷生，孑孑以自存。」〔二〕中年以後的作品中，則恬淡謙退，流露出濃重的閒適甚至隱逸情調。比如，劉因寫有許多羨慕讚美隱士生活的詩篇，壺公、巢父、黔婁、嚴光等人常是他吟詠的對象，漢陰圃、鹿門田、仇池山、桃花源等常是他謳歌的題材。對於陶淵明，劉因尤其欣賞，和陶詩，詠陶事，集陶句，不一而足，單是「和陶詩」流傳下來就有七十六首之多。他自取的一些名號也大多帶有隱逸情調，如「樵庵」「牧溪翁」「泛翁」「雪翠翁」「雷溪真隱」等。劉因

〔一〕七律除夕，劉因集卷十六

〔二〕敘學，劉因集卷二十八。

的許多詩抒寫了隱逸情懷，如：「諸公久矣笑吾貪，是處雲山欲結庵。只有皇卿解貲助，畫山須畫靜修龕。」〔一〕有的頗為淡泊，如：「院靜復夜靜，幽人世慮輕。是非容勿辨，憂寵莫多驚。」〔二〕有的很是閒適，如：「巧隱林旁無四鄰，背山向水得天真。風光正及二三月，童子同來六七人。十日得閒須小醉，一年最好是深春。鳥聲似向花枝說，曾見無懷有此民。」〔三〕有的甚至有某些幻滅感，如：「登臨秋思動鄉關，展盡晴波落照間。歎老自非緣白髮，愛閑元不為青山。幾經分合世良苦，不管興亡天自閑。初擬憑欄浩歌發，壯懷空與白鷗還。」〔四〕這種變化，是個人遭遇的不幸，現實生活的壓抑，以及隨著閱歷的增加，對歷史事實的瞭解等多種因素交織在一起而造成的。

劉因思想中不乏辯證法因素，他曾講到過事物矛盾對立的普遍性問題，說：「凡物，無無對者，無無陰陽者。而聲亦然，其意象之清濁闔辟，亦莫不合也。姑以進退、存亡、吉凶、消長體之，則可見矣。此天機之所發，而禮樂之所由生，雖天地亦不知其所以然者。豈但人乎，物之

〔一〕七絕孫尚書家山水卷，劉因集卷十七。
〔二〕五律夏夜，劉因集卷四。
〔三〕七律春遊，劉因集卷二十。
〔四〕七律南樓，劉因集卷四。

聲亦然。豈但聲乎，凡形色氣味皆然也。而況古今之時變，事物之倫理，聖人何嘗加損於其間哉！」〔一〕這就是說，矛盾對立是事物固有的屬性，不能在事物之外、之上再追問什麼原因。這一觀點是對於中國古代哲學樸素辯證法傳統的繼承。

劉因在分析一些問題時，常能貫徹一分為二的精神，如他在一篇給友人送行的文章中說：「名家之子弟，處天下之至易，而亦處天下之至不易。苟能勉焉自立，而稍異於衆人，則皆得因緣憑藉以立事功；苟為不然，在他人未必遽得貶斥，而已為清議所不容矣。」〔二〕這就是說，「易」和「不易」不是凝定的，而是在一定條件下可以相互轉化的。

劉因在論及「齊物」問題時，也表現出一些辯證色彩。如說：「物齊也，齊之，則不齊矣。猶之東西也，東自東而西自西，固不齊也。然東人之西則西人之東也。是曰東亦可，曰西亦可，則是未始不齊也。然東西之形既立，指其西而謂之曰東，則為東者必將起而爭之，而不齊者出矣。不齊之，則物將自齊而平矣。東也西也，吾立於中而制其東西焉，如是，則謂之無所著可也，一有所著，則不西而東矣。謂之無所著，可乎？彼空將無所著也，一倚於空，獨非著乎？此程子深有取于邵子之言也。然彼為其說者曰：『是不足以破吾說也。吾曰齊，固未嘗齊夫物也；

〔一〕唯諸說，劉因集卷七。
〔二〕送郝季常序，劉因集卷十一。

吾曰空，固未嘗著乎空也。』噫！悠謬輾轉，愈遁而愈無實也。」〔一〕齊即同一，不齊即差別。「齊物」本是莊子哲學思想的重要範疇。莊子從相對主義出發，認為「是亦彼也，彼亦是也。彼亦一是非，此亦一是非」；「天下莫大於秋毫之末，而泰山為小；莫壽於殤子，而彭祖為夭」。〔二〕從而主張齊物我，齊彼此，齊是非，齊壽夭，總之一切都是相對的。劉因所論，固然以莊子為基礎，但卻作了一定的修正。他認為，事物在本質上是同一的，但如果用一個既定的標準去衡量它、評價它、要求它（「齊之」），則千差萬別，矛盾百出（不齊）。比如「東」「西」的方位吧，東自是東，西自是西，本來是不同的。然而，東方人的西，正是西方人的東，這就可見，單就某一具體地點說，說東也可以，說西也可以，並不是「不齊」。但是，如果以某一點作基準而判斷其周圍事物的方位，其東西就是確定的，此時如果再指西為東，那就要引起爭端，就出現「不齊」了。可見，如果不用某一個既定的標準去衡量、判斷、要求（「不齊之」），事物就會「自齊而平」了。劉因這裏突出了事物的條件性，所謂「齊之」，就是有條件地看；「不齊之」，就是無條件地看。一切事物的存在本來都是有條件的，排斥了條件性，則一切都可以說是齊一的（無差別的）；而有條件地看，則就是千差萬別的（不齊的）。劉因認識到事物的條件性，這是可貴的；遺憾的是，他

〔一〕書康節詩後，劉因集卷十二。

〔二〕莊子·齊物論，莊子集解卷一，諸子集成本。

卻並不主張堅持條件性，反而要擺脫條件性，他說的「吾立於中而制其東西焉」就有這個意思。這個「中」，超越於具體的方位之上，從劉因的一貫思想看，應是指「道」。（劉因曾說：「吾之所謂齊也，……有道以為之主焉，……必循序窮理而後可言之。」〔一〕）不能「有所著」（偏執），如果偏執於某一具體方位，那就陷入了片面性，「不西而東」了。那麼，這種「無所著」，是不是指「空」（如佛教那樣）呢？劉因說不是，因為「一倚於空」就是「著乎空」了。最後兩句批判「彼其為說者」的辯解：「吾曰齊，固未嘗齊夫物；吾曰空，固未嘗著夫空」，意即不是說物本齊，而是心以之為齊；不是說物本空，而是心以之為空。這是心學的遁詞，所以劉因以為這是「愈遁而愈無實」的悠謬之言。劉因的這套齊物之論，顯然是受了莊子的影響，但與莊子實有不同。莊子以齊物為出發點，又作為歸宿，最後在幻想中達到物我同一，實現絕對的精神自由。劉因則只是作為一種認識方法來談齊物，而對莊子齊物論的幻想性持批判態度。說：「周則不然，一舉而納事物於幻，而謂窈冥恍惚中，自有所謂道者存焉。……要之，皆不知義命而已矣。」〔二〕在劉因看來，道家人生哲學帶有「保嗇自全」「以術欺世」「以術自免」的性質，如果按照這一套去做，就會「莫不以一身之利害而節量天下之休戚，其終則必至於誤國而害民，然而特立於萬物之表而

〔一〕莊周夢蝶圖序，劉因集卷十一。

〔二〕莊周夢蝶圖序，劉因集卷十一。

不受其責焉」〔一〕。這反映了劉因的正統儒家立場。

劉因還有某種歷史發展觀，在一些詩文中，他表達了後勝於前、今勝於古的意思。如說：「器飲代窪尊，巢居化安宅。凡今佚樂恩，孰非聖神跡。」〔二〕「窪尊」又作窪尊、汙尊，古代掘地為坎以盛酒之稱。「窪尊而抔飲（用手捧著喝）」是飲酒飲水的原始形式，後來才發明了杯碗等器具。居住條件的進步也是如此，上古構木為巢，以避群害，「後世聖人易之以宮室」〔三〕。劉因詩中把這種進步歸功於聖人，屬於傳統的聖人史觀；但他承認和肯定文明不斷進步，歷史不斷發展，還是積極的。在另一篇文章中，他針對一位銀器工匠能在金銀器上鏤嵌出精密神巧的花紋而大發感慨：「予所感者，自汙尊抔飲而有器皿，自器皿而有文飾，自文飾而有如此。至有如此者，考其世，尚未遠也，而來者無窮焉。將止於如此而已邪？將變而益以文邪？抑亦將反古人創物適用正大淳厚之制也？」〔四〕劉因這裏顯然是不大情願地承認了文化進步的迅速，並預感這種進步是無止境的。只不過，他的立意不在此，而是以此相襯托，提出「反古人創物適用正大淳厚之制」的

〔一〕退齋記，劉因集卷十。

〔二〕和飲酒之十五，劉因集卷二。

〔三〕易·系辭下，十三經注疏，中華書局 1980 年影印本，第 87 頁。

〔四〕題婁生平鈒墨本後，劉因集卷十二。

主題。從文明與藝術的發展角度看，這個主題當然是保守的，但他主張戒奢靡文巧，則有一定的可取之處。

劉因對於紛繁的歷史現象，常能提出一些宏觀的看法。如，他祖述邵雍「治世少，亂世多。君子少，小人多」〔一〕的觀點，也認為「亂多治少」是人類歷史中帶規律性的現象。他有詩道：「得意好花開易落，惱人芳草燒還生。亂多治少君知否，陰偶陽奇理自明。」〔二〕「陰偶小故多，陽奇屹無傾。……既知治長少，莫歎才虛生。」〔三〕他還時而發出盛衰無常的慨歎，說：「諸生聚觀史，掩卷慕高風。……盛衰閱無常，倚伏誰能通？天方卵高鳥，地已產良弓。」〔四〕說「亂多治少」「盛衰無常」，儘管是事實，態度仍不免消極。不過，這只是問題的一方面，另一方面劉因又認為，人倒不必因此而悲觀，他有詩道：「氣運變遷皆以類，陰陽對待不相無。」〔五〕又曾引朱熹的話：「天將降亂，必生弭亂之人以擬其後。」〔六〕這就意味著，亂後會有治，衰後會有盛。他還說：

〔一〕皇極經世·觀物內篇之九，
〔二〕七絕試筆，劉因集卷十七。
〔三〕和飲酒之七，劉因集卷二。
〔四〕和飲酒之十七，劉因集卷二。
〔五〕七律惡鳥，劉因集卷四。
〔六〕讀藥書漫記二條，劉因集卷二十二。

「天生此一世人，而一世事固能辨也。……世固無無用之人，人固無不可處之世也。」〔一〕這個看法，正是與他的歷史發展觀相一致的。中國人相信樸素的歷史辯證法，無論任何艱難困苦都挺得住，在極端黑暗時仍希冀光明。劉因的這一態度是又一例證。

劉因在文學史上也有一定地位。他的詩文繼承了中國古代文學的現實主義優良傳統，內容充實，對社會生活作了多方面的描述，如金末河朔地區的動亂、蒙軍南下的暴行、元初農村的殘破、災民的苦難等等，在他的作品中都有直接或曲折的反映。他的詩文，藝術表現力很強，風格多樣，文筆流暢，感情飽滿，音律鏗鏘。試看他給一個道士寫的像贊：「不巢、由，不伊、周，陶然方外遊。不滄浪，不廟堂，超然無何鄉。冠其髮，繩其鬚，溫然山澤臞。水其心，雲其身，飄然葛天民。俗而無塵，野而有文。九十康強，人間幾人？吾謂可庵之真，乃神仙之神也。」〔二〕寥寥幾筆，形象躍然紙上。他的詠史詩感情深沉，議論縱橫，或總結興亡教訓，或品評人事，常能貫注批判精神，發前人所未發。如白溝：「寶符藏山自可攻，兒孫誰是出群雄？幽燕不照中天月，豐沛空歌海內風。趙普元無四方志，澶淵堪笑百年功。白溝移相江淮去，止罪宣和恐未

〔一〕讀藥書漫記二條，劉因集卷二十二。

〔二〕可庵道士真贊，劉因集卷二十四。按，巢由指巢父、許由，相傳是堯時的隱士。伊周指伊尹、周公，伊尹輔佐商湯，周公輔佐周武王，統一天下。葛天氏，以及上文的無懷氏，都是傳說中我國遠古時代的部落領袖。

公。」〔一〕對北宋統治者的懦弱無能、妥協苟安，最終導致淪亡，做了深刻批判。

劉因是個身體力行的教育家。除在保定設塾外，還曾設教於三台，入易州做家庭教師，并一度被徵聘入朝，教近侍子弟。他的教學深受歡迎，「户外之屨常滿」，「咸虚往而實歸」〔二〕。為指導學生讀書，他還寫了著名的敘學一文，暢談了對經學、史學、諸子學以及詩文字畫等方面的學習內容、學習次序和學習方法。其中不乏精闢之見。如論為學次序：「必先傳注而後疏釋，疏釋而後議論」；「古無經史之分，詩書春秋皆史也」。其論詩學：「魏晉而降，詩學日盛，曹（植）、劉（琨）、陶（潛）、謝（靈運），其至者也。隋唐而降，詩學日變，變而得正，李（白）、杜（甫）、韓（愈），其至者也。周宋而降，詩學日弱，弱而後強，歐（陽修）、蘇（軾）、黄（庭堅），其至者也。」〔三〕所論都很精彩。

劉因的詩文，有較強的人民性。如寫農民遭受災害之苦：「有客談稼穡，對人增感傷。自言二頃業，不博半年糧。宿麥得春旱，晚田經早霜。無功一杯粥，俯首汗如漿。」〔四〕又如寫人民

〔一〕七律白溝，劉因集卷十五。
〔二〕刊行劉因文集牒，見劉因集·附録一。
〔三〕見劉因集卷二十八。
〔四〕五律有客，劉因集卷四。

的流離之苦以及對蠲免賦稅的切盼：「都南連歲水為災，輸挽區區亦可哀。驚見流民行復止，傳聞昨日治中來。」〔一〕劉因有與人民同憂樂的思想感情。如他敏感地關注着天氣的變化，久旱不雨，他像農夫一樣焦心：「五月良田種不成，蓬蒿無雨亦青青。袖中惟有天瓢在，自是今年夢易醒。」〔二〕他盼望天降甘霖，心情是那樣急切：「農父看雲淚亦乾，靈湫誰信土生煙。萬金良藥汗猶出，一寸丹心天可旋。未便無餐思樂土，不禁憂國願豐年。為瞻河漢中宵起，獨對殘燈理斷編。」〔三〕久旱得雨，他總是喜不自禁：「拍手兒童笑不休，笑君前日為誰憂。天公自有甘霖在，未管渠儂浪白頭」。「為驗陰晴看漏星，要知疏密候簷聲。夜來還卻當時睡，不脫蓑衣直到明。」〔四〕「夜來雲初作，期待一如故。既聞漸成陣，尚謂行且住。甫寸驚已狂，及犁歎無數。平明報三尺，感激淚將雨。」〔五〕。雨後新晴，他又和農民一樣歡欣鼓舞：「雨晴蕭鼓，田野歌聲舉。平昔飲山今飲雨，來就老農歌舞。半生負郭無田，寸心萬國豐年。誰識山翁樂處，野花啼鳥欣然。」〔六〕劉因

〔一〕七絕王治中請蠲免回，劉因集卷十八。
〔二〕七絕次人望雨韻，劉因集卷二十一。
〔三〕七律憫旱，劉因集卷十六。
〔四〕七絕喜雨書事四首之一、四，劉因集卷十八。
〔五〕五古喜雨，劉因集卷一。
〔六〕清平樂・賀雨，劉因集卷六樵庵詞。

還有詩寫到他與農民的關係：「偶到田家宿，歡迎如遇仙。杯盤陳户側，妻子拜燈前。青白眼誰靜，炎涼情易偏。豈知人世外，還有野夫憐。」〔一〕「里胥初過期無事，營幙遲來望有年。鄰舍借醅留客住，土床分席枕瓜眠。」〔二〕「人來每問農桑事，考證床頭種樹篇。」〔三〕一個儒生，能與農民相處得這樣密切，對農民能夠有這樣真誠的態度和感情，實在是難能可貴的。

劉因在元代有很高聲譽，生前朝廷兩次徵聘，死後加以封贈，學界的評價也很高。元代名士蘇天爵、楊俊民、歸暘、歐陽玄等都對劉因讚美有加。楊俊民曾把劉因比作孟子，以為有了劉因，遂使召公的燕國足以和鄒魯相抗衡，并舉出劉因的兩條出人意表的敻見卓識：「孟子探舜之心曰：『象憂亦憂，象喜亦喜。』先生則曰：『惟見舜胸中有弟，不見舜胸中有象。』孟子論夷、惠之行曰：『伯夷隘，柳下惠不恭。』先生則曰：『伯夷視四海，願人皆我儔。吾謂下惠隘，此説君試求。』」〔四〕前一條是説，如果像孟子説的那樣，舜的憂喜以具體的弟弟（象本人）為轉移，精神境界未免低了。劉因認為，象在舜的心目中已昇華為抽象的「弟弟」，因此才能不假思索地

〔一〕五律宿田家，劉因集卷四。
〔二〕七絕書田舍壁，劉因集卷十八。
〔三〕七律夏日飲山亭，劉因集卷四。
〔四〕靜修先生祠堂記，見劉因集·附錄二。

與象憂喜與共。後一條是說，伯夷的胸懷無比寬廣，把天下人都看作是自己的朋友，以「隘」（狹窄）評價顯然不當；柳下惠「不羞污君，不卑小官」（孟子·公孫丑上），並不是「不恭」，恰恰是「隘」。這兩段話都是對孟子的修正，在識見上似乎更高一個層次。無怪乎楊俊民要稱譽劉因是「蓋間世之才，上達之學，天成自得，振古之豪傑」〔一〕了。

歐陽玄寫過一篇靜修先生畫像贊，說：「微點之狂，而有沂上風雩之樂；資由之勇，而無北鄙鼓瑟之聲。於裕皇之仁，而見不可留之四皓；以世祖之略，而遇不能致之兩生。嗚呼！麒麟鳳凰，固宇內之不常有也，然而一鳴而六典作，一出而春秋成，則其志不欲遺世而獨往也明矣。亦將從周公孔子之後，為往聖繼絕學，為來世開太平者耶？」〔二〕文中把劉因說得比孔子的兩位著名弟子（曾點和仲由）還更勝一籌，又將劉因比作漢初的商山四皓和不肯出仕的魯兩生。還以珍稀的麒麟鳳凰為喻，暗指劉因雖未直接用於世，但卻可以引發文教的繁榮。他認為劉因絕不是要作隱士，而是要作周公、孔子的繼承者，為往聖繼絕學，我來世開太平。透過這些近乎溢美的評價，不難看出劉因在元代士大夫心目中的崇高地位。

明清兩代，劉因的名氣依然不小，被稱作元代三大儒之一（一說與許衡、吳澄並稱；一說

〔一〕靜修先生祠堂記，見劉因集·附錄二。
〔二〕靜修先生畫像贊，見劉因集·附錄二。

與耶律楚材、許衡並稱）〔一〕，他的文集一再刊刻，并被收入四庫全書、畿辅叢書、容城三賢文集以及許多選本。民國年間，又被收入四部叢刊、叢書集成。當今，劉因的名字也不斷出現於思想史、文學史等著作中。他的人格仍受到人們的敬仰，他的詩文仍有其理論價值、歷史價值和藝術價值。

〔一〕參見黄宗羲：宋元學案·靜修學案；孫奇逢：孫夏峰集卷九·題耶律晋卿傳後。

卷一　丁亥集一

辭

白雲　二章〔一〕

白雲凝情兮佩月光，白露結彩兮明幽芳。衆星皎皎兮，水波不揚。渺予思之若遇兮，耿在目而不忘。音容著兮形無方，肅予中立兮四無旁。予母歸來兮，山高水長〔二〕！

白雲高飛兮，杳不可尋。靈風長往兮，聲不在乎幽林。皎月東生兮忽西沉，玄鶴何逝兮

〔一〕本篇，既被收入全元詩，又被收入了全元文。蘇天爵國朝文類則將其歸入「騷」類。

〔二〕「予母歸來兮」，予母，原作「子毋」，據畿輔叢書本改；明成化本、三賢集本作「子母」，全元文作「子無」。歸來，原作「歸去」，據畿輔叢書本改。

遺之音。予思未及兮，實懷我心。儵萬里兮捐所歆〔一〕，曠同遊兮啟雲襟。予母歸來兮，山幽水深〔二〕！

五言古詩　三十四首

韓魏公祠

定州古北門，作鎮多英奇。如何郡學傍，獨有魏公碑〔三〕。乾坤極厚大，運動物不知〔四〕。堂堂宋三朝，斡旋公似之。惟公玄默間，泰山已四維。天宇公之祠，元氣非公誰？郡人一何愚，而於公欲私。大者且勿論，緒餘猶世師。千年閱古堂，誰歌鄭國詩？公閱古堂，富公有詩。徘徊老柏前，目送秋鶴飛。悠悠五色雲，悵望今何歸？

〔一〕「捐」，明成化本、畿辅叢書本作「指」。
〔二〕「予母」，原作「子毋」，據畿辅叢書本改。明成化本、三賢集本作「子母」，全元文作「子無」。
〔三〕「魏」，原作「韓」，據畿辅叢書本改。按，魏公，指韓琦，北宋大臣，封魏國公。
〔四〕「運動」，元詩選作「運物」。

仙臺〔一〕

碣石來海際，西南奄全燕。中有學仙臺，燕平欲昇天。燕平骨已朽，遺臺猶相傳。雖復生青松，歲久摧為煙。極目望海波，不見三山巔。三山巨鼇簪，山人蟣虱然。使無不足論，信有亦可憐。大塊如洪爐，金石難久堅〔二〕。天地會有盡，何物為神仙？空山無笙鶴，落日下饑鳶。今古非一臺，浩歎秋風前。

黄金臺

燕山不改色，易水無新聲。誰知數尺臺，中有萬古情。區區後世人，猶愛黄金名。黄金亦何物，能為賢重輕？德輝照九仞，鳳鳥才一鳴。伊誰腐鼠棄，坐見饑鳶爭。周道日東漸，二老皆西行。養民以致賢，王業自此成。黄金與山平，不救兵縱横。落日下荒臺，山水有餘清。

〔一〕「仙臺」，畿辅叢書本作「燕平學仙臺」。
〔二〕「難」，原作「能」，據畿辅叢書本改。

經古城

我行常山尾，高城下吾前〔一〕。按轡覽形勢，依依見全燕〔二〕。易水開前襟，飛狐連右肩〔三〕。遙想豪傑場，撫己增慨然。薪人過我傍，一笑如相憐。指城前問予，考古今幾年。沉思未及答，行歌入蒼煙。

馮瀛王吟詩臺

林壑少佳色，風雷有清秋。為問北山靈，吟臺何久留？時危亦常事，人生足良謀。不有撥亂功，當乘浮海舟。飄飄扶搖子，脱屣雲臺遊。每聞一朝革，尚作數日愁。朝廷乃自樂，山林為誰憂？視彼昂昂駒，奈此泛泛鷗。四維既不張，三綱遂橫流。坐令蚩蚩民，謂茲聖與儔。蚩蚩尚可恕，儒臣豈無尤？不有歐馬筆，孰能回萬牛？太行千里來，瀟灑橫中州。今朝此登臨，孤懷漲巖幽。何當鏟疊嶂，一洗他山羞。

〔一〕「下」，元至順本作「墮」。
〔二〕「全」，明成化本、三賢集本作「金」。
〔三〕「狐」，明成化本作「孤」，誤。

張燕公讀書堂

陰壁下寒泉，陽崖隱深洞。想像張幽州，當年此弦誦。遐情納方寸，灝露驚宵夢〔一〕。既有真積功，豈無致時用？不然起絶學，猶當垂後統。濟濟唐開元，儒臣相伯仲。文雖數燕許，名不並姚宋。遂令百世下，煙霞抱餘痛。尋幽縱步貪，懷古清歌送。緬思白鹿翁，眼中見連棟。兹山有道氣，會遇或天縱。聊以永今朝，白雲不可種。

龍潭

盤磴脱交蔭，平壇得高岑。高岑不可攀，哀湍激幽音。窮源豈不得，爽氣來駸駸。靈潤發山骨，沮洳下崖陰。為問石上苔，妙理誰曾尋？乾坤有乾溢，此水無古今。下有靈物棲，倒影毛髮森。東州旱連歲，呼龍動雲林。顧此百丈潭，豈無三日霖？為霖此雖能，鞭策由天心。日暮碧雲合，空山深復深。

〔一〕「驚」，元至順本、明成化本作「警」。

招飲山亭〔一〕

飲人不飲酒，千載誰與期？賴有此山色，我杯時一持。西郊遠市井，林亭對山暉。主人知愛客，釀酒無虚時。佳客麟鳳然，人亦難致之。君亭有吾山，招飲當不辭。

西山

西山澹無姿，中有羲皇前。翻思太古人，事業何不傳？三墳亦何罪，世遠成灰煙。紛紛後來人，暮死朝爭妍〔二〕。勳名史一策，學術文千篇。古人豈不然，後有無窮年。惟餘方寸心，天地相後先。

〔一〕「招」，原作「召」，據畿辅叢書本改。元至順本、文津閣本、明成化本、三賢集本作「名」。按，詩中有「招飲當不辭」句，似作「招」為是。

〔二〕「朝爭妍」，元至順本作「爭朝妍」。

池上

今朝好風日，出門何所之？西城得山多〔一〕，一水揚清漪〔二〕。溪翁指水言，此貨天下奇。不有磑百區，猶當稻如坻。擬從陶朱公，斵取高陽池。纍纍九州谷〔三〕，隱隱千石陂。食魚素無望，觀水今有期。所期徧區域，不見貧者饑。

勸飲〔四〕

同類天地中，相親理所宜。前後億萬年，而我生此時。前予既不及，後孰能待之？同時四海內，偏識將無期。所識既無幾，賞心又當誰？政有賞心人，會遇亦復希。當其會遇時，豈無事相違？今朝好風色，不飲君何辭！

〔一〕「城」，原作「域」，據元至順本、畿辅叢書本改。
〔二〕「揚清漪」，「揚」，明成化本作「含」。但其「考異」中卻云：「一水揚清漪，一作晴漪。」可見其本作「揚」，不作「含」。
〔三〕「州」，明成化本作「洲」。
〔四〕「勸」，原作「歡」，據元至順本改。

女蘿生松枝

女蘿生松枝，不及松生年。松枝摧為薪，豈如山石堅〔一〕。誰云高山雲，曾見天地先？人生朝露爾，豈止蜉蝣然！蕩蕩山海圖，悠悠皇極元。其間何物無，何事無推遷？事有古今希，達觀如寒暄。君今不遠遊，自苦良可憐。

有大如天地

有大如天地，日夜長乾乾。有小如螻蟻，營營誰使然？我亦形跡中，豈得獨安閒？萬物相為用，錯綜盈兩間。如身百骸具，少一為不完。有形無虛生，豈予獨贅偏？森然氣分內，既有不可鐫。蝮蛇誰宥之，生生亦能延。安有人道尊，湮滅獨不傳〔二〕。乾乾以為師，餘者一聽天。

孤雲

孤雲生幾時，冉冉何所適？豈無崑華高，路遠嗟獨力。徘徊天中央，明月為顏色。下有幽

〔一〕「如」，原作「知」，據畿輔叢書本改。

〔二〕「湮」，元至順本作「堙」。

棲士，歲晏倚青壁〔一〕。朝飲澗下泉，暮拂松間石〔二〕。相對澹忘情，倒影寒潭碧。

雜著　二首　集陶句〔三〕

人生豈不勞？終古謂之然。孰是都不營，早起暮歸眠。過足非所欽，躬耕非所歎。但使願無違，甘以辭華軒。正爾不可得，在己何怨天？自古有黔婁，被服常不完。榮叟老帶索，饑寒況當年。何以稱我情？賴古多此賢。

善惡苟不應，鬼神昧茫然。是非苟相形〔四〕，行止千萬端。世路廓悠悠，聊且憑化遷。居常待其盡，任真無所先。詩書塞座外，弱子戲我前。親戚共一處，餘糧宿中田。促席延故老，斗酒散襟顏。聊以永今朝，百世誰當傳？

〔一〕「歲晏倚青壁」，晏，原作「宴」，據元至順本改。壁，元至順本、三賢集本作「璧」。
〔二〕「拂」，明成化本中考異：「一作撫」。
〔三〕詩題，三賢集本、畿辅叢書本作「集陶句二首」。
〔四〕「形」，元至順本作「刑」。

晨起書事　丁丑五月二十八日

蒼星彗明河，三月麗朱方。兩月忽散落，一月留中央。下有五星連，西近東少張。仰面東北隅，流星墜綵芒。誰令月有瘿，飄搖及吾窗。須臾日東生，有星環四旁〔一〕。一星當日中，佇視搖晶光。自北忽西旋，老陽已榆桑。西北雲一絲，翠暈揚清芳。嫩雲生碧蘚，得句聲琅琅。俄見雲有魚，其大丈許長。火繩紛繞之，昂然欲飛揚。呼友與共觀，此境已茫茫。靈樞夢為病，周官夢為祥。寤言劄諸閫，庸俟知者詳。

偶書

開眼昭昭天，無形有痛癢。斯人亦安忍，斲喪甘自枉。裩中虱一齧，其死隨翻掌。乃知天人間，感應如影響。

〔一〕「旁」，畿辅叢書本作「方」。

遊天城

逕遠澗隨曲，崖深山漸少。居然翠一城，四壁立如掃。天設限仙凡，雲生失昏曉。平生萬事懶，登臨即輕矯〔一〕。山靈知信息，風煙久傾倒。顧瞻困能仰，泛應習稱好。端居得蕭寂，遠眺礙孤峭〔二〕。乃知方寸間，別有萬物表。未須凌絶頂，胸次青已了。

游源泉

叢祠鬱蒼翠，萬古藏清幽。泠然石上足〔三〕，不逐蒼波流。長風索我御，欲舉仍遲留。白雲何山來？相對亦悠悠〔四〕。

〔一〕「矯」，畿辅叢書本作「趬」。按，趬音喬，義為輕捷，矯健。似作「趫」為是。
〔二〕「眺」，原作「眈」，據元至順本、明成化本、三賢集本改。全元詩注云：萬曆十六年本作「眈」。
〔三〕「泠」，明成化本、三賢集本作「冷」。
〔四〕「相」，明成化本作「想」。

會飲山中

鳴禽變初節，白雲思高山。笑拊蒼然石，為謝區中緣。舉杯屬何人？四顧心茫然。雲煙互吞吐，巖壑如相先。人間此幻境，過眼成千年。山家有酒令，飲外可無言。

玉溪精廬

居然山四頹，危檻俯晴春。川氣生不極，翠潤流衣巾。林陰起薄暮，酒色生微醺。歌聲忽落谷，驚歸欲飛雲。

隱仙谷

山川含太古，風氣如未開。中有幽棲人，日暮斸蒼苔。吾胸素羲皇，人世不可諧。此地復何地？怳若登春臺〔一〕。山扃掩對峙，石徑迷縈回。桑麻連水竹，屋宇依山崖。燕南避世謡，千古知我懷。横渠百世師，一區竟相乖。知音得元老，龍門有遺齋。伊川先生上文潞公求龍門庵地書略

〔一〕「登春臺」，元至順本、明成化本、三賢集本作「春登臺」。

曰：「勝善上方舊址，荒廢為無用之地，欲得葺幽居其上，為避暑著書之所。唐王龜剏書堂於西谷，松齋之名傳之至今。某雖不才，亦能為龍門添勝跡於後代，為門下之美事。」賤子孤旅人，念此良悠哉！于世豈有望？居山亦無媒。舉杯對山靈，欲去仍徘徊。他年要勝跡，此駕當招來。

遊雲水庵

乘春奮幽潛，觀化登邱山。哀淙聞遠壑，息駕思雲關。壘石密松桂，結屋珍茅菅〔一〕。生煙紛漠漠，激流散潺潺。山石浮壽色，澗木榮歡顏〔二〕。覽物有真意，撫節驚循環。悠然千載情，儼若盤石間〔三〕。眷焉欲晤語，古人何當還？

題歲寒亭

西州有佳士，種松秋水垠。歲寒得所師，名齋豈徒云〔四〕！要知松柏心，亦願濯南薰。交枝

〔一〕「珎」，原作「誅」，據元詩選、文津閣本、畿辅叢書本改。元至順本作「深」，明成化本作「琛」。

〔二〕「木」，原作「水」，據元至順本、明成化本、三賢集本、畿辅叢書本改。

〔三〕「盤」，元至順本作「磐」。

〔四〕「名」，元至順本、明成化本作「銘」。

鬱葱蒨，喜與萬木群。當此搖落中，勁節獨排雲。雖得後凋知，歲寒非所欣。

泛舟西溪

萬山倒滄浪，一葉凌嵯峩。嵯峩為飛舞，翠影如婆娑。輕陰散雨足，淨緑生圓波。人間碧海幻，老眼青銅磨。風雲幾千古，辦此雨一蓑。溪南有幽人，鼓棹前山阿。煙深渺無處，月色浮松蘿。

喜雨　以「雨我公田」分韻得雨字〔一〕

壬申秋大水，一雨乃孤注。九年錙寸積，曾未辨朝露。陂塘此何日，還我滄洲趣。夜來雲初作，期待一如故。既聞漸成陣，尚謂行且住。甫寸驚已狂，及犁歎無數。平明報三尺，感激淚將雨。玄功亦雄哉！回旋易指顧。呼酒欲鯨吞，哦詩有神助。區區喜與憂，豈為一飽慮？

〔一〕「得雨字」，明成化本作「得我字」。

雪花酒　分韻得如字

古人重甘澤，雨雪名所居。何如千里白，斂之寄一壺。神物與造化，醞釀同機樞。夢中聞酒熟，天花已紛如。況復吟風亭，興來操百觚。天地無餘春，山澤豈全臞？何當一灑之，豐年徧寰區。收藏有奇功，六月天為爐。冰壺連水鑑，千載誰與俱？林間有清風，此酒不可無。

種松

萬牛來丘山，大廈高崔嵬。當年誰苦辛〔一〕，遺此千歲材？手持百松子，與之俱傾頹〔二〕。殷勤囑造物，為護荒山隈。今來見豪末，喜溢蒼煙堆。十年望根立，百年排風雷。自此千萬年，再見明堂開。東家十年計，戢戢千頭栽。豈不早有望？求此良悠哉！

詠梅

燕南舊無梅，寒花為誰芳？月色隱清艷，幽香竟難藏。寸心警殘雪，孤根待朝陽。只有橫

〔一〕「苦辛」，原作「辛苦」，據明成化本、三賢集本、畿輔叢書本改。元至順本作「苦心」。
〔二〕「俱」，元至順本作「備」。

斜枝〔一〕，萬里同昏黄。

白蓮

冰花離風塵〔二〕，素質更深静。灝露凝幽香，皎月散清景。誰並絶世姿，澹然水中影。青房生苦心，秋風逼涼冷。安得同愛人，共此良夜永？

玉簪

堂陰秋氣集，幽花獨清新。臨風玉一簪，含情待何人〔三〕？含情不自展，未展情更真。徘徊明月光，泛泛如相親。因之欲有托，風鬟渺冰輪。

瓊花圖

淮海秀瓊枝，獨立映千古。遥知辨此初，坤靈心亦苦。平生勞夢想，江煙隔南浦。春風不

〔一〕「枝」，元至順本、明成化本作「參」，文津閣本、畿辅叢書本作「森」。
〔二〕「冰」，元至順本、明成化本作「水」。
〔三〕「人」，明成化本作「日」，誤。

相待，回首已焦土〔一〕。畫圖今見之，依稀春帶雨。芳心紛已碎，仙葩聚如語。瑤台舊高寒，人間此何所？翩翩風袂輕，幽香暗相許〔二〕。

八月十七日望〔三〕

前日中秋節，今宵月方圓。人間歡賞竟〔四〕，此際吾獨觀。吾觀意有在，高歌問青天：蒼蒼非正色，而況此嬋娟。去我當遠近，相值果正偏？徑圓知幾許，附麗或空懸？既疑紈扇如，復昧左右旋。有食定何物？中黑胡為然？何當凌倒景，迫視如弄丸？一祛萬古惑，如生天地先。吾觀意在此，餘光何足憐！

〔一〕「已」，原作「以」，據文津閣本、元至順本、明成化本、三賢集本、畿辅叢書本改。

〔二〕「香」，明成化本、畿辅叢書本作「杳」。

〔三〕「十七」，畿辅叢書本作「十六」。

〔四〕「竟」，三賢集本、畿辅叢書本作「景」。

卷二　丁亥集二

五言古詩　和陶七十六首

和九日閒居

深居忘晦朔，好事惟侯生。偶因菊酒至，喜聞佳節名。香醪泛寥廓，醉境還空明。青天凜危帽[一]，浩蕩空秋聲[二]。緬懷長沙孫，生氣流千齡。乾坤一東籬，南山久亦傾[三]。回看聲利徒，僅比秋花榮。撫時感遺事，可見萬古情。興詩此三復，淹留豈無成？

[一]「凜」，畿輔叢書本作「懍」。
[二]「浩蕩空秋聲」，元至順本作「浩空秋秋聲」，誤。
[三]「亦」，元至順本作「已」。

和歸田園居　五首

一

少小不解事，談笑論居山。為問五柳陶，栽培幾何年？安得十畝宅？背山復臨淵。東鄰漢陰圃，西家鹿門田。前通仇池路，後接桃源間。熙熙小國樂〔一〕，夢想羲皇前。石上無禾生，燦爛空白煙。營營區中民，擾擾風中顛。未論無田歸，歸田誰獨閑？迂哉仲長統，論說徒紛然。

二〔二〕

商顏高在秦，天馬脱羈鞅。東陵高在漢，雲鴻渺遐想。超然秦漢外，當年誰長往？每讀淵明詩，最愛桃源長。北望無終山〔三〕，幽棲亦深廣。空和歸田吟，商聲振林莽。

三

塊坐生理薄，出門交友稀。田翁偶招飲，意愜澹忘歸。游秦驚避竈，過宋須微衣。永謝門外屨，從翁不相違。

〔一〕「小國樂」，畿辅叢書本作「小樂國」。

〔二〕此序號原無，據三賢集本加。有序號確便於稱引，以下凡遇多首連排，皆依三賢集本加序號，不再一一出注。

〔三〕「無終山」，元至順本、三賢集本、畿辅叢書本作「徐無山」。

四

魯甸五十畝，簞瓢足自娛。顔生未全貧，貧在首陽墟。商顔遇狂秦，蕭然真隱居。箕山彼何為，結巢松一株。富貴豈不好？有時貧不如。在卷非不足，當舒豈有餘？誰持三徑資，笑我囊空虛。傭書易斗米，吾田亦非無。

五

吾宗古清白，耕牧巨河曲。雖非公卿門，紆朱相接足。陵谷變浮雲，家世如殘局。舉目遺安齋先考嘗題所居齋曰「遺安」〔一〕，先訓炳如燭。區區寸草心，依然抱朝旭。

和乞食

好廉中無實，觸事或發之。萬鍾忘義理，一簞形色辭。吾貧久自信，笑聽溝壑來。偶聞嗟子，低眉問殘杯。兒啼尚云可，最愧南陔詩。豈無乞貸念？慚非動時才。人理諒多闕，清規亦徒貽。

〔一〕「曰」字原缺，據元至順本補。

和連雨獨飲

吾心物無競，未醉已頹然。乾坤萬萬古，坐我春風間。弱女亦何知，挽衣呼我仙。窺人簷鳥喜，共舞風雩天。舉觴屬羲皇，身在太古先。忽遇弄丸翁，見責久不還。一笑了無間，今夕是何年〔一〕？遥遥望白雲，欲辯已忘言〔二〕。

和移居　二首

十年寓茲邑，渾家如泛宅。言念息吾廬，頹然在斯夕。床頭四子書，補閑薪水役。寒蔬掛庭柯，風葉滿麄席〔三〕。藩垣護清貧，簞瓢閲今昔。珍重顔樂功，先賢重剖析。

躬耕力不任，閉户傳書詩。資生豈師道？舍此無所之。今年穀翔貴，自笑還自思。安居逢歲歉，乘除動天時。强顔慰妻孥，一飽在來茲。「雪好炊餅大」，占年不吾欺。

〔一〕「年」，原作「緣」，據元至順本、明成化本、三賢集本、畿辅叢書本改。
〔二〕「言」，原作「年」，據元至順本、明成化本、三賢集本、畿辅叢書本改。
〔三〕「麄」，原作「鹿」，據文津閣本、元至順本、三賢集本改。按，「麄」同「粗」。

和還舊居

巨河西北來，浩浩東溟歸。河邊兩榆柳，遊子無窮悲。樹老我何堪，物是人已非。鄰翁醉相勞，自云鬼録遺。早晚見先公，問爾今何依？豈無磊磊功？使我地下推〔一〕。呑聲謝鄰翁，讀書志未衰。持此報吾親，餘事手一揮。

和九月九日

九月閉物初，孤陽困無交。園木炫霜紅〔二〕，豈解憂風凋！物外風雩春，氣橫湖海高。舉手謝浮世，凝睇思層霄。揮觴送秋節，哀此造物勞。傾河瀉萬象，隨手如沃焦。崇高笑山斗，未能出鈞陶。況彼草間蟲〔三〕，區區寒露朝。

〔一〕「地下」，元至順本作「地我」，誤。
〔二〕「炫」，原作「眩」，據畿辅叢書本改。
〔三〕「彼」，元至順本作「復」。

和飲酒　二十首

一

尊罍上元酒〔一〕，此意誰得之？人道何所本，乃在羲皇時。頗愛陶淵明，寓情常在兹。子倡我為和，樂矣夫何疑？有問所樂何？欲贈不可持。

二

醉翁意自樂，非酒亦非山。頹然氣沖適〔二〕，酒功差可言。謂此不在酒，得飽忘豐年。君知太和味，方得酒中傳。

三

阮生本嗜狂，欺世仍不情。酒中苟有道，當與世同名。何為戒兒子，不作大先生？良心於此發，慨想令人驚。士生道喪後，美才多無成。

四

草木望子成，豈憂霜露飛！禽鳥忘身勞，但恐饑雛悲。生意塞兩間，乾坤果何依？我既生

〔一〕「元」，原作「玄」，據文津閣本、畿辅叢書本改。
〔二〕「沖」，元至順本作「坤」。

其中，此理須同歸。喜見兒女長，不慮歲月衰。雖為曠士羞，理在庶無違。

五

山人有靜癖，苦厭一瓢喧。奈何衆竅號，萬木隨風偏。我常涉千里，險易由關山。今古一長途，遇險焉得還？哀歌歎安歸，夷皓無此言。「我安適歸」，謂伯夷歌。「吾將何歸」，謂四皓歌。此司馬遷、皇甫謐所作，非知夷皓之心者。

六

茫茫開闢初，我祖竟誰是？於今萬萬古，家居幾成毀？往者既已然，未來亦必爾。何以寫我心？哀泉鳴緑綺。

七

生備萬人氣，乃號人中英。以此推衆類，可見美惡情。陰偶小故多，陽奇屹無傾。誰將春雷具？散作秋蟲鳴。既知治常少〔一〕，莫歎才虛生。

八

凝冰得火力，鬱鬱陽春姿。寧滅不肯寒，陽火如松枝。詩家有醇醪，釀此松中奇。一飲盡

〔一〕「常」，原作「長」，據元至順本改。

千山，枯株彼何為？所以東坡翁，偃蹇不可羈。

九

黃河萬古濁，猛勢三峰開。客持一寸膠，澄清動高懷。飛駕探崑崙，尚恐志易乖。囑我乘浮槎，徑往天池棲〔一〕。就引明河清，為洗崑崙泥。相看淚如雨，千年苦難諧。何當御元化，擺落人世迷！下覽濁與清，瞬息千百廻。

十

十年小學師，一屋荒城隅。饑寒吾自可，畜養無一途。亦愧縣吏勞，催征費馳驅。平生禦窮氣，沮喪恐無餘。長歌以自振，貧賤固易居。「貧賤固易居，貴盛難為工。」嵇叔夜詩。〔二〕

十一

士窮失常業，治生詎有道？身閒心自勞，齒壯髮先老。客從東方來，溫言慰枯槁。生事仰小園，分我瓜菜好。指授種藝方，如獲連城寶。他年買溪田，共住青林表。

〔一〕「天池」，元至順本作「天地」。

〔二〕此注，明成化本、三賢集本、畿辅叢書本作：「貧賤易居，貴盛難為。乃嵇叔夜詩。」

十二

此身與世味，恍若不同時〔一〕。惟餘雲山供，有來不徑辭。時當持詩往，報復禮在兹。有客向我言，於道未無疑。不為物所役，乃受煙霞欺。聞此忽自失，一笑姑置之。

十三

執價韓伯休，混跡在人境。百錢嚴君平，閱世心獨醒。我無騰化術，淩虚振衣領。又無辟穀方，終年酌清潁。會須學嚴韓，遺風相焕炳。

十四

吾宗幾中表，訪我時一至〔二〕。自吾居此庵，才得同兩醉。逆數百年間，相會能幾次？每會不盡歡，親情安足貴？所歡在親情，杯水亦多味。

十五

器飲代窪尊，巢居化安宅。凡今佚樂恩，孰非聖神跡？况彼耕戰徒，勤力有千百。乞我一身閑，坐看山雲白。内省吾何功？停觴時自惜。

〔一〕「恍」，原作「況」，據元至順本、畿辅叢書本改。按，恍，通「怳」。
〔二〕「至」，原作「致」，據元至順本、畿辅叢書本改。

十六

四時有代謝，寒暑皆常經。二氣有交感，美惡皆天成。天既使之然，人力難變更。區區扶陽心，伐鼓達天庭。乾坤固未壞，杞人已哀鳴。雖知無所濟，安敢遂忘情！

十七

諸生聚觀史，掩卷慕高風。兀如遠遊仙〔一〕，獨居無事中。盛衰閱無常，倚伏誰能通？天方卵高鳥，地已産良弓。

十八

人生皆樂事，憂患誰當得？人皆生盛時，衰世將盡惑。水性但知下，安能擇通塞？不見紇干雀，貪生如樂國。古今同此天，相看無顯黙。

十九

人生喪亂世，無君欲誰仕？滄海一横流，飄蕩豈由己！弱肉強之食，敢以凌暴恥。優遊今安居，驩然接鄰里。曲直有官刑，高下有人紀。貧羸誰我欺，四廬安所止〔二〕？舉酒賀生民，帝力真可恃。

〔一〕「兀」，三賢集本、畿辅叢書本作「元」。
〔二〕「四」，明成化本、三賢集本作「田」。

二十

人君天下師，垂衣貴清真。羲皇立民極〔一〕，坐見風俗淳。有德豈無位？萬古湯盤新。師道嗟獨行，此風自周秦。獨行尚云可，誰以儒自塵？有名即有對，況乃一行勤。聖人人道爾，豈止儒當親。儒雖百行一，致遠非迷津。矧伊末世下，空有儒冠巾。何當正斯名，遙酹千載人！

和有會而作　并序

今歲旱，米貴而棗價獨賤，貧者少濟以黍食之，其費可減粒食之半。且人之與物〔二〕，貴賤亦適相當，蓋亦分焉而已。偶有所感〔三〕，而和此詩。

農家多委積，淵明猶苦饑。況我營日夕，凶歲安得肥？衾裯一飽計，何暇謀寒衣。經過米麥市，自顧還自悲。彼求與此有，相直成一非。尚賴棗價廉，殆若天所遺。惟人有貴賤，物各以類歸。小兒法取小，淺語真吾師。

〔一〕「皇」，明成化本作「黄」。
〔二〕「且」，原作「仁」，據元至順本、畿辅叢書本改。
〔三〕「偶」，元至順本作「因」。

和擬古　九首

一

鬱鬱歲寒松，濯濯春風柳。與君定交心，金石不堅久。君衰我不改，重是平生友。相期久自醉，中情有醇酒。義在同一家，何地分勝負？彼此無百年，幾許相愛厚？持刀斷流水，纖瑕固無有。

二

客從關洛來，高論聽未終。連稱古英傑，秉國或從戎。建立天地極，蔚為蓋世雄。功成脫敝屣〔一〕，飄然繡遺風〔二〕。生世此不惡，君何守賤窮？急呼酌醇酒，延客無何中。

三

同遊非所思，所思天一隅。有問所思誰，意在言不舒〔三〕。古今猶旦暮，四海同一廬。怳惚精靈通，似見與我居。攬衣欲從之，寒月照平蕪。茫然不知處，歎息將焉如？

〔一〕「敝」，原作「弊」，據畿輔叢書本改。
〔二〕「繡」，三賢集本、畿輔叢書本作「肅」。
〔三〕「在」，元至順本作「盡」。

四

朝游易水側，步上燕台荒〔一〕。燕王好神仙，不見金銀堂。江山古神器，海色圍蒼茫。哀哉王風頽，日化爭奪場。救世豈無人，齎志歸北邙。撫此重長歎，青山忽軒昂。呼酒樂今朝，往事置一方。遥知蓋棺後，亦起千載傷。

五

依依月光缺，熒魄恒獨完。清光如素絲，長懷綴君冠。形雖隔萬里，咫尺皆君顏。望君君不來，十年不開關。豈無黄金贈，藉以青錦端。愛惜明月珠，肯為一雀彈〔二〕。庭前秋柏實，月夜棲孤鸞。君嘗寸心苦，中有千歲寒。

六

河流高拍天，沇水洑在兹。自傷困無力，乘彼朝宗時〔三〕。顏色變涇渭，風味存澠淄。願君深識察，期君不相疑。此情良可憐，感慨贈以辭。辭云丹山鳥，千載多苦思。身遊九霄上，不受塵

〔一〕「步」，原作「暮」，據元至順本、明成化本、三賢集本、畿辅叢書本改。

〔二〕「一」，元至順本、明成化本、三賢集本、畿辅叢書本作「黄」。

〔三〕「朝」，明成化本作「潮」。

世欺。忍饑待竹實，浩蕩今何之？歌以靈鳳謡〔一〕，亂以猛虎詩。

七

西山有佳氣，草木含清和。道逢方瞳翁，援琴為我歌。音聲一何希，一唱三歎多。問翁和此誰？指我蟠桃華。所望在千年，君今將奈何！

八

翩翩誰家子？慷慨歌遠遊。忽記少年日，猛志隘九州。何物能勸人〔二〕？有此歲月流。君心海無底，亦使成高丘。贈君一卷書，其傳自衰周。讀此當自悟，擾擾將焉求？

九

巖巖牛山木，久矣困樵採。望望深澗芝，無人香不改。一葉振江潭，輕波欲達海。幽明理一貫，影響不相待。願天誘臣衷，所求惟寡悔。

〔一〕「以」，元至順本、明成化本作「為」。
〔二〕「勸」，元至順本作「動」。

和雜詩　十一首

一

日食百馬芻，足有萬里塵。乃知一駿骨，可百駑駘身〔一〕。生汝天已艱，天復無私親。安肯養一物，侵奪空四鄰？長饑汝自取，況值秋霜晨。難生復難長，愁絶蓺蘭人。

二

胸中無全山，横側變峰嶺。不及靈椿秋，遂謂長春景。只見柏參天，豈知根獨冷？井蛙見自小，夏蟲年不永。天人互償貸，千年如響影。廓哉神道遠，瞬息苦馳騁。平生遠遊心，觀物有深静。

三

晝長夜乃短，百刻君自量。嬴餘雖可致〔二〕，君看蜜蜂房。董生論齒角，三策奏未央。樂天喻花實，妙理通陰陽。白詩：「荔枝非名花，牡丹無佳實。」稠薄只升米，聽爾宜饑腸。

〔一〕「駘」，原作「胎」，據元至順本、三賢集本、畿辅叢書本改。

〔二〕「嬴」，原作「羸」，據元至順本改。畿辅叢書本作「嬴」。按，「嬴餘」同「盈餘」。「羸」為姓，「羸」音裸，用於此皆誤。

四

好事理難阻〔一〕，人情多畏豫。芝蘭種不生，鸞鴻動高翥。遂令好賢心，艱親恐易去〔二〕。巢燕不待招，庭花免憂慮。所以末世下，凡百古不如〔三〕。皎皎千里駒，肯為場苗住？求賢非吾分，切己在何處？平生取友志，持此當警懼〔四〕。

五

因觀倚伏機，亦愛柱下老。時危不易度，遜默庶自保。不見春花樹，隆冬抱枯燥，生意斂根柢，發洩敢獨早？聖德實天生，自信耿中抱。猶存悄悄心，庸人安足道！

六

幼安返鄉郡，知音得程喜。有問平生心，但說臨流事。乾坤魏山陽，史筆凜生意。物外此天民，與魏偶相值。見通鑒綱目。澹然涉世情，月閑雲自駛。我作安化箴「上安其賢，民化其德」，見管寧傳注。韋弦不須置。

〔一〕「難」，元至順本、明成化本作「艱」。
〔二〕「艱」，元至順本、明成化本作「難」。
〔三〕「如」，原作「似」，據元至順本、明成化本、三賢集本、畿辅叢書本改。
〔四〕「警」，三賢集本、畿辅叢書本作「驚」。

七

太玄豈無知？不覺世運迫。為問莽大夫，何如成都陌？揚雄嘗師嚴君平。扶搖得真易，長卧山雲白。扶摇、白雲，皆陳圖南號。中有安樂窩，氣吐宇宙窄。消長粲以密，我主彼為客〔一〕。觀先天圖可見。問子居何方？環中有真宅。

八

朝耕隆中田，暮采成都桑，平生澹泊志，醜女同糟糠。愛此真丈夫，忘我廚無糧。當年靜修銘，團茅雞距陽。雞距，保府泉名。舊嘗取武侯「靜以修身」語，名所寓舍「靜修龕」〔二〕。回頭十五載，塵跡徒自傷。山居久岑寂，主靜豈無方。安得無極翁，酌我上池觴？

九

燕南可避世，逸興生雲端。安得百里封，一邑不改遷。弦誦和寒流，溝塗映晴巔。思此良自苦，窮耕望盤餐〔三〕。願從八吟翁横渠有八翁吟〔四〕，因自謂八吟翁。同結一井緣。買山不用詩，探囊

〔一〕「我主彼為客」，元至順本作「彼主我為客」。

〔二〕「龕」，元至順本作「菴」。

〔三〕「餐」，原作「飧」，據畿辅叢書本改。四部叢刊本作「湌」。按，湌同餐。

〔四〕「八翁吟」，原作「八吟詩」，據四部叢刊本、三賢集本、畿辅叢書本改。

譩千篇。

十

西山霍原宅，古跡猶可稽。見水經注。重吟豆田謡，愁雲落崩崖。豆田謡，見霍原本傳。魯酒邯鄲圍，撫事傷人懷。林宗自高士，此世淹亦彌。一聞孺子語，西風草披離〔一〕。知幾在明哲，何事紲塵羈？君觀括囊戒，無盈庶無虧。

十一

我游深意寺，郎山古清涼〔二〕。興妖如米賊，乘時起陸梁。見五代史記。不見重華帝，所居亦成鄉。乾坤師道廢，春陽變秋霜。撫事三太息，欲語意何長！

和詠貧士 七首

一

陶翁本強族，田園猶可依。我惟一畝宅，貯此明月輝。翁復隱於酒，世外冥鴻飛。我性如延年，與衆不同歸。孤危正自念，誰復慮寒饑？努力嵗雲暮，勿取賢者悲。「獨正者危，至方則礙。

〔一〕「披離」，元至順本作「離披」。

〔二〕「郎山」，原誤作「即山」，據諸本改。

爾實愀然，中言而發。違衆速尤，迕風先蹶〔一〕。」此淵明規顏延年語也。見延年誄公文。

二

王風與運頹，一輊不再軒〔二〕。消中正有長，冬溫見瓜園。人才氣所鍾，亦如焰後煙。寥寥洙泗心，千載誰共研？龍門有遺歌，三歎誦微言。意長日月短，持此托後賢。

三

淵明老解事，撫世如素琴。似人猶可愛，況乃懷好音。鄉閭誰盡賢，招飲亦相尋。豈有江州牧，既來不同斟？仲尼每諱魯，邦君誠可欽。史筆自好異，誰求賢者心？

四

木石能受唾，豈獨相國婁？視唾若如雨，褊人亦不酬。無心乃直道，矯情實莊周。身外不為我，袒裼吾何憂！伯夷視四海，願人皆我儔。吾謂下惠隘，此說君試求。

〔一〕「迕」，三賢集本、畿辅叢書本作「逆」。按顏延之陶徵士誄原作「迕」。

〔二〕「輊」，明成化本作「輕」，誤。

五

飲酒不為憂，立善非有干〔一〕。偶讀形神詩，大笑陶長官。傷生遂委運，一如咽止餐〔二〕。參回豈不樂？履薄心常寒。天運安敢委？天威不違顏。莊生雖曠達，與道不相關。

六

物外有幽人，閲世如飛篷。浮名不可近，造物難為工。西京二百年，藉藉楚兩龔。豈知老父觀，才與薰膏同。為問老父誰？身隱名不通。偶逢荷蓧者，欣然欲往從。

七

生類各有宜，風氣異九州。易地必衰悴，蓋因不同儔〔三〕。水物困平陸，清魚死濁流。麟亡回既夭，時也跖無憂。天亦無奈何，自獻敢望酬！寄語陶淵明，雖貧當進修。

〔一〕「干」，明成化本、三賢集本作「千」，誤。

〔二〕「餐」，原作「飧」，據畿辅叢書本改。元至順本作「湌」。

〔三〕「儔」，畿辅叢書本改作「疇」，注曰：「原作『儔』，依陶韻改作『疇』。」按，疇，類也。「儔類」亦作「疇類」，儔與疇音全同，似不必改。

和詠二疏

委質義有歸，乞骸老當去。豈無戀闕心，難忘首丘趣。在禮此常典，末世成高舉。漢廷多公卿，圖畫兩疏傅。至今秦中吟，感歎東門路。目覩霍將軍，功高擅恩顧。一朝産危機，千載損英譽。仲翁幸及年，安肯嬰世務〔一〕？聖主賜臣金，奉養行所素。造物佚我老，餘齡今自悟。田園付子孫，身後復無慮。神交冥漠中，樂境尚森著。

和詠三良

江山錯如繡，死與敝屣遺。安用親愛人，共此丘土微。秦人多尚氣，宜無兒女私〔二〕。乃亦如當途，區區戀衣帷〔三〕。因傷秦政惡，三歎王綱虧。殉人已可誅，而況收良歸！坐令百夫特，含恨與世違。秖應墓前柏，直幹千年稀。遥知作俑戒，為感詩人悲。重吟黄鳥章，淚下霑人衣。

〔一〕「安肯」，明成化本考異：「一作安忍」。
〔二〕「無」，元至順本作「與」。
〔三〕「戀衣帷」，三字原缺，據文津閣本、元至順本、明成化本、三賢集本、畿辅叢書本補。

和詠荆軻

兩兒戲邯鄲，六國朝秦嬴。秦王鷙鳥姿，得飽肯顧卿？燕丹一何淺，結客報咸京。當時勢已危，奇謀不及行。政使無此舉，寧免系頸纓？如丹不足論，世豈無豪英？天方事除掃，孰禦狂飆聲。我欲論成敗，高歌呼賈生。乾坤有大義，迅若雷霆驚。堂堂九國師，誰定討罪名？一戰固未晚，何為割邊庭？區區六孱王，山東但空城。孟荀豈無術？乘時失經營。今雖聖者作，不救亂已成。酒酣發羽奏，亂我懷古情。

和讀山海經　十三首

一

寰區厭迫隘，思見曠以疏。四壁畫諸天，愛此金仙廬。丹青煥神跡，勝讀談天書。乃知屈子懷，托興青虯車。回看百千世〔一〕，朝露棲園蔬。歸來誦陶詩，復與山經俱。山經何所似？俚媼談浮圖。汗漫恐不已，身心歸晏如。

〔一〕「回看百千世」，元至順本作「回首千百世」。

二

鳳鳥久不至，思君慘別顔。中心藏竹實，炯炯空千年。千年寄何所〔一〕？云在丹穴山。何當一呼來，徵爾無稽言？

三

翩翩三危鳥，為我使崑丘。聞有西王母〔二〕，靈化略難儔〔三〕。願清黄河源，一洗萬里流。吾生豈無志？所居非上游。

四

瀟湘帝子宅，縹緲乘陰陽。欲往從之遊，風波道阻長。秋風動環佩，星漢搖晶光。月明江水白，萬里同昏黄。

五

重華去已久，身世私自憐。皇靈與天極，蒼梧渺何山？晴空倚翠壁，白雲淡無言。愁心似湘水，猶望有歸年。

〔一〕「寄何所」，元至順本作「何所往」。
〔二〕「西王母」，元至順本作「西天母」。
〔三〕「略」，元至順本作「苦」。

六

夢登日觀峰，高撫扶桑木。手持最上枝，傳與甘淵谷。一笑天驚白，蒼涼出新浴。何方積九陰？區區尚龍燭。

七

纍纍玉膏實，泠泠琪樹陰。鸞鳳自歌舞，瑟瑟風動林〔一〕。風林奏何樂？賓天有遺音。君何坎井念，永負琅園心〔二〕！

八

明星捧玉液，太華參天長。仙掌一揮謝，此樂殊非常。矯首望夸父，饑渴無餘糧。奔競竟何得？歸哉此中央！

九

水物自一隅，亦復具飛走。乃知造化工，錯綜無欠負。茫茫山海間，形類靡不有。此亦何可窮，一覽置肘後。

〔一〕「瑟瑟」，三賢集本、畿辅叢書本作「琴瑟」。
〔二〕「負」，畿辅叢書本作「固」。

十

遙酹楚江騷〔一〕，清愁浩如海。蹈襲此何人？興寄果安在？豈期紫陽出，誇謾莫追悔。見朱文公楚辭辨證。五藏今九丘，五藏，見山海經序。除去尚奚待？

十一

流觀山海圖，淵明有深旨。撫心含無疆，觀形易生死。異世有同神，此境若親履。何以發吾歡？濁酒真可恃。

十二

扶疏窮巷陰，回車想高士。厭聞世上語，相約扶桑止。讀君孟夏詩，千載如見爾。開襟受好風，試學陶夫子。

十三

陶令自高士，葛侯亦奇才。中州亂已成，翩然復南來。三遊領坡意，厭世多驚猜。不妨成四老，雅興更悠哉！

〔一〕「酹」，原作「醉」，據元至順本改。

卷三　丁亥集三

七言古詩　二十三首

桃源行〔一〕

六王掃地阿房起，桃源與秦分一水。小國寡民君所憐，賦役多慚負天子。天家正朔不得知，手種桃枝辨四時。遺風百世尚不泯，俗無君長人熙熙。漁舟載入人間世，卻悔桃花露蹤跡。曾聞父老說秦強，不信而今解亡國。畫圖曾識武陵溪，飛鴻滅沒天之西。但恨於今又千載，不聞再有漁人迷。

〔一〕此詩及明妃曲、塞翁行、武當野老歌、燕歌行、白雁行（見卷十四）六首，蘇天爵國朝文類歸入「樂府歌行」。

明妃曲

初聞丹青寫明眸，明妃私喜六宮羞。再聞北使選絶色，六宮無慮明妃愁。妾身只有愁可必，萬里今從漢宮出。悔不别君未識時，免使君心憐玉質。君心有憂在遠方，但恨妾身是女郎。飛鴻不解琵琶語，秖帶離愁歸故鄉。故鄉休嗟妾薄命，此身雖死君恩重。來時無數後宮花，明日飄零成底用？宫花無用妾如何，傳去哀弦幽思多，君王要聽新聲譜，為譜高皇猛士歌。

塞翁行

塞翁少小壟上鋤，塞翁老來能捕魚。宋家昔日塞翁行，屯田校尉功不如。西山瀛海接千里，長城又見開長渠。要將一水限南北，笑殺當年劉六符。天教陂澤養鴈鶩，留與金人賦子虚。我來鄉國覽風土，髥鬍檛鼓笛嗚嗚。胸中雲夢忽已失，酒酣懷古皆平蕪。昔年阻水羣盜居，塞翁子孫殺欲無。至今遺老向人泣，前宋監邊無遠圖。

武當野老歌

南陽武當天下稀，峰巒巧避山自迷。青天飛鳥不可度，但見萬壑空煙霏。山不知人從太古，白雲飛來天作主。旌旗明滅漢陽津，幾閱東西互夷虜〔一〕。老人住此今百年，自言三世絶人煙。往事不聞宣政後，初心欲返羲皇前。脯鹿為糧豹為席，竹樹蒼蒼歲寒國。天分地坼保無憂〔二〕，恠見北風山鬼泣。一聲白鴈已成擒，回望丹梯淚滿襟。傳語桃源休避世〔三〕，武陵不似武當深。

感秋　思古人之不可見也

湘弦悠悠阻清音，駕車欲往洛水深。白榆一葉驚河漢〔四〕，萬里碧霄中夜心。玉鸞翩翩紛翠羽，髣髴機絲隔煙霧。瓊枝難得芳華年〔五〕，惟恐流光兩遲暮。河傍有星名牽牛，此星既出令人愁。明朝再見明河影，已隔人間萬古秋。

〔一〕幾閱東西互夷虜，「互夷虜」，原作「互歷風雨」，據元至順本、畿辅叢書本改。此句文津閣本作「隔江遥望武昌府」。三賢集本作「五夷虜」。
〔二〕「坼」，元至順本、畿辅叢書本作「拆」，三賢集本作「折」。
〔三〕「語」，元至順本作「與」。
〔四〕「驚」，元至順本、明成化本作「警」。
〔五〕「枝」，畿辅叢書本作「林」。

飲後

日光射雨明珠璣，怒氣鬱作垂天蜺。天漿海波吸已竭〔一〕，倒影徑入黄金巵。金巵一傾天宇閑〔二〕，天公愁吐胸中奇。海風掀舉催月出，吹落酒面浮明輝。瓊芝瑞露千萬斛〔三〕，肝腸蕭蕭清欲饑。金宮銀闕此何處，夜半夢落崑崙西。眼中之人素所期，赤霜為袍丹霞衣。明星煌煌何太速，碧霄悵望白雲低。

西山

西山龍蟠幾千里，力盡西風吹不起。夜來赤腳蹈蒼鱗〔四〕，一著神鞭上箕尾。天風泠泠清人肌，醉抱明月人間歸。嫦娥灑淚不敢語，銀河鼓浪沾人衣。寄謝君平莫饒舌，袖中此物無人知。

〔一〕「漿」，三賢集本、畿辅叢書本作「將」。
〔二〕「閑」，文津閣本作「間」，三賢集本、畿辅叢書本作「闊」。
〔三〕「芝」，元至順本作「枝」。
〔四〕「蹈」，文津閣本、元至順本、三賢集本、畿辅叢書本作「踏」。

登荆軻山〔一〕

兩山巉巉補天色，中有萬斛江聲哀。人言此地荆軻館，尚餘廢壘山之隈。太子西來函關開，誰信生兒為禍胎！筆頭斷取江山去，已覺全燕如死灰。馬遷尚俠非史才，淵明憤世傷幽懷。春秋盜例久不舉，紫陽老筆生風雷。遺台古樹空崔嵬，平蕪落日寒煙堆。紛紛此世亦良苦，今古燕秦經幾回？憂來徑欲浮蓬萊，安得魯連同一杯？碣石東頭喚羡門，六鼇載我三山來。

薛稷雙鶴圖〔二〕

胎禽寥廓非人境，只許清江見寒影。書家筆頭垂露姿，一變淩雲更修整。前鶴忘機如易馴，後鶴昂藏不可羣。二鶴相看如有語，松下磐石少此人。

〔一〕詩題，元文類作「登金荆軻山」。

〔二〕詩題，原作「薛稷雙鶴」，「圖」字據畿辅叢書本補。

幼安濯足圖

漢家無復雲台功，平生不識大耳公〔一〕。眼中天意鏡中語，此身只有扁舟東。關東諸公亦英雄，百年能辨山陽封。歸來老柏號秋風，世事悠悠七十翁。乾坤故物兩足在，霜海浮雲空復空。無刀可斷華太尉，有死不為丕大中〔二〕。丹青白帽凜冰雪，高山目送冥飛鴻。為問蘇家好兄弟，萬古北海誰真龍？長公愛文舉，次公愛幼安。蓋氣質各以類云。

采菊圖

天門折翼不再舉，袖手四海横流前〔三〕。長星飲汝一杯酒，留我萬古羲皇天。廟堂衮衮宋元勳，爭信東籬有晉臣〔四〕。南山果識悠然處，不惜寒香持贈君。

〔一〕「平生」，元至順本作「生平」。
〔二〕「大」，文津閣本、元至順本、明成化本作「太」。
〔三〕「袖」，畿辅叢書本注：元詩選作「拍」。
〔四〕「爭」，畿辅叢書本注：元詩選作「誰」。

歸去來圖

淵明豪氣昔未除，翱翔八表凌天衢。歸來荒徑手自鋤，草中恐生劉寄奴。中年欲與夷皓俱，晚節樂地歸唐虞。平生磊磊一物無〔一〕，停雲懷人早所圖。有酒今與龐通沽，眼中之人不可呼，哀歌撫卷聲嗚嗚。

雪翠軒

西山萬古青未了，黛緑鬟雲已傾倒。豈知太虚忽生白，恍如厚夜今復曉。紫陽仙翁見本根，白波開天餘浩渺。胸中盤屈此高寒，曾夢肝腸倚天表。蒼崖飛來天出巧，為護煙嵐翠如掃。萬縷寒煙吹不舉，靜秀依依見娟好。此時先生一開軒，平生壁立金玉削〔二〕。脚底遊塵軟更紅，黑頭擾擾誰為雄？臨風回首三太息，安得置此冰壺中？西山秀色千萬重，一顧可洗浮雲空。遥望飛泉駕遠壑，中有一路開雙松。人間風日不到處，來訪軒中雪翠翁。

〔一〕「磊磊」，畿辅叢書本注：元詩選作「磊落」。

〔二〕「金」，原作「今」，據三賢集本、畿辅叢書本改。「金玉削」，文津閣本作「玉皎皎」。

山中

山中望塔倚天表，今得全山如立草。不知天地視全山，何如一粒江湖渺。平生老眼如層梯，昨日所為今兒嬉。神功天巧秖如此，人力區區能幾爾！世間壯觀徒紛紜，堯舜事業猶浮雲。

飲山亭雨後

山如翠浪經雨漲，開軒宛坐扁舟上〔一〕。西風為我吹拍天，要駕雲帆恣吾往。太行一千年一青，才遇先生醉眼醒。卻笑劉伶糟麯底，豈知身亦屬螟蛉！

巫山圖

朔風卷地聲如雷，西南想見巫山摧。江南圖籍二百年，一炬盡作江陵灰。不知此圖何所得？眼中十二猶崔嵬。猿聲髣髴餘山哀，行雲欲行行復回。神宮縹緲望不極，乘風御氣無九垓。區區雲夢蹄涔爾，豈知更有陽雲臺！

〔一〕「宛」，元至順本作「似」。

李賀醉吟圖

赤虬翩翩渺無聞，望之不見矧可親。浮世浮名等濁溷，眼中擾擾投詩人。心肝未了人間春，龐眉尚作哦詩顰。太平瑞物不易得，昌黎先生掌中珍。北風蕭蕭吹野燐〔一〕，千年淚雨埋青雲。乾坤清氣老不死，丹鳳再來須見君。

後賦赤壁圖

公無渡河歸去來，周郎袖裹藏風雷。老狐千年快一擊，金眸玉爪不凡材。先生平生兩賦爾〔二〕，江山華髪心悠哉。只今畫裹風月笛，尚有老驥嘶風哀〔三〕。眼中驚波不西歸，玄鶴夜半從天迴。曹劉閑氣今何處〔四〕？船頭好任〔五〕白雲堆。

〔一〕「燐」，三賢集本、畿辅叢書本作「麟」。
〔二〕「爾」，元至順本作「耳」。
〔三〕「嘶」，原作「西」，據元至順本、畿辅叢書本改。
〔四〕「曹劉閑氣今何處」，明成化本考異：「一作『曹劉一去杳無跡』，一作『一笑曹劉竟何得』。最後改此句。」
〔五〕「任」，原作「在」，據畿辅叢書本改。

陳氏莊

陳氏園林千户封，晴樓水閣圍春風。翠華當年此駐蹕，太平天子長楊宫。浮雲南去繁華歇，回首梁園亦灰滅。淵明亂後獨歸來，欲傳龍山想愁絶。今我獨行尋故基，前日家僮白髮垂。相看不用吞聲哭，試賦宗周黍離離。陳氏，先父之外家也，金章宗每遊獵，必宿其家。淵明，謂先父。龍山，指孟嘉事。

采石圖

何年鑿江倚青壁？乞與中原作南北。天公老眼如看畫，萬里才堪論咫尺。蛾眉亭中愁欲滴，曾見江南幾亡國。百年回首又戈船，可憐辛苦磯頭石。江頭老父説當年，夜卷長風曉無跡。古人袞袞去不返，江水悠悠來無極。只今莫道昔人非，未必山川似舊時。龍蟠虎踞有時歇，月白風清無盡期。古人看畫論兵機，我今看畫詩自奇。平生曾有金陵夢，似記扁舟月下歸。

金太子允恭唐人馬

道人神駿心所憐，天人龍種畫亦然。房星流光忽當眼，徑欲攬轡秋風前。漢家金粟幾蒼煙，江都筆勢猶翩翩。東丹獵騎自豪貴，風氣惜有遼東偏。天人秀發長白山，畫圖省識開元年。金源馬坊全盛日，四十萬匹如秦川。天教劫火留此幅，玉花浮動青連錢〔一〕。英靈無復汗石馬〔二〕，悲鳴真似泣金仙〔三〕。只今回首望甘泉，汾水繁華鴈影邊〔四〕。奇探竟隨轍跡盡，兀坐宛在騂騮先。人間若有穆天子，我詩當作祈招篇。

宋理宗書宮扇　并序

杭州宮扇二，好事者得之燕市。一畫雪夜泛舟，一畫二色菊。理宗題其背，有「興盡為期」及「晚節寒香」之句。諸公賦詩，予亦同作。

天津月明啼杜鵑，梁園春色凝寒煙。傷心莫說靖康前，吴山又到繁華年。繁華幾時春已换，千秋萬古合歡扇。銅雀香銷見墨痕，秋去秋來幾恩怨。一聲白鴈更西風，冠蓋散為煙霧空。百錢韈錦天留在，禍胎要鑒驪山宫。當時夢裹金銀闕，百子樓前無六月〔五〕。瓊枝秀發後庭春，珠簾晴

〔一〕「玉花」，明成化本作「三花」。「連錢」下，畿辅叢書本注云：「原作蓮錢，據國朝文類改正。案，連錢，馬名。」

〔二〕「無復汗石馬」，原作「無汗石馬復」，據元至順本、畿辅叢書本改。

〔三〕「真似」，畿辅叢書本注：「漁洋古詩選作『真是』。」

〔四〕「汾水」，畿辅叢書本注：「古詩選作『汾州』。」

〔五〕「百子」，原作「百杯」，據文津閣本、畿辅叢書本改。畿辅叢書本「子」字下注云：「原作杯，據國朝文類改正。」

卷天門雪。棹歌一曲白雲秋，不覺金人淚暗流。乾坤幾度青城月，扇影無情也解愁。五雲回首燕山北〔一〕，燕山雪花大如席。雪花漫漫冰峩峩，大風起兮奈爾何？

續十二辰詩

饑鳶嚇鼠驚不起，牛背高眠有如此。江山虎踞千里來，才辨荆州兔穴爾。魚龍人海浩無涯，幻境等是杯中蛇。馬耳秋風去無跡，羊腸蜀道早還家。何必高門沐猴舞，豚穽雞棲皆樂土。柴門狗吠報鄰翁，約買神猪謝春雨。

雜言　五首

觀雷溪

飛狐天下脊，老氣盤五回〔二〕。三江瀉天怒，合為一水東南來。此勢不殺令人愁，石門喜見西山開。未補青天裂，誰鑿渾沌胎？奇聲猛狀萬萬古，山根幾許猶崔嵬。兩山倒傾瀾，百丈逢顛

〔一〕「北」，國朝文類作「雪」。
〔二〕「五」，元文類、元詩選、畿輔叢書本作「互」。元至順本、明成化本同底本。按，疑當作「亙」。

崖。先聲動毛髮，餘爽開襟懷。初疑萬壑轉奔石，意像髣髴坤軸摧。又疑鼓角鳴地中，百步未到仍徘徊。荒祠下石磴，駭目何雄哉！春風不到太古雪，今日乃得胸中雷。穿石誰能窮窟宅？流沫勢欲浮蓬萊。平生芥蒂今寒灰，兩耳到骨無纖埃。酈元筆頭天下水，石門之奇猶見推〔一〕。乃知茲遊亦奇絶，快弄素霓噴瓊瑰〔二〕。東崖一片石，坐撫千年苔〔三〕。為招郎山君，共卷長鯨杯。江妃為檛靈鼓催，赤鯶躍出銀山堆。先生醉來泉灑面，狂歌一和湍聲哀。

游郎山

昨日山東州，馬耳索御凌風嘶。今日軍市中，不覺已落山之西。山之面背一無異，不待風煙變化神已迷。危關度雪嶺，亂石通荒蹊。林間小草不識風日自太古，我行終日仰羨木杪幽禽啼。但見雨色來，雲物颯以淒〔四〕。忽然長嘯得石頂，痛快如御駿馬蹄。萬里來長風，五色開晴霓。長劍倚天立，皎潔瑩鸊鵜。平地拔起不傾側，物外想有神物提。詩家舊品嵩少同，畫圖省

〔一〕「石門」，元至順本作「石頭」。
〔二〕「霓」，原作「電」，據國朝文類、元至順本、三賢集本、畿辅叢書本改。
〔三〕「撫」，元至順本、畿辅叢書本作「拂」。
〔四〕「颯」，原作「颷」，據國朝文類、畿辅叢書本改。按，颷，「飈」之俗字。

見巫山低。誰令九華名，獨與八桂齊〔一〕？千態萬狀天不知，敢以兩目窮端倪。騫騰誰避若飛隼，側瞰何屈如怒猊。千年落窮邊，煙草寒萋萋。若非酈亭書生此鄉國，物色誰省曾分題？酈道元注水經，說郎山形勢最真。今涿郡有酈亭，其先世所居也。乾坤至寶會有待，豈有江山如此不著幽人棲！頗聞山中人，雲間時聞犬與雞。只疑名山別有靈境在，不許塵世窮攀躋。不是先生南游有成約，徑欲共把白雲犂。九疑窺衡湘，禹穴探會稽。玉井爛賞金芙蕖，日觀倒卷青玻瓈。風煙回首莫瀟灑，南遊準擬相招攜。

掛書牛角圖

長安江都搏手空〔二〕，台司光祿誰雌雄？大事既去乃爾耳，渠頭不斫將安容？喑嗚千年楚重瞳，將軍視之猶楚公。掛書牛角亦偶爾，史臣比擬良未同。青青澤中蒲，秀色自凌空。可憐徐包徒，學術皆凡庸。君不見，羣兒驅羊竟何功？晉陽桃李亦秋風。緱山圖畫有如此，何如長作多牛翁？

〔一〕「桂」，畿辅叢書本作「柱」。
〔二〕「搏」，明成化本、畿辅叢書本作「摶」。

浙江潮圖

山人懶絶夢亦然，鼎如萬牛不可遷。誰信畫工筆頭有神力，扁舟一夜江聲寒。覺來千里雪漫漫，中有數點青峩閑。人間天門壯觀已如此，豈知大塊喘息四海如鼻端！海中僊人冰雪顏，吸風御氣非人寰。試問濤頭何當還？為我寄聲三神山，我欲乘興遊其間。

清江曲

清江芙蕖玉可憐，岸花汀草自年年。來鴻去燕不相識，曉露無聲香暗泣。江樓縹緲如花人，望之見之不可親。無限晴雲錦樹新〔一〕，愁眉只向遙山顰。遙山一千里，長在愁眉底。鏡裏繁華過眼空，遙山鑄向青銅中。遙山遙復遙，芙蕖霜早凋。明日愁眉為誰掃？月白江清天未曉。

〔一〕「限」，元至順本作「恨」。

卷四　丁亥集四

五言律詩　三十七首

除夕

百歲三分一，初心謾慨然。空囊難避節，青鏡不留年〔一〕。靜閱無窮世，閑觀已定天。履端思後日，四鼓未成眠。

晚上易臺

遺台連廢壘，落日展遥岑。海嶽天東北，燕遼世古今。每當多感慨，直欲罷登臨。莫更留

〔一〕「留」，元至順本、明成化本、三賢集本作「藏」。

塵跡，千年不易禁。

登武陽城〔一〕

朝游樊子館，晚上武陽城。潮接滄溟近，山從碣石生。斷虹雲淡白，返照雨疏明。且莫悲吟發，樵歌已愴情。

鄉郡南樓懷古

南北世更迭，江山人重輕。澶淵出師詔，顯德受降城。遺恨幾時盡？寸心千載生。區區蓼花詠，癡計欲何成？

滿城道中〔二〕

學館三年夢，西山此日行。人生兩屐足，世累一蓑輕。别澗水流合，斷林煙浦平〔三〕。誰能分

〔一〕標題，原無「城」字，據國朝文類、畿辅叢書本補。
〔二〕「滿城」，明成化本作「蒲城」，疑誤。按，滿城今屬保定市，劉因嘗出入。蒲城今屬陜西省，劉因未曾至。
〔三〕「浦」，文津閣本、元至順本、三賢集本、畿辅叢書本作「補」。

半壑，相與結巖耕？

夏夜

院靜復夜靜，幽人世慮輕。是非容勿辨，憂寵莫多驚。萬樹烏飛月，千家犬吠聲。夢回無一事，惟有紙窗明。

重游源泉

人世自人世，翛然物外身。滄溟來照影〔一〕，白帽恐生塵。題壁雲封石，攀花鳥護春。今年風景別，開卷覺詩陳。

張氏別墅

惡木推不去，好山招未來。豈無平曠地，當有妙高臺。芳草趁陰坐，雜花隨意開。東南村落近，試與問新醅。

〔一〕「溟」，元至順本作「浪」。

書堂旅夜 二首

少小抱孤苦，飄零重此行。迂疏從我好，憂戚賴天成。夙志存無幾，羈懷觸又生。寸心同弱草，歲晚怯霜清。

淹留已半載，去住意何深！月色一千里，愁人方寸心。秋聲助摇落，生理歎浮沉。松桂清霜滿，哀歌動故林。

生日

四十舉兒子，明珠掌上稀。圭璋蒙養正，朱蜜病防微〔一〕。春露有時降，孤雲何處飛？悲歡共今夕，餘涕不勝揮。

虞帝廟

淫祀徧區宇〔二〕，空山餘帝宫。皇靈有天在，像設與人同。身世千年後，塵埃百感中。清泉分

〔一〕「朱蜜」，原作「未蚃」，據元至順本、明成化本、畿辅叢書本改。文津閣本作「米蜜」。三賢集本作「朱密」。

〔二〕「淫祀」，明成化本考異：「一作淫祠。」

一酌，毛骨潤南風。

奇村道中

此日西塘路，乘閑作勝遊。深深柳成巷，脈脈稻分溝。白石長含雨，黄花不受秋。移居新有意，試就野人謀。

城南

山人懶到骨，一出動經秋。欲赴城南約，如營海外遊。岸容收潦盡，村色帶煙留。禾黍歲將晚，農家猶未休。

有客

有客談稼穡，對人增感傷。自言二頃業，不博半年糧。宿麥得春旱，晚田經早霜。無功一杯粥，俯首汗如漿。

早行

曙色警初動，物情無久閑。薄凌護頹岸，落月淡空山。殘夢失逆旅，少休期守關。尋常午窗雨，擁被聽珊珊。

白菊

仙草尚孤潔，東籬芳未芳〔一〕。精神渾是露，氣勢已無霜。夜月藏不得，晚風吹又香。天教陶靖節，素髮與交光〔二〕。

水亭夏日

孤亭耿獨坐，一碧澹凝秋。氛雜市聲遠，空明雲影留。傷時仍磊磊，對景即休休〔三〕。幾欲解維去，乾坤無釣舟。

〔一〕「芳未芳」，全元詩據清陸廷燦藝菊志改作「菊未芳」。
〔二〕「交」，全元詩注云：藝菊志作「輝」。
〔三〕「景」，元至順本作「鏡」。

野興

乘興閑登眺，歸來晝掩扉。靜中見春意，動處識天機。大節始終論，全才今古稀。平生有舊約，常恐寸心違。

秋望

病骨秋偏早，單衣露亦寒〔一〕。微雲生水際，暝色起林端。地迥月遲下，樓高山易殘。輕風吹欲舉，醉袖拂層巒。

雜詩　五首

一

堯山唐故國，淳樸帶遺蹤。種果收奴力，開田享素封。採收多上藥〔二〕，景仰近神峯。夢寐驅黃犢，巖居一老農。

〔一〕「亦」，原作「爾」，據元至順本、明成化本、畿辅叢書本改。
〔二〕「採」，原作「來」，據元至順本、畿辅叢書本改。

二

冀北高寒境，英靈海嶽全〔一〕。斯文若程邵，家世亦幽燕。祀典今誰舉〔二〕？遺經會有傳。吾鄉此盛事，瞻仰在他年。

三

何事招提好，山深馬可驅。松巢低映帽，竹溜細通廚。霜栗千封户〔三〕，雲屏四畫圖。冠巾如我用〔四〕，白鹿起規模。

四

巖居訪高道，少日在風塵。回首話前事，低眉厭此身。江山資寇盜，田畝化荆榛。領取天倫重，無君愁殺人。

五

水繞千山合，雲藏數畝荒。初尋香有陣，漸入翠成行。豚穽依危石，牛蹊帶小塘。團茅奄

〔一〕「嶽」，明成化本作「獄」，誤。
〔二〕「今」，原作「令」，據元至順本、三賢集本、畿輔叢書本改。
〔三〕「栗」，元至順本作「粟」。
〔四〕「我用」，元至順本作「用我」。

如畫，可惜是逃亡。

早發濡上

寒出防優逸，詩情非浩然。煙濃山失色，雲重雪連天。坯户仙遊上〔一〕，冰髯老境前。别家忘再宿，桑海問何年？

偶書

擾擾推遷裏，誰知不偶然。要從人力外，推見事機先。青白天公眼，低昂造物權。俗情謾悲喜，倚伏有他年。

宿田家

偶到田家宿，歡迎如遇仙。杯盤陳户側，妻子拜燈前。青白眼誰静，炎涼情易偏。豈知人世外，還有野夫憐。

〔一〕「坯」，原作「坏」，據元至順本、明成化本改。按，「坏」為「坯」之異體字，易與「壞」的簡化字（坏）相混。

半世

半世恒棲托，孤生被險艱。寡言非蘊蓄，褊性類清閒。生計朝霞上，交情暮雨間。柴門本無客，幽僻況常關。

重渡滹沱

遙臨滹水岸，回望土門關。秋色巉巖上，川形拱抱間。分疆人自隘，設險地誰慳？欲問前朝渡，江鷗故意閑。

恒山樓

萬嶺尊恒嶽，遺臺枕後潭。仰高慚對坐，哭險負奇探。影落滄溟北，雲開斗柄南。山靈憐野客，今夕費煙嵐。

登鎮州陽和門

百尺市門起，重過為暫停。毫分秋物色，米聚趙襟形。北望雲開嶽，東行氣犯星。憑欄天宇在，人事聽浮萍。

辛巳中秋旅亭獨坐

分光陰太盛，無力掩滄溟。大塊供微黑，高天失舊青。興從愁外發〔一〕，秋向露邊零。點數山河影，依稀見草亭。

文章

文章費餘力，齒髮愧初心。璞有連城璧，精非百煉金。靜中天地我，閑裏去來今。鳥散爐薰盡，長歌激暮陰。

一身

一身能換骨，毛髮散沖融。氣變精神後〔二〕，人生感化中。朝陽方杲杲，春意正濛濛。百載唐虞德，方成比屋功。

〔一〕「從」，畿辅叢書本作「徒」。
〔二〕「神」，元至順本、明成化本作「醇」。

周邵

百年周與邵，積學欲何期？徑路寬平處，襟懷灑落時。風流無盡藏，光景有餘師。辜負靈台境，圖書重一披。

上塚

過家來上塚，顧影念孤蹤。春露歡迎失，寒泉感激濃。千金一毛髮，十夢九音容。不惜從黃壤，多慚未了胸。

七言律詩　六十九首

春陰

澹澹春雲暖更輕，一身酒力若雲生。無人也笑樂所使，未醉先休氣始平。時雨沾枯或有蘖，微風著物不聞聲。人生日用本無事，閑倚西窗候晚晴。

秋日有感

自恐規模日蹙然，每便孤坐靜無邊。仰觀俯察無多地，往古來今共此天。或智或愚能幾里？一鳴一止又千年。南山正在悠然處，目送歸鴻手絶弦〔一〕。

多病

多病年來放盡慵，一龕堅坐避深冬。欲忘言處飲先醉，不得意時山故濃。只許國人知我陋，見邵子無名公序。無妨高論笑吾庸。見司馬公庸書・序。西巖近有靈芝種，為謝白雲著意封。

日午

日午雲輕草色蘇，出門杖屨自徐徐。乾坤俯仰窺難見，花柳青紅畫不如。靜處規模惟厭小，動時文理卻嫌疏。眼前光景無窮態，註盡濂溪太極圖。

〔一〕「歸」，元至順本作「孤」。

偶成

一語未能分付時，難言方信到真知。道參天地用何小，心有羲皇生豈遲？後世直須要揚子，百年即我是鍾期。折花笑對滄浪影，不覺東風就手吹。

湖上

湖上幽居事事幽，卧看書卷坐垂鈎。晴窗閑是長年國，暑簟靜為無熱丘。心遠何妨在人境，室虚元自有天遊。家人大笑詢生理，報我西風咫尺秋。

十月朔展省後登古城有感

手線西風失弊衣，高城煙樹掛斜暉。徘徊飛鳥不忍去，蕩漾滄波如欲歸。幾為霜來驚露往，每因物是見人非。詩書未辨鄉鄰化〔一〕，道德初心恐易違。

〔一〕「辨」，元至順本、明成化本、畿辅叢書本作「辦」。

道士孫伯英容城故居　并序

伯英名邦傑，世為縣之貴族。遺山元公為作墓銘，稱其遊太學，所與交皆天下名士。氣甚高，見金世已亂，天下事無可為，思得肆志方外，以耗壯心而老歲月，遂為黃冠師以終。葬亳之太清宫側，時年五十一。因兒時嘗見先君子錄其家世文行之美〔一〕，以示鄉人。今過其居，感而賦詩。

政教才氣敵希夷，冠帔翻然亦未宜。誰辨胡寅論鴻客？見讀史管見。只除坡老識安期。見安期生詩。可憐喬木空秋色，惟有青山似舊時。欲傳先賢問遺事，故園猿鶴不勝悲。

過鄉縣西方古故居　并序

古，金大定間人〔二〕。嘗舉進士不第，遂歸，獨居一室，置琴書其側，不妄與人交。縣令佐公服候門，亦以遜辭謝遣之。有田數十畝，食其所獲。如菽熟，惟食菽，鄉人好事者欲以米易之，不聽，曰：「天所食者，不可易也。」監察御史按行郡邑，聞其行，上之，不報。

〔一〕「兒時嘗」三字原缺，據元至順本、明成化本、三賢集本、畿辅叢書本補。
〔二〕「金」，原作「今」，據元至順本、三賢集本、畿辅叢書本改。

其為人，蓋亦近於聖學之所謂狷，史家之所謂獨行者歟？先父每舉以律鄉人之貪鄙者，故鄉人至今能道之。古死無後，其丘隴已為樵牧區。今過其居，亦莽焉荆棘中矣，不覺感歎。夫發潛德而紀先賢，實後生之責也，顧力未能焉。姑題詩以記先父之訓云。

名姓初聞自過庭，山田力食老窮經。鄉閭月旦歸公論，耆宿風流尚典刑〔一〕。感事重吟晃繹集，懷賢誰築聘君亭。還家遊子悲千種，念舊思親淚最青。

登雄州城樓

古戍寒雲接渺茫，故鄉遊子動悲涼。江山自古有佳客，煙雨為誰留太行？野色分將愁外緑，物華呈出夜來霜。海門何處秋聲急，極目滄波空夕陽。

夢先隴

望望東阡見松桂，孤雲為我且踟躕。十年一夢等閒過，四海此身何處無？千丈春暉空寸草，萬山明月只啼烏。舊家三徑今誰主？羨殺河汾有敝廬〔二〕。

〔一〕「刑」，原作「型」，據元至順本、明成化本、三賢集本、畿辅叢書本改。
〔二〕「敝」，原作「獘」，據文津閣本、畿辅叢書本改。三賢集本作「弊」。

宿玉泉村　先父嘗欲卜隱於此

怪見清暉逼晚襟，太行眉宇未消沉。徘徊終日不忍去，寂寞高盟如可尋。欲向孤雲問蹤跡〔一〕，只應老樹記登臨。棲遲零落今如此，淚盡韋齋刻印心。

外家西園李花

無邊晴雪映柴扉，夢裏繁華又一非。人與山丘屬零落〔二〕，天教草樹記芳菲。每因寒節來相訪，重為餘香不忍歸。里社他年有成約，結庵終擬號春暉。

入山

草露珠絲晴日明〔三〕，亂蟲秋意有先聲。屈盤未轉坡陀盡〔四〕，蒼翠忽從懷抱生。一徑峰回失南

〔一〕「問」，原作「間」，據諸本改。
〔二〕「山丘」，元至順本作「丘山」，文津閣本、畿辅叢書本作「山邱」。
〔三〕「珠絲晴日」，元至順本作「蛛絲曉日」，畿辅叢書本作「蛛絲晴日」。
〔四〕「坡」，畿辅叢書本作「陂」。

北，兩山雲近異陰晴。天公若會登臨意，可信傷心畫得成。

晚眺

巖姿濃淡似吾詩，雲點青山學鬢絲。老樹遺臺秋最早，夕陽流水鳥偏遲〔一〕。無人能解此時意，如我曾來前古誰？本為登臨解陶寫，豈知摇落更堪悲！

山中月夕

滿懷幽思自蕭蕭，況對空山夜正遥〔二〕。四壁晴秋霜著色，一天明月水生潮〔三〕。歌傳嶽谷聲豪宕，酒泛星河影動摇。醉裏似聞猿鶴語，百年人境有今宵〔四〕。

〔一〕「夕」，元文類、元至順本、明成化本、三賢集本、畿辅叢書本作「斜」。

〔二〕「況」，元至順本作「沉」。

〔三〕「月水」二字原倒置，據三賢集本、畿辅叢書本改。

〔四〕「宵」，原作「朝」，據元至順本改。

惡烏〔一〕

山中夜夜聞惡烏，惡烏聲中似訴渠。氣運變遷皆以類，陰陽對待不相無。形聲如此誰憐我？天地初生已有予。能辨春風長白日，願將花柳付提壺。

五月二十三日登城樓

獨倚危欄數鬢毛〔二〕，一簾輕燕晚涼高。雲移山影亂初定，雨帶風聲來漸豪。物外此天才一幕，人間何事不秋毫！遠游未盡平生興，幾欲狂歌續楚騷。

曉出西塘

塘水隨人緩步行，哀湍激石故輕清。太行穠秀霜洗凈〔三〕，全趙規模天鑿成。偶為登臨發悲詠，忽從毛髮散秋聲。殷勤莫盡尊中酒，留到青山佳處傾。

〔一〕標題，烏，元至順本、明成化本、三賢集本作「鳥」。前兩句中「烏」字，三本亦作「鳥」。
〔二〕「欄」，原作「闌」，據元至順本改。三賢集本、畿辅叢書本作「樓」。
〔三〕「霜洗」二字原倒置，據元至順本、明成化本、三賢集本、畿辅叢書本改

南樓

登臨秋思動鄉關，展盡晴波落照間。歎老自非緣白髮，愛閑元不為青山。幾經分合世良苦，不管興亡天自閑。初擬憑欄浩歌發，壯懷空與白鷗還。

良辰

莫遣閒愁負此身，鶯花逐日是良辰〔一〕。乾坤痌瘝元關我，土木衣冠亦象人。大德豈容輕錄怨？小疵休廢更求醇。此中空洞渾無物，萬紫千紅總屬春。

午睡

閑中何事不清妍，鳥戀花陰伴晝眠。窗外雨晴山有暈，枕邊風息樹無弦。面前多放寬平地，方寸嚴臨咫尺天。萬古羲皇有餘意，不妨分我百來年。

〔一〕「日」，原作「月」，據元至順本、明成化本、三賢集本、畿輔叢書本改。

新晴

小雨新晴草色蘇，家園生理未全疏。埋盆欲學魚千里，試地先栽芋一區〔一〕。時與老農談稼穡，不因閑客罷琴書。乾坤妙處無人會，卧看牆陰雀哺雛。

野亭會飲　三首

列坐平分草色匀，四圍天設翠屏新。不可一日無此客，安得四時長是春？野鶴自成難進狀，江鷗不作近前嗔。鳥聲似向花枝説，好個羲皇世上人〔二〕。

曳杖蕭然一幅巾，山夫野老解相親。橫身物内誰為我？賦象天中彼亦人。細數平生無此會，不來一醉負今春。舉杯自壽復自笑，萬壑煙霞吾豈貧〔三〕？

行樂人生當及辰，今朝光景為誰新？林陰薄薄微露日，花氣溶溶暖著人。春色十分看欲盡，鳥聲千種聽難真。東風就手吹殘酒，無限青山動翠鱗。

〔一〕「先」，畿辅叢書本作「元」。
〔二〕「世」，原作「以」，據三賢集本、畿辅叢書本改。文津閣本、元至順本、明成化本作「向」。
〔三〕「萬」，原作「高」，據元至順本、明成化本、三賢集本、畿辅叢書本改。

淺酌

淺酌微吟意自真，新詩改罷酒微醺。流鶯暗逐春光老，獨鶴潛驚夜景分。共見白駒如晚景，豈知蒼狗是浮雲？無邊風月誰無分，只恐靈台未屬君。

夢鎮州潭園　先父舊隱

昨夜分明是鎮州，溪潭先子舊曾遊。魂來千里太行碧，夢覺滿庭煙水秋。古淡園林無限意，登臨今昔幾人愁？當年猿鶴應無恙，爭信書郎謾白頭。

過鎮州

太行迎馬鬱蒼蒼，兩岸灘聲帶夕陽。霜與秋容增古淡，樹因煙景恣微茫。閱人歲月真無謂，得意江山差自強。曾記城南舊時路，十年回首儘堪傷。

井陘淮陰侯廟　二首

饑僮羸馬倦重遊，萬將分兵坐此籌〔一〕。滅項豈知秦尚在？奪齊便覺漢無憂。英彭一體誰遺類？絳灌諸孫自列侯。愛殺鹿泉泉下水，亂山百折只東流。

許身良犬笑君癡，怏怏難勝已自危。智數相推難免死，才名如此豈無疑？兩年藩鎮真猶假，十載君臣喜又悲。最恨當時蕭相國，直教三族到全夷。

讀漢高帝紀

禮樂經秦掃地空，遺民洗眼續王風。規模自襲挾書律，舉措惟推約法功〔二〕。魯國兩生心獨遠，新城三老義誰同？只知才到蕭曹盡，可信高皇是沛公。

〔一〕「坐此」，元至順本作「此坐」。
〔二〕「舉措」，元至順本作「舉錯」。

易臺

望中孤鳥入消沉，雲帶離愁結暮陰。萬國河山有燕趙，百年風氣尚遼金〔一〕。物華暗與秋容老〔二〕，杯酒不隨人意深。無限霜松動巖壑，天教摇落助清吟。

秋夕大風有感

坤輿聞說若行舟，乘此真堪萬里遊。大塊氣豪知寡和，黄紬坐穩覺無求。窗間小草根自賀，雲外高松聲亦愁。明日西山想清瘦，天教老眼看晴秋。

盆池

自慚眼孔一盆多，奈此無邊風月何！莫道渾非九雲夢，不妨能著百東坡。斡旋在手天隨轉，虚靜如心景自過。誰弄扁舟託吳越？為言吾老怯風波。

〔一〕「尚」，元詩選作「自」。（據畿辅叢書本注）
〔二〕「容」，元至順本作「光」。

水燈

南湖新緑破春容，一炬才分萬炬同。共説金膏能有景，豈知陰火解生紅？魚龍水樂三更後，星漢仙槎一色中。喚起東坡看清曉，向來碧海又青銅。

方鏡

當年玉斧落何方，陰魄誰教擬太陽？翻起坤輿看鼇背，借來心境發天藏〔一〕。衣冠嚴肅知無愧，肝膽輪囷覺有芒。四海風塵鏡白日〔二〕，託身分我鏡中涼〔三〕。

西窗

洛水秦山夢寐前，風流陳邵兩臞仙。中峰太華五千仞，皇極一元十萬年。廝役閲來歸舊隱，迷藏畫出稱高眠。人間此意今誰會？卧看西窗生暮煙。

〔一〕「境」，元至順本作「鏡」。
〔二〕「風」，明成化本、三賢集本作「紅」。
〔三〕「鏡」，元至順本、明成化本作「鑑」。

有懷

飄飄遺世覺身輕，尚友千年凛若生。瑞日祥雲程伯子，冰壺秋月李延平〔一〕。浮塵滄海人事換，晴雪太行眉宇清〔二〕。曳杖歸來北窗下〔三〕，一尊濁酒為誰傾？

記夢 并序

至元戊寅十一月二十四日，夢十余老翁，衣冠甚偉，以章疏薦予，章中署予為「金文山人」，〔四〕而見稱之語甚多。既覺，惟記「松柏歲寒，桑榆晚景」之句，而每句之下又各忘其六字，遂以詩記之。

夢中說夢已成癡，更擬從翁問所疑。松柏歲寒應有謂，桑榆晚景欲何為？名書丹闕非吾望，家在金文不自知。果有仙山隔塵土，先生亦欲住仇池。

〔一〕「李」，明成化本作「季」。誤。
〔二〕「太行」，明成化本作「大行」。
〔三〕「曳」，元至順本作「倚」。
〔四〕此二句，全元詩標點為：以章疏薦予章中，署予為金文山人。似欠妥。

捲簾

捲簾雲樹散微明，淡似幽人百慮輕。真宰雕鏤亦良苦，洪爐消鑠似無情。空巖月出人境失，灝露秋嚴山氣生。欲寫天機誰領會？西風吹作棹歌聲。

偶作

為貪風月重登臨，感慨幽懷不易禁。靜裏形神君與我，眼中興廢古猶今。區區此世真何物，落落平生只寸心。聞道江湖好煙水〔一〕，飛鴻滅沒有遺音〔二〕。

高亭

高亭雲錦繞清流，便是吾家太一舟〔三〕。山影酒摇千疊翠，雨聲窗納一天秋。襟懷灑落景長

〔一〕「聞」，元至順本作「問」。
〔二〕「沒」，明成化本作「沉」。
〔三〕「太一」，元至順本、三賢集本、畿辅叢書本作「太乙」。

勝〔一〕，雲影空明天共遊。笑向白鷗問塵世，幾人曾信有滄洲？

放歌

未須鵬翼賦垂雲，老眼冰壺亦自新〔二〕。碧落銀河見高舉，紅塵白日屬何人？纍纍坐閲秋風客，擾擾空悲地上臣。左挽浮丘一杯酒，吾言誇矣不須嗔。

自適

久矣黄塵絶往還，惟餘風月到柴關。清霜烈日從渠畏，野鶴孤雲適自閑〔三〕。天上銀河連碧落，人間秋色對南山。高吟大醉堯夫老，只有豪誇不易删。

老岸

老岸陰陰雲樹清，柴門寂寂緑苔生〔四〕。空明萬象隨月出，水墨四山因雨成。千古心期破茅

〔一〕「景」，元至順本作「境」。
〔二〕「冰」，元至順本作「水」，疑誤。
〔三〕「適」，元至順本作「覺」。
〔四〕「柴」，元至順本作「紫」，疑誤。

屋，百年人事短燈檠。道人不是悲秋客，聽盡疏蛩夜夜聲。

世上

世上悠悠儘自爭，眼中隱隱放教平。飛蠅觸鼻人爭怒，落葉臨頭我謾驚。既有陽秋暗消長，何須青白太分明。蒺藜原上清霜重〔一〕，辛苦十年跣足行〔二〕。

幾葉

幾葉疏桐萬斛秋，四山清露一窗幽。人能知足隨處樂，心若忘機百慮休。事物閱來如有悟，囊箱空慣已無羞。醉中曾聽家人語，老子年來不解愁。

萬古

萬古遺編未寂寥，一窗風露晚蕭騷。有時陶令羲皇上，何物元龍湖海豪。鼷鼠千鈞宜自惜，

〔一〕「清」，元至順本作「青」。
〔二〕「跣」，三賢集本、畿辅叢書本作「跌」。

蟾蜍寸鐵亦徒勞。年來點檢人間事〔一〕，問舍求田計最高。

老大

老大情懷隨處樂，幽閒氣味逐時添。平生長物不入室，一日百錢輒下簾。題品雲山寧有諱，收羅風月不妨廉。客來恐説閑興廢，茶罷呼棋信手拈。

山石

山石那容玉獨堅，人生磨滅殆天憐。畫蛇最戒足無用，書馬常憂尾不全。誰見虎鬚真可捋〔二〕？自慚雞肋豈勝拳？誤人莫向婁師德〔三〕，不領春生未唾前。

人生

人生底用費閒思，物理通來盡我師。凍雀猶能樂生處，秋花元不厭開時。齊姜必娶終無偶，

〔一〕「點檢」，畿輔叢書本作「檢點」。
〔二〕「捋」，明成化本作「將」。
〔三〕「莫向」，元至順本作「每笑」。

秦越未生寧乏醫？若道終安須待足〔一〕，百年何日可伸眉？

夏日即事

迂疏爭笑近清狂，多病筋骸可預防。久乏園蔬因種藥，不留窗紙為抄方。閒從鳥雀分晴晝，靜與蛩螿共晚涼。莫道幽人好標致〔二〕，北窗自古有羲皇。

冬日

砂瓶豆粥土床煙，中有幽人意漫然。元晦居山豈懷土？仲尼微服即知天。閒中作計飽為上，書外論交睡最賢。小子應門當拜客，病夫便靜乞相憐。

午窗

終歲柴荆掩寂寥，物情多忌恐難逃。家居闗白惟求省，應物寒溫亦憚勞。陳壦只知炊餅大，

〔一〕「終」，元至順本作「求」。
〔二〕「致」，元至順本作「置」。

元龍新厭卧床高。午窗葉亂風成陣〔一〕，病擁紬衾氣尚豪。

馬酒

漢家挏馬豈無傳〔二〕？力盡皮囊味始全。胸次沃焦常八九，眼中駃牝少三千。百杯誰有沖駒氣〔三〕？一幕何分勑勒天？彼酪猶能奴命茗，南風到此便淒然〔四〕。

平昔

平昔襟期鏡屢看，而今涉世願高年。自憐不唾青城地，共笑仍憂杞國天。履影無傷猶不忍，吹虀雖誤亦當然。人間萬事思空遍〔五〕，依舊西窗理斷編。

〔一〕「亂」，元至順本作「影」。
〔二〕「挏」，明成化本、三賢集本作「桐」，疑誤。
〔三〕「百杯誰有沖駒氣」，誰，三賢集本作「雖」。沖，元至順本作「神」。
〔四〕「便」，元至順本作「更」。
〔五〕「思空遍」，三賢集本、畿辅叢書本作「空思遍」。

冬日

迂疏懶散百無能，半似田翁半似僧。制藥就圍煨芋火，檢方聊趁剝麻燈。自知豪爽今無復，共道癡頑舊不曾〔一〕。閑倚南窗貪覓虱，敲門人怪不時膺。

次人韻

樂天方識淡中甜，安土無妨著處粘。道在市朝皆可隱，機忘鷗鳥亦無嫌。窗虛不礙山雲度，樹老慣經秋氣嚴。世上閒愁渾幾許，而今青鏡滿霜髯。

中秋

天惜無雲雨惜晴〔二〕，月邊涼露滴無聲。只知老子興不淺，誰信太虛白亦生？四海惟當共人影〔三〕，寸心直擬配高明。二句夢中得。乾坤元有冰壺在，回首紅塵意未平。

〔一〕「頑」，元至順本作「顛」。
〔二〕「晴」，元至順本作「清」。
〔三〕「惟」，元至順本作「誰」。

人情

人情雲雨九疑山，世路風濤八節灘。共説長安如日近，豈知蜀道比天難！浮航莫笑腰舟渡，坎井終當繫木觀〔一〕。會取登高有良法，此身何地不平寬！溫公曰：「登高有法，徐行則不困，脚踏實地則不危。」

有客

門前有客通名姓，一别十年記憶無。鬢髮俱驚各衰白，行藏已涉幾榮枯。急呼滿酌辭酩軟，聊用親嘗補飯麄。深感故來兼久候，送歸雖病不須扶。

夜雨〔二〕

夢覺呼童問幾更，未曆先作不平鳴。山深六月有秋意，夜靜滿城惟雨聲。四海虚名此身愧，

〔一〕「坎井終當繫木觀」，「當繫」二字原缺，據元至順本、明成化本、畿辅叢書本補。文津閣本此句作：「坎井終須鑿木觀」。三賢集本「木」作「水」。

〔二〕「夜雨」，元至順本、明成化本作「雨夜」。

百年浮世寸心驚。誰教簷溜如愁思，欲斷還連直到明。

現前

萬事除無取現前，此身隨處可周旋。居南懷北豈安土？已夏願春非樂天。誰謂包涵心有外？我知彌滿道無偏。洞觀今古平平在，賸盡區區智與權。

上塚

鄉鄰見戲說兒童，日日相邀社酒同〔一〕。故國無家仍是客，病軀未老錯呼翁。里胥驗帖徵遊户，縣長聞名謁下風。欲向溪南訪喬木，不禁煙雨正空濛。

桃花菊

東籬元不是天台，誰挽春風到酒杯？丹藥有靈能換種，黄花從此不須開。已經晚節霜才識，不是寒香蝶亦猜。老眼淵明不今古，幾回春去復秋來。

〔一〕「同」，元至順本作「紅」。

夏日幽居　二首

隱几南山意獨長〔一〕，回看塵世易炎涼〔二〕。栽培得力江陵橘，薄惡傷心陸氏莊。莫就一時論絳灌，要從千載到羲皇。人間何處菟裘好？擬問希夷買睡鄉。

閉門終歲澹無求，雲雨人情亦可憂。斗酒難酬滿車望，杯羹直結殺身愁〔三〕。平生幾兩謾多苦，一日百錢姑少休。山鳥不鳴林影靜，卧看蛛網掛蜉蝣。

夏日飲山亭

借住郊園舊有緣，緑陰清晝靜中便。空鈎意釣魚亦樂，高枕卧遊山自前。露引松香來酒盞，雨催花氣潤吟牋。人來每問農桑事，考證床頭種樹篇。

〔一〕「南」，明成化本作「青」。
〔二〕「塵」，元至順本作「人」。
〔三〕「愁」，元至順本作「讎」。

卷五　丁亥集五

五言絶句　三十七首

明珠穴

珠從何處來？秀與天地生。涵藴幾千古，得此風露聲〔一〕。

滴水龕

膚寸遍天下，至靜涵氤氲。因看石滴水，窺見天生雲〔二〕。

〔一〕「露」，元至順本作「雷」。
〔二〕「天」，元至順本、明成化本作「未」。

石潭

清不見羣魚，暗不藏毒怪。觀物得吾師，終日欲相對。

春日

遊絲困無力，欲起重悠颺。芳草落花滿，相思春晝長。

慎獨

一葉下秋水，微波去不停。望中猶隱隱，直欲到滄溟。

毁譽

子賤波及魯，犂牛不累騂。寸心仁厚處，萬物自生成。

偶書

意當極快處，心有不平時。少忍容無害，欲言當再思。〔一〕

夢中作

溪童望水滿，日夜愁不已。雖非鷗鷺身，亦有相關意。

觀化

風雨何方來？呼童出門望。歸報是羣蜂，聲在庭花上。

四皓圖

雖戀紫芝美，難忘帝力深。驅馳恨臣老，高尚豈初心！

〔一〕全元詩於本詩後有如下按語：「按：本詩，王逢題武州守張公奉先遺藁後詩序（梧溪集卷六）作張思孝作（題為訓子張亨）。暫兩存待考。」

石鼎聯句圖

玩世如一鼎，姓名誰得聞？仙翁應自笑，知我有鄒忻。

白樂天琵琶行圖

冀馬嘶寒風，逐臣念鄉國。江浦聞哀弦，長吟望南北〔一〕。

百蝶圖

芳蝶具百種，幽花散紅翠。道人觀物心，一一見春意。

子期聽琴圖

琴瑟自吾事，何求人賞音。絶弦真俗論，不是古人心。

〔一〕「南」，元至順本作「西」。

夢題村舍壁上　己卯正月三日〔一〕

村居有何樂？所樂人真淳。回看城市中，居此勝買鄰。

村居雜詩　五首

鄰翁走相報，隔窗呼我起。數日不見山，今朝翠如洗。
黄昏雨氣濃，喜色滿南畝。誰知一夜風，吹放門前柳。
獨立偶懷古，臨風還自傷。一聲樵唱起，回首暮山蒼。
削樹題詩句，畫沙知酒籌。他年成故事，蕭散更風流。
芳茵皆可藉，緩步即吾車。乘興三杯酒，隨行一策書。

〔一〕詩題中「上」字，明成化本闕。「己卯正月三日」六字，明成化本亦闕。本詩原排在村居雜詩五首之後，但諸本皆在其前，因據改。

屏上草蟲　四首

螳螂

逢物即能産，其滋乃爾蕃。不知何所積，擬欲問乾坤。

蝸牛

背上穹廬好，問蟲誰汝施？始知天地內，棟宇匪人為。

螻蛄

後利前還澀，陰陽體段分。不須觀兔尾，即此見羲文。

螽斯

陽施陰專受，精醇物始真。蟲魚寧解此，聊用比振振。

飲山亭雜花卉　八首

牡丹

世變日以文，花卉亦應爾。懸知太古時，其美未如此。

芍藥

宜致美人贈，服之良有功。分形雖異種，氣類暗相通。

薔薇

色染女真黄，露凝天水碧。花開日月長〔一〕，朝暮閲兩國。

萱草

丹鳳忽飛來，喜色滿朝露。何以稱此花，白頭戲嬰孺。

夜合

消忿緣無獨〔二〕，合昏如識時。韋弦千古意，百繞惜芳枝。

酴醾

勿剪架上花，不是畏多刺。得蔭難忘枝，曾向花陰醉。

〔一〕「開」，元至順本作「間」。
〔二〕「獨」，元至順本作「毒」。

木槿

已拆暮欲落〔一〕，未榮朝又花。生生如體道〔二〕，堪玩不堪嗟。

蜀葵

且勿論傾陽，色香尤可喜。人情輕所多，共愛姚黃美。

看雪

雪花不擇地，隨風恣飄蕩。數片如有情，飛落梅梢上。

題山水扇頭 二首，內一首六言〔三〕

山近雨難暗，樓高秋易寒。憑誰暮雲表，添我倚欄干。

兩山環合一水，中有老木參天。不著幽人草閣，誰收無限雲煙？〔四〕

〔一〕「拆」，文津閣本作「折」。疑當作「坼」。欲，元至順本作「雖」。

〔二〕「體道」，元至順本作「道體」。

〔三〕「內一首六言」，六字原無，據全元詩補。

〔四〕文津閣本將第二首六言改為五言，作：「二山環一水，中有木參天。不著幽人閣，誰識此雲煙。」全元詩於本詩後有如下按語：「本詩其二，又見張雨貞居先生詩集補遺卷上，題為『絕句』。暫兩存。」

山亭獨坐〔一〕　二首

野情靜成癖〔二〕，幽居懶自高〔三〕。青山卧床下，初不厭人豪。

愛玩不能去，山靜雲卷舒〔四〕。敲門者誰子？聊復忍斯須。

七言絶句　九十四首

臘盡

小雪初晴臘盡時，無窮梅柳怨開遲。人間不覺春來早，只有吾家布被知。〔五〕

〔一〕「山亭」，元至順本作「飲山亭」。
〔二〕「情」，元至順本作「性」。
〔三〕「自」，元至順本作「似」。
〔四〕「静」，元至順本作「晴」。
〔五〕全元詩於本詩後有如下按語：「按：本詩又見張雨貞居先生詩集補遺卷上，題同。暫兩存。」

讀史評

記録紛紛已失真，語言輕重在詞臣。若將字字論心術，恐有無邊受屈人。〔一〕

試筆

得意好花開易落，惱人芳草燒還生。亂多治少君知否，陰偶陽奇理自明。

山中客夜

鞍馬南州五日程，豈知物外有茅亭。塵埃暑困人如醉，月露夜涼天亦醒。〔二〕

抱陽南軒

下瞰懸崖老木稠，輕風毛髮散涼秋。蒼苔白石夢初覺，霽月疏雲山欲流〔三〕。

〔一〕陳衍元詩記事於此詩後引薛文清集曰：「道盡作史之弊。」
〔二〕全元詩於本詩後有如下按語：「按：本詩又見張雨貞居先生詩集補遺卷上，題同。暫兩存。」
〔三〕「山」，元至順本、三賢集本作「天」。

喜雨書事　二首

雨晴物物自生春，喜氣浮空似有紋。吾亦乾坤物中一，相看草樹共欣欣。

前日南湖枕白雲，蛙聲每厭靜中聞。今朝便覺笙歌上，為是多年不聽君。

九日九飲　九首　擬橫渠元日十詠體

一飲君聽第一歌，誰知此際見天和〔一〕？醉鄉開物工夫密，春意空濛尚未多。

二飲重賡第二歌，春風毛髮欲婆娑。寸心又到欣然處，莫怪山人語漸多。

三飲山人笑且歌，羲皇相去已無多。舉杯為向諸君道，自此光陰奈樂何！

四飲須歌第四歌〔二〕，山人未醉覺顏酡。囑君輕摘黃花露，滴向杯心生小波。

五飲初喧四座歌，黃花滿意入紅螺。人間此樂知無復，魚鳥聞聲亦太和。

六飲相將醉境過，令嚴斟淺欲如何？秋香正滿黃花萼，宜與南山細拊摩。

〔一〕「知」，元至順本作「從」。

〔二〕「須歌」，元至順本作「須聽」。

七飲人驚飲量多，兒童休唱接䍠歌〔一〕。青山一帽千年在〔二〕，只恐西風不奈何！
八飲人驚飲量過，劇談不記竟云何。杯中正有春風在，無奈蕭蕭落葉多。
九飲蒼崖藉翠蓑〔三〕，江山摇落奈吾何？乾坤閉物胚胎密，中有山人第九歌。

山行

西崦人家竹映溪，山深雨暗到來遲。行窮谷口水才見，流盡巖花春不知。

銅雀瓦硯

諸侯負漢已堪憐，直筆何為亦魏編？卻愛曹瞞臺上瓦，至今猶屬建安年。

春曉

要看東風氣象新，登臨何處不尋春？今朝煙雨細如霧，生意空濛畫得真。

〔一〕「䍠」，元至順本、明成化本、三賢集本作「籬」。二字通。按，「接籬」，古代的一種頭巾。一説，帽名。
〔二〕「山」，元至順本作「天」。
〔三〕「翠」，元至順本作「碧」。

以杖畫雪偶成

玉華銀色浩無瑕，方寸居然得故家。雲重風輕晴不快，暮寒覺比曉來加〔一〕。

仙人圖　三首

千古誰傳海上山？坐令人主厭塵寰。蓬萊果有神仙在，應悔虛名落世間。
雲海蒼茫去復還，人間此日是何年？平生慣見秋風客，只許汾陽會窅然。
悵望皇墳寂寞中，何從事蹟得空同？可憐千古稱黃老，誰識當年立極功？

春景〔二〕

病餘身世澹無情，但覺春來暖漸生。送客出門花已謝，問知昨日是清明。

〔一〕「曉」，原作「晚」，據元至順本、明成化本、三賢集本、畿輔叢書本改。
〔二〕「景」，元至順本作「暮」。

講學而首章 二首

有樂如從天上來〔一〕，春風過處百花開〔二〕。政教萬木夜僵立，何害孤根暖獨回。

人將知我亦何從？天在吾家度量中。此語誤人君勿信，我心無慍本沖融〔三〕。

講八佾首章 二首

以忍傷肌手自危〔四〕，割餘痛切不勝悲。心同義理元無間，從此俱看未忍時〔五〕。

生意條然不遂春，根株盤曲欲輪囷。向前枝葉頑然了，自此乾坤屬不仁。

〔一〕「上」，元至順本作「外」。
〔二〕「過處」，明成化本考異：「一作到處。」
〔三〕「慍」，明成化本作「蘊」，誤。
〔四〕「忍」，元至順本作「刃」。
〔五〕「從」，元至順本作「彼」。

講「周而不比」章

義理胸中好惡真，初非由己與由人。試看生意流行在〔一〕，惟有枯荄不受春。

講「人之生也直」章

朝綱一紊國風沉，人道方乖鬼道侵〔二〕。生理本直宜細玩，著龜千古在人心。

驕吝

昨日深山興未闌，今朝二女共高寒。施施便解驕妻妾，乞態當從此際看。

講「求仁得仁」章　二首

山下食薇老興便，荆南采藥此心全。乾坤月慘煙愁外，留我羲皇萬古天。

荆棘埋香死不禁，清泉芳徑愜幽尋。移花旋看新生意，方識西山忍餓心。

〔一〕「試看」，元至順本、明成化本、三賢集本、畿輔叢書本作「混然」。
〔二〕「鬼道」，元至順本、明成化本、三賢集本、畿輔叢書本作「鬼境」。

一元

萬古堂堂共一元，欲於何處覓天根？試從開閉中間看〔一〕，始覺乾元獨自尊。閉物之後有亥，開物之前有丑，惟子正在開閉之中，其象可見。〔二〕

新居

雪擁閑門儘未除，小齋人道似禪居。年來日歷無多事〔三〕，只有求方與借書。

今月〔四〕

今月柴關幾客來，擬從屐齒數莓苔。求文道士花前至，載酒門生雨後回。

〔一〕「開閉」，明成化本、三賢集本作「閉開」。
〔二〕「惟子正在」，元至順本作「惟子會正在」；「其象可見」，元至順本作「其意象可玩」。
〔三〕「歷」，元至順本、明成化本作「曆」。
〔四〕詩題下，全元詩注云：「天下同文集卷四十二，本詩題及首句兩『月』字均作『日』。」

采柏圖

翠袖重將柏子熏，一般心苦為思君。思君不為山中苦，為說山中有白雲。

采藥

黃精著雨宜深斸，柏子經霜可爛收。莫道遊人渾懶散〔一〕，一年忙處是深秋。

堯民圖　三首〔二〕

分得堯天一握多，百年安樂邵家窩。情知弄月吟風手，不扣南山白石歌。

風氣初開理漸融，畫圖猶見帝無功。意長世短成何事，誰及乾坤再日中？

平生喜作許東鄰，百過摩挲畫本昏。聞說詩人多感慨，且休持送鄭監門。

〔一〕「遊」，元至順本作「幽」。
〔二〕「三首」二字原缺，據明成化本補。

豳風圖　三首

畫裏春風在眼前，詩中雅意若為傳。憑誰更譜弦歌了？細味周家八百年。

惟願將身入畫中，野人何敢夢周公？一區共買橫渠上，儘有新詩續正風。

采風自古自觀風〔一〕，十室誰言九室空？寄語當年長樂老，回頭無忘聶夷中。

觀梅有感

東風吹落戰塵沙，夢想西湖處士家。只恐江南春意減，此心元不為梅花。

山家

馬蹄踏水亂明霞，醉袖迎風受落花。怪見溪童出門望，鵲聲先我到山家。

〔一〕「采風自古要觀風」，元至順本作「采詩」。「自」元至順本作「要」。

溪上

坐久蒼苔如見侵，攜笻隨水就輕陰。松風自厭灘聲小〔一〕，雲影旋移山色深。

偶書

蜜割舊脾花又發，泥生新雨燕方還。一瓢有分吾自足〔二〕，萬事勞生誰獨閑〔三〕？

西郊

偶因訪客出西城，一色寒蕪滿意平。行過溪橋嘗腳力，招來野老問山名。

夏日

庭户無人緑滿苔，巡簷繞砌菜花開。酒醒夢覺日將午，蜂學遠山風雨來。

〔一〕「自」，元至順本作「似」。
〔二〕「自」，原作「能」，據元至順本、明成化本、三賢集本、畿辅叢書本改。
〔三〕「事」，元至順本作「物」。

早秋

昨朝一葉見秋生，今日千巖萬壑清。欲借西風蘇病骨，暫來石上聽松聲。

春盡

草閣垂簾晝掩扉，客來知我出門稀〔一〕。鳥鳴澹與人相對，花落方知春已歸。

寒食道中

簪花楚楚歸寧女，荷鍤紛紛上塚人。萬古人心生意在，又隨桃李一番新〔二〕。

〔一〕「知」，元至順本、明成化本、三賢集本作「如」。
〔二〕「新」，元至順本作「春」。

行樂有感〔一〕

未言先歎少知者〔二〕，有客每憂無可人。偶到階前見芳草，乾坤何物不歸春！

故園寒食

清明酒熟老人醉，拜掃歸來壯士耕。此是吾家舊寒食，只今惟有故鄉情。

宿山寺

四面雲山消百憂，一方禪榻有真遊。月明夢覺不知夜，雨過風生渾是秋。

感事

高天厚地古今同，共在人形視息中。四海堂堂皆漢土，誰知流淚在金銅？

〔一〕「樂」，元至順本、明成化本作「藥」。
〔二〕「者」，三賢集本、畿輔叢書本作「音」。

廢園

路傍雙石立崔嵬，曾見遊人幾往來。想得當年全盛日，好山橫處盡樓臺。

記夢

眼中天變暗星文，脚底雷轟震寢門。領取天公仁愛意，此心存處更存存。

己卯九月廿八日夢過先妣墓得詩覺而忘其第三句因足成之

只應老母心酸處，還似孤兒淚盡時。留在此身成底事，回頭二十四年悲。先母下世，今二十四年矣。

己卯元日　二首

西湖泣血夜將分，感激無如此念真。四十頭顱今日數，悠悠歲月屬何人？

文廟秋風默坐時，慨然千古入沉思。許身尚省初心在，道在而今竟似誰〔一〕？

〔一〕「道在」，元至順本、明成化本作「道德」。

庚辰元日　二首

九齡風骨渺翩翩，解道沉河觸泰山。還使當年見今日，也應拍手笑癡頑。

曾記西湖酒一巵，乾坤和氣入新詞。六年未盡冰霜怨，又到春風滿面時。乙亥所作詞〔一〕，有「春風花柳，消盡冰霜殘怨」之句。

下山　三首

峻嶺崇岡儘意登〔二〕，要收景致入高明〔三〕。下山卻向山頭望，始覺從前險處行。

翠霞騰暈紫成堆，收盡雲煙酒一杯〔四〕。想見浮嵐在眉宇，人人卻道看山回。

十載煙霞望我深，豈期今日恣登臨。此行知有詩多少，還盡山靈未了心。

〔一〕「所作詞」，元至順本作「所作元日詞」。按，該詞見劉因集卷十八喜遷鶯・乙亥元日。
〔二〕「崇」，元至順本作「重」。
〔三〕「景致」，元至順本作「風景」。
〔四〕「盡」，元至順本作「拾」。

戲判遊山詩卷　三首

不解煙霞調戲君，強將詩思與山親。苦吟共道西遊樂，林鳥巖花恐笑人。
心境無邊萬象新，直須泉石離風塵。區區等為紛華役，未分膏肓是達人。
登臨有法莫相誣〔一〕，絶壑懸崖不信渠。十步回頭五步坐，窗間眉黛笑君愚。

漫記　三首

夢覺關頭夢已空，此時方識樂無窮。便將富貴浮雲比，恐落華歆一擲中。
醉知避客猶存禮，死不忘骸尚有身。一自坡仙生一轉，浮虛十倍晉朝人。坡謂劉伶：「豈知忘死未忘骸」。謂淵明：「醉中對客元何害」。〔二〕
安樂名窩有真賞，打乖非是要安身。坡仙便道學喑啞，負殺園中獨樂人〔三〕。「打乖非是要安身，道大方能混世塵。」又云：「時止時行皆有命，先生不是打乖人。」明道安樂窩詩也。「拊掌笑先生，年來學喑啞。」

〔一〕「臨」，元至順本作「高」。
〔二〕「元」，元至順本作「眠」。
〔三〕「園」，原作「圍」，據元至順本、三賢集本、畿辅叢書本改。

東坡獨樂園詩也。

草亭睡起

萬古乾坤一草亭〔一〕，澹然相對靜儀形。釀成碧酒客難得，生出白雲山更清〔二〕。

寒食出郭

衣冠不似逸人高，容貌初無達士驕。醉裏騎牛過山北，傍人不信是漁樵。

即事

曬罷空庭藥果收〔三〕，閉門無睡卻梳頭。過門幾點黄昏雨〔四〕，分與蟲聲半霎秋。

〔一〕「古」，元至順本作「里」。
〔二〕「清」，元至順本、明成化本、三賢集本作「青」。
〔三〕「果」，元至順本、畿輔叢書本作「裹」。
〔四〕「過門」，元至順本作「過雲」。

冬曉

歲寒心事在蒲團，清曉開簾試一觀。木稼乍迎紅日影，依稀學似杏花殘。

可庵

莫道無衣不可身，更從裘葛辨冬春。惡乎不可惡乎可〔一〕，等秤無星恐誤人〔二〕。

許由棄瓢圖

堯天萬古大無鄰，何地容君作外臣？莫占箕山最深處，後來恐有避秦人。

癸酉書事

嬌兒索栗一錢空，怪見家人不忍中。我不怨天貧賤我，吾兒自合享吾窮。

〔一〕兩「乎」字，元至順本、畿辅叢書本均作「惡」。
〔二〕「等秤無星」，原作「等是無生」，據文津閣本、元至順本、明成化本、三賢集本、畿辅叢書本改。

米元章雲煙疊嶂圖 二首

筆勢或傳是阿章，短屏山影露微茫。苦心只辨雲煙好〔一〕，不捄人呼作米狂。
煙影天機滅沒邊，誰從毫末出清妍〔二〕？畫家也有清談弊，到處南華一嗒然。〔三〕

宋理宗南樓風月横披 二首

試聽陰山勅勒歌，朔風悲壯動山河。南樓煙月無多景，緩步微吟奈爾何！
物理興衰不可常，每從氣韻見文章。誰知萬古中天月，只辦南樓一夜涼？理宗自題絶句其上，有「併作南樓一夜涼」之句。「才到中天萬國明」，宋太祖月詩也。

〔一〕「辨」，原作「辦」，據文津閣本、三賢集本、畿辅叢書本改。
〔二〕「毫」，明成化本作「豪」，誤。
〔三〕按，此詩又見劉因集卷十二書東坡傳神記後。

題枯木怪石圖

物有常情最奈看〔一〕，看時容易畫時難。奇峰怪石驚人眼〔二〕，誰信丹青解熱謾！〔三〕

探春

道邊殘雪護頽牆，牆外柔絲露淺黄〔四〕。春色雖微已堪惜〔五〕，輕寒休近柳梢傍。

酬寫真者

自覺形骸已枯槁，何從眉宇尚豪英？筆頭慣畫麒麟像〔六〕，乍寫山翁似手生。

〔一〕「情」，元至順本作「形」。
〔二〕「石」，元至順本作「木」。
〔三〕明成化本考異：「此詩原作：『山林有奇態，乍見似高寒。看到平常畫更難。又改作：奇峰怪石驚人眼，誰信川青解熱慢。物有常情最宜看，看時容易畫時難。』最後改定如今本云。」
〔四〕「絲」，元至順本作「條」。
〔五〕「色」，元至順本、明成化本作「意」。
〔六〕「筆頭」，元至順本作「知君」。

夢中題吟風亭壁

方榮不拆寒爲虐，已謝重開雨借恩〔一〕。一種是花元不異〔二〕，多由天氣少由根。

題秋景扇頭

嵐光蒼翠山遠近，木葉青黄霜重輕。萬里晴天秋著色〔三〕，不曾慘澹入經營。

月下

桂華涼冷渺風鬟，灝露一天秋意閑。不記醉中呼李白，傍人笑道是人間。

〔一〕「雨」，原作「兩」，據畿辅叢書本改。
〔二〕「不異」，元至順本作「一異」。
〔三〕「天秋」，元至順本作「秋天」。

金太子允恭墨竹　二首

墨竹猶堪驗一斑〔一〕，金源文物見當年。博山煙暖春闈静，卻笑承乾嗜好偏。

手澤明昌秘閣收，當年緹襲為誰留？露盤流盡金人淚，應恨翔鸞不解愁。

遊飲山亭〔二〕　二首

十年種木望成陰，及至成陰礙山色。幾欲斫去心所憐，安得高堂數千尺〔三〕？

山翁一去不復返，亭下幽花空自開。慚愧茅簷雙燕子，飛鳴猶喜故人來。

〔一〕「斑」，元至順本、三賢集本、畿辅叢書本作「班」。

〔二〕詩題中，飲，元至順本、明成化本、三賢集本、畿辅叢書本作「隱」。

〔三〕「堂」，元至順本作「臺」。

卷六 樵庵詞一卷〔一〕

樂府 二十二首〔二〕

酹江月〔三〕 飲山亭月夕

廣寒宮殿，想幽深，不覺升沉圓缺。天上人間心共遠，如在瓊樓玉闕。厚地微茫，高天涼冷，此際紅塵歇。翠陰高枕，併教毛骨清澈。〔四〕為問此世，從來幾人吟望，轉手即湮滅？蟣虱區區尤可笑，幾許肝腸如鐵！八表神遊，一槎高泛，逸興方超絕。嫦娥留待，桂花切莫開徹。

〔一〕「卷」字原缺，據底本提要補。

〔二〕「樂府」二字原缺，而底本「目錄」題作「近體樂府」。在卷十八中，同為詞，又題作「樂府」。為使稱謂一致，現均題作「樂府」。「二十二首」四字原缺，據底本目錄補。

〔三〕本詞，元至順本、全金元詞題作「念奴嬌」。按，「酹江月」乃同一詞牌之異名。

〔四〕底本原文上下闋間未空格，文津閣本、全金元詞則有空格。按，有空格為是，兹從之。下同。

玉漏遲　泛舟東溪

故園平似掌，人生何必，武陵溪上。三尺蓑衣，遮斷紅塵千丈。不學東山高卧，也不似，鹿門長往。君試望，遠山巔處，白雲無恙。　自唱，一曲漁歌，覺無復當年，缺壺悲壯。老境羲皇，换盡平生豪爽。天設四時佳興，要留待，幽人清賞。花又放，滿意一篙春浪。

鵲橋仙

一

悠悠萬古，茫茫天宇。自笑平生豪舉。元龍盡意卧床高，渾占得乾坤幾許。　公家租賦，私家雞黍，學種東皋煙雨。有時抱膝看青山，卻不是長吟梁甫〔一〕。

二　喜雨

紇干生處，幾時飛去？欲去被天留住。野人得飽更無求，看滿意一犂春雨〔二〕。　田家作苦，濁醪醲黍，準備歲時歌舞。不妨分我一豚蹄，更試聽今秋社鼓。

〔一〕「長」字原缺，據元至順本、明成化本、三賢集本補。金元明清詞選作「高」。
〔二〕「看」字原缺，據全金元詞從百家詞本靜修詞補。

木蘭花

一

未開常探花開未，又恐開時風雨至。花開風雨不相妨，說甚不來花下醉。百年枉作千年計，今日不知明日事。春風欲勸座中人，一片落紅當眼墜。

二

西山不似龐公傲，城府有樓山便到。欲將華髮染晴嵐，千里青青濃可掃。人言華髮因愁早，勸我消愁惟酒好。夜來一飲盡千鍾，今日醒來依舊老。

三

錦雲十里川妃供〔一〕，一棹晚涼風欵送。只愁無處著清香，滿載月明船已重。冰壺水鑒元空洞，天意似嫌紅翠擁。併教風露入吟尊，不惜秋光渾減動。

〔一〕「供」，原作「共」，據元至順本、明成化本、全金元詞改。

菩薩蠻

一

元龍未減當年氣，呼山卧向高樓底。今日到山村，青山故意昏。　商歌聊一振，千里浮雲靜〔一〕。老子氣猶豪，山靈未可驕。

二　飲山亭感舊

種花人去花應道，花枝正好人先老。一笑問花枝，花枝得幾時？　人生行樂耳，今古都如此。急欲醉莓苔，前村酒未來。

三　回文

水圍山影紅圍翠，翠圍紅影山圍水。西近小橋溪，溪橋小近西。　隱人誰與問？問與誰人隱。孤鶴對言無，無言對鶴孤。

〔一〕「靜」，元至順本、全金元詞作「盡」。

清平樂

一

青松偃蹇，不受春風管。松下幽人心自遠，驚怪人間日短。　微茫雲海蓬萊，千年一度春來。爭信門前桃李，年年花落花開。

二

青天仰面，卧看浮雲卷。蒼狗白衣千萬變〔一〕，都被幽人窺見。　偶然夢到華胥，覺來花影扶疏。窻下魯論誰誦？呼來共詠風雩。

三　飲山亭留宿

山翁醉也，欲返黄茅舍。醉裏忽聞留我者，説道群花未謝。　脱巾就卧松龕〔二〕，覺來酒興方酣。欲借白雲為筆，淋漓灑遍晴嵐。

四　賀雨

雨晴簫鼓，四野歡聲舉。平昔飲山今飲雨，來就老農歌舞。　半生負郭無田，寸心萬國豐

〔一〕「衣」，全金元詞作「雲」。
〔二〕「卧」，元至順本、明成化本、全金元詞作「掛」。

年。誰識山翁樂處？野花啼鳥欣然。

五　圍棋

棋聲清美，盤礴青松底〔一〕。門外行人遥指似，好個爛柯仙子！　輸贏都付欣然，興闌依舊高眠。山鳥山花相語，翁心不在棋邊。

人月圓

一

自從謝病修花史，天意不容閒。今年新授，平章風月，檢校雲山。　門前報道，麯生來謁，子墨相看。先生正爾，天張翠盖〔二〕，山擁雲鬟。

二

茫茫大塊洪爐裏，何物不寒灰！古今多少，荒煙廢壘，老樹遺臺。　太行如礪，黃河如帶，等是塵埃。不須更歎，花開花落，春去春來。

〔一〕「礴」，元至順本作「薄」。

〔二〕「盖」，元至順本、全元词本作「幕」。

太常引

一

男兒勲業古來難。歎人世，幾千般。一夢覺邯鄲。好看得，浮生等閒。紅塵盡處，白雲堆裏，高卧對青山。風味似陳摶。休錯比，當年謝安。

二

臨流相唤百東坡。君試舞，我當歌。不樂欲如何！看白髮，今年漸多。青天白日，斜風細雨，盡付一漁蓑。天地作行窩。把萬物，都名太和。

三

冥鴻有意避雲羅。問何處，是行窩？今古一漁蓑。收攬了，閒人最多。求田問舍，君休笑我，兩鬢已成皤。髀肉盡消磨。渾换得，功名幾何！

風中柳　飲山亭留宿

我本漁樵，不是白駒空谷。對西山，悠然自足。北窗疏竹，南窗叢菊。愛村居，數間茅屋。　風煙草屨〔一〕，滿意一川平緑。問前溪，今朝酒熟。幽禽歌曲。清泉琴筑。欲歸來，故人留宿。

西江月　飲山亭留飲

看竹何須問主，尋村遥認松蘿。小車到處是行窩，門外雲山屬我。　張叟臘醅藏久，王家紅藥開多。相留一醉意如何？老子掀髯曰可。

〔一〕「屨」，元至順本、全金元詞作「屩」。

卷七　遺文一

雜著五首　文一首　書一首

唯諾說

唯恭于諾。何也？曰：各有所施也。呼之，則其音必內，故「唯」以趨赴之，若取物而奉之也；命之，則其聲必外，故「諾」以承受之，若與物而受之也。失其所施，則文理從而亂矣。豈但是乎？凡物無無對者，無無陰陽者。而聲亦然，其意象之清濁、闔辟，亦莫不合也。姑以進退、存亡、吉凶、消長體之，則可見矣。此天機之所發，而禮樂之所由生，雖天地亦不知其所以然者。豈但人乎？物之聲亦然。豈但聲乎？凡形、色、氣、味皆然也。而況古今之時變，事物之倫理，聖人何嘗加損於其間哉！雖然，妙此理而宰此事者，心焉而已矣。必盡夫心也，然後聲為律而身為度。苟為不然，幾何其不為無適非道之道，作用是性之性也！

唯諾後説

天之聲，清而上；地之聲，濁而下。形感而聲出焉，理於是乎在。來之聲必來，去之聲必去，事感而聲出焉，理亦於是乎在。初無心曰天地去來也。至於一草一木，其聲亦必象其形。曰樹，有植立之象焉。曰枝，有散殊之象焉。至於曰鵝、曰鴨、曰雞、曰雀、曰鴉之類，則又因其聲而聲焉者也。鴟鴟，所以協鵝也。喈喈，所以協雞也。言語生於有聲之後，而其理具於有聲之前。有聲之後，則古今方域日益不同，人惟見其不同，而不知其同也。知其同，則知吾之所以説唯諾者，不但説唯諾也。授坐而立，授立而跪，齟齬於其形也。當唯而諾，當諾而唯，齟齬於其聲也。聖人之所以制禮者，非誠有制也，特知之焉爾。

櫝蓍記

蓍之在櫝也，寂然不動，道之體立，所謂「易有太極」者也。及受命而出也，感而遂通，神之用行，所謂「是生兩儀，兩儀生四象，四象生八卦，八卦定吉凶，吉凶生大業」者也。猶之圖也，不用五與十。不用云者，無極也；而五與十，則太極也。猶之易也，「潔靜精微」，潔靜云者，無極也；而精微，則太極也。知此，則知夫櫝中之蓍，以一而具五十，無用而無所不用。謂之無，則有；謂之實，則虛也。而其數之流行於天地萬物之間者，則亦陰陽奇偶而已矣。故自掛扐之奇而十二之，則陽奇而進之不及夫偶者，為少陰；陰偶而退之不及夫奇者，為少陽。而四之，則三四五六合夫畫，奇全偶半合夫數，而畫亦於是焉合其多少，則合其位之陽少而陰多，故有自一進一而為偶，自偶退一而為奇之象也。自過揲之策而十二之，陽奇而退之不及夫偶者，為少陰；陰偶而進之不及夫奇者，為少陽。而四之，則六七八九合夫數，奇三偶二合夫畫。而數亦於是焉合其多少，則合其數之陽實而陰虛，故有自一虛中而為偶，自二實中而為奇之象也。蓋掛扐之奇，徑一；而過揲之奇，圍三。而掛扐、過揲之偶，鈞用半也。故分掛扐、過揲而橫觀之，則以陰為基，而消長有漸。分四象而縱觀之，則亦以陰為平，而低昂有漸。其十二之，則自右一而二，自左二而三。其四之，則自右三而六，自左六而九。如水之流行，觸東而復西。其消長，則其自然之淪漪；其判合，則其盈科而後進者也。此皆自夫一行、邵子之說而得之。知此，則知夫誤推一行「三爻八卦」之象〔一〕，謂陰陽老少不在乎過揲者，為昧乎體用之相因；而誤推邵子「去三用九」之文，謂七八九六不在乎掛扐者，又昧乎源委之分也。由此而極其奇偶之變，以位，則陽一而陰二也；以數，則天三而地兩也。初變之徑一而圍三以為奇者，三而得之，是以老

〔一〕「爻」，元至順本、元文類作「變」。

陽、少陰之數多也。後二變之圍四用半以為偶者，二而得之，是以少陽、老陰之數少也。分陰分陽，則初一變皆奇，而後二變皆偶也。迭陰迭陽，則去掛一，初一變皆偶，而後二變皆奇，又如畢中和天地人之説也。其變也，自一生二，二生四，而又四之，四生八，八生十六而言，則畫卦之象也。自四乘而十六，十六乘而六十四，則重卦之數也。故初變而得兩儀之象者〔一〕，二畫卦之數也。再變而得四象之象者，四畫卦之數也。三變而得八卦之象者，六畫卦之數也。自兩儀之陰陽而言，其用數，則乾、兑、離、震皆十二，而巽、坎、艮、坤皆四也。自八卦之陰陽而言〔二〕，其體數，則乾、坎、艮、震三十二，而巽、離、坤、兑三十二也。自二老二少之陰陽而言，其饒乏之數〔三〕，則又如四象之七八九六也。六變而得四象之畫，則每位之靜變往來得十，畫卦之數也。又二畫，則總其數矣。其數也，皆靜者為多，變者為少，而一爻變者居中。其靜與變，皆老陰為多，老陽為少，而二少居中。積畫成卦，則每卦之靜變往來，得十五，畫卦之數也。又三畫，則總其數矣。其數也，亦皆靜極者為至多，而變極者為至少，而又一爻二爻進退於其間。其靜與變，則皆坤為至多，乾為至少，而三男三女進退於其間。因而重之，則每卦之靜變往來，

〔一〕「者」，原作「也」，據元至順本、三賢集本、畿辅叢書本、全元文改。
〔二〕「言」，原作「合」，據三賢集本、畿辅叢書本改。
〔三〕「饒乏」，原作「饒之」，據元文類、元至順本、畿辅叢書本、全元文改。

得三十〔一〕，畫卦之數也。又六畫，則總其數矣。其進退多少，皆與八卦之例同也。此皆自歐陽子「七八常多，九六常少」之一言而推之。與夫後二變不掛，不知其為陰，而使二老之數與成卦同，二少之數與二老同，而參差益甚。其初一變必鈞，不知其為陽，而於乾坤六子之率勉強求合〔二〕，乃若四十九蓍而虛一，與五十蓍虛一而掛一者，固有間矣。此以蓍求卦者也。若夫以卦而求變也，則自夫交易已成之體，為變易應時之用。由兩儀而上，自紓而促，八卦循環，而其序不亂。以遠御近，以下統上，而皆有文之可尋也。以變而求占也，則自靜極而左之一二三四五，自動極而右之一二三四五，極自用其極，而一則專其一，居兩端而分屬焉。二則分其爻，居次兩端而分屬焉，動則上爻重，而靜則下爻重也。三則分其卦居中，自為兩端而分屬焉，前則本卦重，而後則之卦重也。動中用靜，靜中用動，靜多主貞，動多主悔，而皆有例之可推也。然自此而極言之，則以六甲納之，其卦之序不亂也。以互取之〔三〕，其序有漸，而亦不亂也。以伏求之，其序亦有漸而不亂也。以世位反圖而推之，則一而二，二而四，四而八，八而十六，進退有序，逆順以類而不亂也。以策數即圖而考之，則在兩儀而一消長，在四象而二消長，在八卦而四消長，

〔一〕「三十」，原作「二十」，據元至順本、全元文改。
〔二〕「率」，三賢集本、畿辅叢書本作「數」。
〔三〕「互」，原作「玄」，據元文類、元至順本、畿辅叢書本改。

在十六而八消長，在三十二而十六消長。故長中八消，消中八長，皆震為巽之消，而坤為乾之消，巽為坤之長，而震為乾之長〔一〕，而不亂也。以揲變之數應圖而推之，則其多少又合乎一一為乾，八八為坤，以少為息，以多為消，而亦不亂也。是則按圖畫卦，揲蓍求卦，莫不吻合矣。然而，朱子猶以大衍為不自然，於河圖而變揲之，左可以形右，卦畫之，下可以形上者〔二〕，又以為短於龜也〔三〕。其三索之說，則一行有成說，既取之於本義，後復以為不必然。而卦之陰陽，之奇耦，畫與位合，則大傳有明文，既著之筮說，而不明言於啟蒙，是又恐後人求之過巧，而每遺恨不能致古人之詳者也。若以奇策之數合之圓圖之畫，則四十八，一卦之畫也。其奇之十二，即乾之陰；而策之三十六，即其陽也。三十六，自九進而得之也。九，陽也；三十六，亦陽也；全陽也。其奇之二十，即兌、離之陰也；而策之二十八，即其陽也。二十八，自七進而得之也。七，陽也；二十八，陰也；陽合於陰也。其奇之二十四，則坤所去之半也。而策，則所用之二十四，陰也。二十四，自六進而得之也。六，陰也。二十四，亦陰也。全陰也。其奇之十六，即艮、坎自上所去之十六也。而策之三十二，即其所用之半，並上所餘之八，陰也。三十二，自八進而得

〔一〕「震為乾之長」，原作「乾為震之長」，據畿輔叢書本改。
〔二〕「下」，原作「不」，據元文類、元至順本、畿輔叢書本改。
〔三〕「也」字原缺，據諸本補。

之也。八，陰也；三十二，陽也；陰合於陽也。其震、巽之不用，則猶乾之不用陰，坤之不用陽也。其奇策之八，方數之變也。掛扐之六，圓數之變也。此邵子之說也。然前之奇策之所當，陰不若陽之齊；後之六八之所應，圓不若方之備。是必有深意也，第未能考而知之。又不知朱子之意以為如何。此因櫝蓍而記之。至元十年春二月吉日，櫝成記。

太極圖後記〔一〕

太極圖，朱子發謂周子得於穆伯長。而胡仁仲因之，遂亦以謂穆特周子學之一師〔二〕。陸子靜因之，遂亦以朱録為有考，而潘志之不足據也。蓋胡氏兄弟于希夷不能無少譏議，是以謂周子為非止為仲、穆之學者。陸氏兄弟以希夷為老氏之學，而欲其當謬加無極之責，而有所顧籍于周子也。然其實，則穆死于明道元年，而周子時年十四矣。是朱氏、胡氏、陸氏，不惟不考乎潘志之過，而又不考乎此之過也。然始也，朱子見潘志，知圖為周子所自作〔三〕，而非有所受於人也〔四〕。

〔一〕此文標題，元至順本、全元文作「書太極圖後」。元文類作「記太極圖後」。全元文於標題下注：「至元十三年八月望日。」

〔二〕「亦以謂」，畿辅叢書本據元文類删「以」字。

〔三〕「知」，原作「之」，據元文類、元至順本、畿辅叢書本改。

〔四〕「受於人」三字，元至順本原缺，為空格。

於乾道己丑，已序於通書之後矣。後八年，記書堂，則亦曰：「不繇師傳〔一〕，默契道體，實天之所畀也。」又十年，因見張詠「事有陰陽」之語，與圖說意頗合，以詠學於希夷者也，故謂：「是說之傳，固有端緒。至於先生，然後得之於心，無所不貫，於是始為此圖，以發其秘爾。」又八年，而為圖書注釋，則復云〔二〕：「莫或知其師傳之所自。」蓋前之為說者，乃復疑而未定矣。豈亦不考乎此，故其為說之不決於一也？而或又謂：「周子與胡宿、邵古同事潤州一浮屠，而傳其易書。」此蓋與謂「邵氏之學，因其母舊為某氏妾，藏其亡夫遺書以歸邵氏」者，同為淺薄不根之說也。然而周子、邵子之學，先天、太極之圖，雖不敢必其所傳之出於一，而其理則未嘗不一。而其理之出於河圖者，則又未嘗不一也。夫河圖之中宮，則先天圖之所謂「無極」，所謂「太極」，所謂「道」與「心」者也。先天圖之所謂「無極」，所謂「太極」，所謂「道」與「心」者，即太極圖之所謂「無極而太極」，所謂「太極本無極」，所謂人之所以最靈者也。河圖之東北，陽之二生數統夫陰之二成數，則先天圖之左方震一，離、兑二，乾三者也。先天圖之左方震一，離、兑二，乾三者，即太極圖之左方「陽動」者也。其兑、離之為陽中之陰者〔三〕，即陽動中之為

〔一〕「傳」，原作「傅」，據元至順本、三賢集本、畿辅叢書本、全元文改。
〔二〕「云」，元至順本作「為」。
〔三〕「者」字原缺，據畿辅叢書本補。

陰静之根者也。河圖之西南，陰之二生數統夫陽之二成數，則先天圖之右方巽四，坎、艮五，坤六者也。先天圖之右方巽四，坎、艮五，坤六者，即太極圖之右方「陰静」者也。其坎、艮之為陰中之陽者〔一〕，即陰静中之為陽動之根者也。河圖之奇偶，即先天、太極圖之所謂陰陽，而凡陽皆乾，凡陰皆坤也。河圖、先天、太極圖之左方，皆離之象也。右方，皆坎之象也。是以河圖水、火居南北之極，先天圖坎、離列左右之門，太極圖陽變陰合而即生水火也。至元丙子八月望日静修新齋記〔二〕。

節象

渙，先陰而後陽也。自一陰一陽而二陰二陽也，故為「渙」焉。渙，散也。節，先陽而後陰也，自二陽二陰而一陽一陰也，故為「節」焉。節，止也。以卦之象而言之，澤所以限水，水遇澤而止，皆節之義也。以卦之德而言之，方說而遇險，險而以說行之，又皆節之義也。夫事物之有限而止者，節也。而節亦一事物也，獨無所謂有限而止者乎？知節而不知節其節焉，於彼雖為節，於節則為不節也。此則節而至於苦者也。在物皆有自然之節也，若因其節而節焉，猶支之有

〔一〕「陽」，原作「動」，據三賢集本、畿辅叢書本改。
〔二〕「静修新齋記」五字，元至順本無，只署曰：「至元丙子八月望日書」。文津閣本作「静修齋記」，無「新」字。

節，分之有段，亦風行于水，自然披離之為渙而已。若節而至於苦，則非自然之節矣。凡卦之所謂亨與貞者，其亨與貞皆同，而所以為亨與貞則異。渙即亨也，亨在事先；節有亨之道而已，亨在事後。然易無無貞而亨者，猶物之無無陰之陽也。亨在事先者，其卦以亨為主，而守之以貞；亨在事後者，其卦以貞為主，庶幾其有亨也。在渙，其辭有聚渙之象焉；在節，其辭有苦節之戒焉。渙，非必渙也，節，非必節也。未節則思所以節焉，已節則思戒其所以苦節者焉。動久而以靜節之，靜久而以動節之，皆所以為節也。知此，則知其所謂亨與貞者，亦隨所遇而變也。友人筮〔一〕，遇節，當以彖辭占，故為言其義例之大略焉。

己卯春釋菜先聖文

聖代天言，明告萬世。寥寥方冊，孰傳聖言？天啟聖心，程朱將命。堙晦湲辟，聾聰瞽明〔二〕。謂當後人，承此遺澤。孰云剽盜？資我而文。肆焉多歧〔三〕，孰會其一〔四〕？徒為瞻仰，有惻

〔一〕「友人筮」，原作「夫人」，據元至順本、明成化本改。
〔二〕「瞽」，原作「昏」，據元文類、元至順本改。
〔三〕「焉」，元至順本作「然」。
〔四〕「會」，原作「謂」，據元至順本、畿輔叢書本改。

此心〔一〕？因早躁狂，若將有志。中實脆屈，未立已頽〔二〕。揆厥無成，實由貪懦。時馳意去，懔不自容〔三〕。顧念初心，恍焉如失。今此辟館，惟我之求。講學有徒，進修有地。研窮參訂，亦復有書。于古遺言，於今學者，尚有裨益，少慰此心。但懼悠悠，復循前軌。惟神啟迪，實有臨之。

與政府書〔四〕

九月二十八日，因再拜〔五〕。因自幼讀書，接聞大人君子之餘論，雖他無所得，至如君臣之義一節，自謂見之甚明。其大義且勿論，姑以日用近事言之，凡吾人之所以得安居而暇食〔六〕，以遂其生聚之樂者，是誰之力歟？皆君上之賜也。是以凡我有生之民，或給力役，或出智能，亦必各有以自效焉。此理勢之必然，亙萬古而不可易，而莊周氏所謂「無所逃於天地之間」者也。因生四十三年，未嘗效尺寸之力，以報國家養育生成之德。而恩命連至，因尚敢偃蹇不出，貪高尚之

〔一〕「惻」，原作「測」，據元至順本、畿辅叢書本改。
〔二〕「已」，原作「以」，據元至順本、畿辅叢書本改。
〔三〕「懔」，原作「亶」，據畿辅叢書本改。元文類、元至順本作「凜」。
〔四〕標題，元至順本作「上宰相書」。
〔五〕「因」，原作「某」，據元至順本改。文中之「某」字亦據元至順本改作「因」，不一一出注。
〔六〕「食」，原作「日」，據元文類、元至順本、畿辅叢書本改。

名以自媚，以負我國家知遇之恩，而得罪於聖門中庸之教也哉？且因之立心，自幼及長，未嘗一日敢為崖岸卓絶甚高難繼之行。平昔交友，苟有一日之雅者，皆知因之此心也。但或者得之傳聞，不求其實，止於蹤跡之近似者觀之，是以有高人隱士之目。惟閣下亦知因之未嘗以此自居也。請得一一言之。向者，先儲皇以贊善之命來召，即與使者俱行；再奉旨令教學，亦即時應命。後以老母中風，請還家省視，不幸彌留，竟遭憂制，遂不復出。初豈有意於不仕耶？今聖天子選用賢良，一新時政，雖前日隱晦之人，亦將出而仕矣。況因平昔非隱晦者耶？況加以不次之寵，處之以優崇之地耶？是以形留意往，命與心違，病卧空齋，惶恐待罪。因素有羸疾，自去年喪子，憂患之餘，繼以店瘧，歷夏及秋，後雖平復，然精神氣血已非舊矣。不意今歲五月二十八日，瘧疾復作，至七月初二日，蒸發舊積，腹痛如刺，下血不已。至八月初，偶起一念，自歎旁無期功之親，家無紀綱之僕〔一〕，恐一旦身先朝露，必至累人。遂遣人于容城先人墓側，修營一舍，儻病勢不退，當居處其中以待盡。遣人之際，未免感傷，由是病勢益增，飲食極減。至二十一日，使者持恩命至，因初聞之，惶怖無地，不知所措。徐而思之，竊謂供職雖未能扶病而行，而恩命則不敢不扶病而拜。因又慮，若稍涉遲疑，則不惟臣子之心有所不安，而蹤跡高峻，

〔一〕「紀綱」，原作「綱紀」，據元文類、元至順本、畿輔叢書本改。

已不近於人情矣。是以即日拜受，留使者，庶病勢稍退與之俱行〔一〕。遷延至今，服療百至，略無一效。乃請使者先行，仍令學生李道恒納上鋪馬聖旨，待病退自備氣力以行。望閣下俯加矜憫，曲為保全。因實疏遠微賤之臣，與帷幄諸公不同，其進與退，若非難處之事。惟閣下始終成就之。因再拜。

〔一〕「庶」，文津閣本作「俟」，元至順本、三賢集本、畿辅叢書本作「候」。

卷八　遺文二

碑銘　五首

中順大夫彰德路總管渾源孫公先塋碑銘

中統元年，今天子即位，草昧一革，古制寖復。及至元改元，則建官立法，幾於備矣。獨御史台未立，於是，今彰德路總管孫公公亮，慨然以為言，不報。五年，以言者益衆，始立之。故首以公為監察御史，屢有所彈舉，天子以硬目之。尋出僉山東東西道提刑按察司事。臺薦其所行知大體，遷山北遼東道副使。既而有今命焉。予始識公於鎮州，於其言論風旨，已得其所謂良御史者。及其子拱與予交〔一〕，則又得其出處之詳者如此。然於其名位赫

〔一〕「及」字原缺，據元至順本、全元文補。

著，子孫蕃衍，則宜其必有發之者〔一〕，而尚未及知也。一日，公使拱持書抵予曰：「先公以末世之孤裔，奮然為起家之始祖，使公亮輩得有所沿襲。凡以予曾大父及大父，勤德利物之所致，以隱不仕，今已不可得而考其跡矣。而先公則資沉鷙豪宕，重然諾，好施予，年十六七，已有志於功名。值金貞祐之变〔二〕，即欲應募為兵。其親或難之，因逃去，謁西京帥謀年，以驍勇得近幸。時金主南遷，謀年帥欲有所奔問，而難其人。公感激請行，見金主於真定，得報歸，往復二千里，甫七日。及西京內附，國朝所置守帥馬侯熟其膽略，表授義軍千户。尋復董平山府甲工，從軍潞州之役，力出其伯父成、族兄公政于俘虜。鳳翔之役，太宗詔從臣分誅居民，違者以軍法論，輒歎曰：『誠能脫衆人死，實不愛一身。況主上見問，必有以對，而未必死耶？』遂盡匿己所分者。河南之役，汴既降，仍不聽居民自出，日餓死不可計。遂請於大帥蘇布特〔三〕，以渾源名族如御史雷氏、同知均州樊氏、張具瞻、馬正卿、王仲賢、王祿、楊玉者數十家而出，且護而歸之鄉里。先夫人杜氏亦嚴正有法。平山府有妄告工人變者，皆力為營救之，賴以全活者甚衆。此皆見之太常許君靖所録行實，及鄉先賢之

〔一〕「宜」，元至順本、明成化本作「疑」。

〔二〕上兩句中，「功名」「值」三字原缺，據元至順本、明成化本、三賢集本、畿辅叢書本補。

〔三〕「蘇布特」，元至順本、三賢集本、畿辅叢書本、全元文作「速不歹」。

所撰紀。而先塋下棺之碑，則無以銘之，惟有以待乎子之言，以信於後人也。」按，孫氏世為州之横山人，公之曾大父某，娶何氏，四子：慶佑、慶文、慶元、祿和。慶文則公之大父也，娶趙氏，有婦德，二子：威、平。平早世，威即公之考也。夙巧慧，少出入戰陣，每患世之甲胄不堅壽，其婦兄杜伸，則考工記所謂「燕人能為函」者，因密得其法，且能創蹄筋翎根別為之。太宗親射之，不少貫，寵以金符。故其從征邠、乾諸州也，見其攻拔不避矢石。帝勞之曰：「汝縱不自愛，獨不為甲胄惜乎？」又命諸將衣其所進甲，目之曰：「汝等孰所愛重？」諸將各以意對，帝皆不之許，曰：「能扞蔽爾以與我國家立功名者，非此人之甲耶？顧無以之對者，何也？」復以錦衣賜之。前後所領平山、安平諸工人，皆俘虜之餘，殆少生意，數為表給衣廪、子女以勸之，諸工人至今感之如父母。年若干，終於平陽河南懷州順天諸路工匠都總管。帝聞，為嗟恨久之。杜氏年八十八，下及五世孫，疾，公率其子拱、撒、振等，諸孫謙、諧、誼等以問，見公佩金虎符，拱、撒皆佩金符，曰：「吾家起寒微，今一門貴盛，但當竭忠勤以報國家爾。」言竟卒。嗚呼！當大變故，夫人之與氣運而升降者，以人視之，非必盡有所以致之者。而其予奪之間，又未必盡得其平也。疑若一出於偶然而已。抑不知人之所見者，以一世為終始，固不能如天之所見者之久且遠也。予固知孫氏之有以發之者也。然而，公未老，事業尚未既，而拱有才氣，謙既以能世其業而奏隸東宮，而諧亦潁悟，予他日又可以考其淺深厚薄於此也。銘曰：

昔龍之山，有晦而淪，必孫氏之先。蓋有嗟其屈者，謂天道之或愆。今曄其華，賁及丘原，亦有嗟者，謂賦與之或偏〔一〕。彼嗟者愚，不究其終，而不探其源。孰馭龍山，遊萬物巔？渺下視乎神川，歷百世而循一環〔二〕。不輊不軒，而得夫造物者之權。玄鐵符握，黄金色寒。翠屏雷裂〔三〕，瀚海雲翻。有物蕩盡，再造坤乾。有惻天心，莫救其然。孰其庇之，孰其翼之？于此時而保全，乘此時而騰騫。孰其誘之，孰其相之？人皆嗜殺，我獨惕焉。惟山西之名御史，曰雷默與劉雲。鬱乎相輝，一代人聞〔四〕。惟將作君，武臣桓桓。有子如公，復與雷、劉之子而驄馬聯翩。相彼根株，有此蔓延。窮天地物，極天地年，又安有不定之天？夏蟲疑冰，孰大其觀？後之嗟者，示此銘言。

〔一〕「與」，原作「興」，據文津閣本、三賢集本、畿輔叢書本改。元至順本作「予」。

〔二〕「而循一環」，文津閣本作「循環」，三賢集本、畿輔叢書本作「一循一環」。

〔三〕「裂」，元至順本作「列」。

〔四〕「聞」，原作「文」，據三賢集本、畿輔叢書本改。元至順本作「門」。

懷孟萬户劉公先登碑銘

至元十一年，詔大丞相伯顔領諸將兵伐宋〔一〕。有志之士咸喜乘此際會，思效計勇以自奮。是時，今懷孟萬户劉公潭，以世襲上百户攝行千户事，將七百人，屬今尚書右丞史公格，由西道進。是年渡江，以攻下一堡，生得將二人，攻沙市，先登，加忠顯校尉，遷總把。明年，以攻下十餘堡，生得將十人〔二〕，攻潭州，先登，加昭信校尉。明年，以略定柳、賓、邕三州，生得將一人，攻静江，先登，賜銀符，加武略將軍，為真千户。明年，以攻下鬱林、化二州，略定廉、欽、高、雷四州，生得安撫使二人、將四人，加武德將軍。明年，以從平章政事阿爾哈亞過海略定瓊州〔三〕，降大將六人，賜金符，加宣武將軍，遷總管，守瓊州。又以略定萬安軍，攻下黎洞一百二十所，降大將三人，賜虎符，加顯武將軍。明年，又以略定吉陽、昌化二軍諸洞寨，加明威將軍，為萬户，兼安撫使、鎮海招討使。守瓊凡九年，以民夷既定，來朝京師，遂加廣威將軍，授今職，移鎮嚴州。國朝兵制尚質，其將帥皆

〔一〕「伯顔」，原作「巴延」，據文津閣本、元至順本、三賢集本、畿辅叢書本改。
〔二〕「十人」，元至順本作「一人」。
〔三〕「阿爾哈亞」，文津閣本、元至順本、三賢集本、畿辅叢書本作「阿里海牙」。

以所統户數名，故有百、千、萬户三等；其符節有金、銀、虎符，亦三等。又於百、千之間置總把。千、萬之間置總管，以為遷拜旌賞之漸。其許佩符節、子孫襲職二事，則惟將帥得之。故將帥在今為美官。而至佩虎符為萬户，則又為最貴矣。公自以階襲至此，過家上塚，圖報先澤〔一〕，以近世多刻石先塋，敍先世名跡，如古先廟碑者，乃再拜以事狀來請。按，顯曾祖考諱德安，隱居不仕，妣張氏、楊氏。顯祖考祁陽府君，諱寶，姿幹奇偉，氣略過人。當金主貞祐棄河朔〔二〕，徙都汴時，有張甫者據信安，武仙者據真定，皆為金守易、定之間，大為所擾。而蔡國張公柔開府滿城，凡州縣來歸者，皆承制封拜，令各城守相為應援以禦敵。乃以祁州為祁陽府，令左副元帥賈公輔行帥府祁陽，以府君為行府右監軍。仙軍嘗攻深澤、新樂二縣，府君將兵往救，大敗仙軍，二縣之人賴以安全。後仙將柴姓者襲取冀州，府君從張、賈二公往救之，時天大雪，深三尺，與柴軍遇，張公陷雪馬倒，為柴所逼，府君以一矢斃之，柴軍遂潰，而張公獲免，上府君功，授宣武將軍、祁陽府通判，再遷總管。後以年老致仕，優遊鄉里，享年若干。妣李氏、楊氏、姜氏。顯考蒲陰府君，諱世鼎，以蔭補蒲陰尉。後以良家子從軍，特授上百户，戍亳，嘗以主帥命，將五千人，攝帥府事，攻荆山，

〔一〕「先」，元至順本作「光」。
〔二〕「金主貞祐」，原作「金貞祐主」，據元至順本、畿辅叢書本改。

身先士卒，不避矢石，竟被創而廢，享年若干。妣齊氏、張氏。三世皆葬祁州蒲陰之北鄉百長原。其宗支，别有圖列碑陰。銘曰：

自北而南，天開元基。遼漸燕垂，金奠淮夷。厭分裂耶，孰撤藩籬？白鴈一舉，横絶天池。彼瘴海兮藏鯨鯢，巨鬣如城兮尾如旗。安得壯士兮驅而守之。矯惟劉公，熊羆虎貔。奮髯一呼，黎山為摧。強黎是讎，罷民之依。彼祥雲瑞日〔一〕，固為可喜，不有風霆，孰行天威？方挽強是賴，而一字奚施？我聞瓊人，劉公之思。相彼甘棠，根株在兹。乃今燕趙，如唐山西。或一矢斃敵，赴主將之難；或百戰致命，合荆山之圍。蓋三世受封，而後咄咄益奇〔二〕。語彼瓊人，有來京師，道出於祁，黄蕉丹荔，當一酹劉公先塋之碑。

明威將軍後衛親軍總管李公先塋碑銘〔三〕

至元十七年，丞相伯顔以舊所領諸將中四人見皇太子〔四〕，曰：「此皆臣收江南時〔五〕，渡

〔一〕「彼」，元至順本作「被」。
〔二〕「咄咄」，元至順本、三賢集本、畿辅叢書本作「出」。
〔三〕標題，「明威」前，元至順本有「大元」二字。
〔四〕「伯顔」，原作「巴延」，據文津閣本、元至順本、三賢集本、畿辅叢書本改。
〔五〕「收」，畿辅叢書本作「攻」。

江水戰，攻城略地，為國家盡力命，臣所親見者。」是時，天下事聽皇太子處置。乃命四人者無外補〔一〕，可使將侍衛親軍，仍賜食殿中。今致仕後衛總管清苑李公，其一也。公便騎射，材趫過人，雖自幼以宦家子從軍為將校，然每喜與士大夫游，且其居近予，故聞其勳爵行事也習。壬戌，憲宗南征，將兵隸史忠武公，至巴州，能卻敵攻諸柵，先登。至重慶〔二〕，卒遇敵江峽〔三〕，奪戰艦。中統元年，今上北征，復將兵隸忠武，至吉河。三年，李璮叛〔四〕，將兵隸張勇烈公，圍濟南，日夜與賊戰，獲賊衆十餘人。明年，詔河南統軍，略地荊南，將勇敢分攻堅柵，多所克拔。九年，圍襄陽。十一年，丞相伐宋，為銜前將，至鄂州，部所將引戰艦入江，至郢州，夜奪浮橋。攻沙陽、新城二柵，先登。渡江，將勇敢水軍，首與敵遇，取旗，奪戰艦甲仗。既渡，能盡卻所當守岸兵。復入江，順流追奔至白虎山。明年，取真州，能退敵，焚其舟。時敵將夏貴水軍陳巢湖，勢不可犯，能破其堅，奪旗鼓戰艦。取常州，將勇敢先登，拔其城。又略定蘇、秀二州。此其功。憲宗時，中書右丞闊公子清牒為

〔一〕「無」，元至順本、全元文作「毋」。
〔二〕「重慶」，原作「崇慶」，據三賢集本、畿辅叢書本改。畿辅叢書本注曰：「按，巴州以上，重慶系沿江要地。崇慶在成都西，與地形不合。」
〔三〕「峽」，原作「浹」，據元至順本、三賢集本、畿辅叢書本改。
〔四〕「璮」，原作「壇」，據元至順本、三賢集本、畿辅叢書本改。

百户。中統二年，璽書遷總把，錫以銀符。至元十一年，軍職例加散官，授敦武校尉。十三年，遷武略將軍，錫以金符，為千户。十五年，加武德將軍，再加宣武將軍，為總管。十七年，遷明威將軍，為後衛親軍總管。後例減總管，復為千户。凡六被璽書，再授符節。憲宗南征時，詔賞白金一鋌。北征時，今上賞錦衣一襲。圍濟南時，親王為大將者，賞白金半鋌。渡江時，丞相賞馬一疋、白金一鋌。此其爵賞。下濟南，出誤為賊所汙者數十人死。拜衛率，讓其同列先，己最後補。此其行事。公知予習聞是，謂予曰：「凡此皆藉先世，今思報效，而先塋近欒縣之臨水里〔一〕，考品制，得樹碑。願刊先世名行〔二〕，使子孫知仁祐今日者有所自。皇考諱義，大元開國時，從楊甲立柵保南，甲為李丙所害，乃慨然以義動衆，共殺丙，以復所事讎，其衆遂推為長。後大帥沙蔔珠丹略地燕南〔三〕，乃以衆歸之，朝廷賜以璽書金符，俾就領其衆，為權府如古留後。天下既定，乃浮沉里社，年八十二終。請書是為銘。」

予按，司馬遷自序多及己，蓋史家變例。故公勳爵亦宜附見，以榮先世。公諱仁祐，字安

〔一〕「欒縣」，元至順本、三賢集本、畿辅叢書本作「在縣」。按，銘文中有「彼欒幽崇」句，底本作「欒縣」近是。

〔二〕「刊」字原缺，據畿辅叢書本補。元至順本、全元文作「列」。

〔三〕「沙蔔珠丹」，元至順本、三賢集本、畿辅叢書本作「山赤丹」。文津閣本作「出赤丹」。

卿。男一人，曰元，襲公職。女一人，嫁僉行樞密院事王公之子守〔一〕。銘曰：

吁其好還，卧榻不容。白鴈載飛，千彬益雄〔二〕。有翼而從，咸第其功。南至於江淮，北至於沙漠，東至於青齊，西至於巴庸，惟公生平，預折四沖。當酹以告其先曰：疇昔生男，不愧矢蓬。留後復讎，天亦義之，報不在躬。彼欒幽崇〔三〕，龜螭而豐。銘以賁之，庸壽厥封。

正議大夫禮部尚書王公神道碑銘〔四〕

公本東萊王氏，其大父曰溫，娶周氏，生永福，多才有遠識〔五〕。見金末亂，避地徙燕，慕陶朱公為人，用其道以富。天下既定，遂列名莊聖皇太后封邑籍中。後被教主管都城課稅，比五品京官，實為宛平王氏始祖。娶某氏，生公。中統初，選良家子入侍東宮，公甫弱冠，儀觀甚偉，氣宇粹然，太保劉公秉忠見而器之，引以與選。服勤守恪，漸致近密。有詔皇太子裁決天下事，凡時政所急，民瘼所系，知無不言。是時，宮職未備，而湯沐分邑地廣

〔一〕「僉」，元至順本作「簽」。
〔二〕「千」，元至順本、明成化本作「于」。
〔三〕「崇」，元至順本、全元文作「叢」。
〔四〕標題，「正議大夫」前，元至順本有「大元故」三字。全元文於標題下注：「至元二十九年二月。」
〔五〕「多才有遠識」，原作「多有才遠識」，據元至順本、三賢集本、畿辅叢書本改。

事繁，當有攸屬，乃拜公正議大夫工部尚書行本位下隨路民匠都總管。及詔立東宮官屬，為家丞。蓋令署帝鄉貴臣，故以公為貳。又別置儲用司，掌貨幣出納，以公廉悉，特令兼之。前後所涖，咸以精飭事治獲嘉獎。後以病辭職，不許。辭不已，逾年乃許。仍令食祿如故，復上言：「既不事事而食祿，臣心誠所未安。」又不許，面陳其不可，至於再三，方許。至元二十六年，皇孫出鎮懷孟，天子重其事，選及侍東宮舊臣老成練達者護之以行，公乃行。陛辭，天子目之良久，以為得人。營幕所在，軍政肅然。未幾，召還。二十八年，天子更易大臣，一新時政，詔求才可用而久不仕者，群臣咸舉公，拜禮部尚書。復以病辭。皇太子妃召問曰：「人皆欲進，卿獨求退，何也？」對曰：「臣見宮庭舊人如臣等輩，十去八九。臣蒙恩最厚，願留侍皇孫，備宿衛更直，實不忍去。」聞者莫不嗟歎〔一〕。明年薨，問疾給葬，故事畢舉。既葬，詹事張九思曰：「公從事東宮三十餘年，小心慎默，無少玷闕，而其辭受去就之間，風義凜然，有可激勵後世者，不可不書。其神道宜有碑，碑宜得劉某銘。」其孤鵬持集賢直學士趙孟頫所撰行狀來請。公，予所知，資孝友，為人誠實樂易，讀書務躬行，不徒事章句。其居家教子，撫孤嫠，恤宗族，秩然有序。銘固無愧。公諱倚，字輔臣。其夫

〔一〕「歎」，原作「勸」，據三賢集本、畿辅叢書本改。

人張氏，薊州節度使滋之女，九思姊也，內助成家。其子男二人：鵬為長，朝列大夫，異樣總管府總管，秩視九卿；鵠讀書未仕。女三人：長適鷹坊總管韓某之子某，次適集賢學士劉遜之子，庶次適夫人之族子謹。其孫男一人：遂初；女一人，幼。其壽五十三。其薨之日，正月戊申。其葬之日，二月甲申。其所葬在盧師山下〔一〕。銘曰：

正從惟一，是為臣則。偉公得依，確乎不移。初仕東朝，曰勤汝嘉。允惟帝卿，來視予家。身方病休，心未職免。鶴駕仙遊，鸞聲未遠。帝曰予孫，往藩於懷。疇諮家老，作傳惟諧。還歸幾時，乃卿於禮〔二〕。難忘本初，臣心安此。嗚呼忠哉，茲惟公壚。吉實銘之，過者勿驅。

澤州長官段公墓碑銘

公諱直，字正卿，姓段氏。世為澤州晉城人。少英偉，有識慮。甲戌之秋，南北分裂，兩河山東〔三〕，郡縣盡廢，兵凶相仍，寇賊充斥。公乃奮然興起，率鄉黨族屬為約束，相聚以

〔一〕「盧」，全元文作「廬」，疑誤。諸本皆作「盧」。
〔二〕「禮」，元至順本作「里」。
〔三〕「兩河」，元至順本、全元文作「河北河東」。

自守。及天子命太師以王爵領諸將兵來略地，豪傑並應〔一〕，公遂以衆歸之。事定，論功行賞，分土傳世，一如古封建法。公起澤，應得澤，遂佩黄金符，為州長官二十餘年〔二〕。方天下初集，國家以澤沖隘，别置守兵，主將不善制御，恣其侵暴〔三〕，久之，山民不勝其横，往往自棄為群盜。公上言，願罷守兵，請身任諸隘，保其無虞。朝廷從之，群盜遂息。公見澤民避兵者多未復，乃籍其舍業於其親戚鄰人户未，約曰：「俟主還，與之。户如故分，出賦如業。」是以民多還集。且户額少而丁業優〔四〕，故賦輕而易足。兵後屢饑，其還民無産者，復不能自生，公為出粟食之，不使流散。時新法藏亡甚嚴，鄉民不一一曉知。澤當諸軍往來之沖，病俘多亡留民家者，若以藏論，籍没從坐，保伍為空。公乃豫為符券，為官使收養，以俟諸軍物色者。後凡留俘家，皆得以不藏釋。州民被俘他郡者，公多為購得之。兵死暴露者，公必為收瘞之。當大變之餘，兵氣未已，生意未復，而澤風翕然已為樂土矣。公又大修廟學，堂筵齋廡庖廚惟備，仍割負郭良田千畝、購書萬卷以給之。州人李俊民，在金時以明

〔一〕「豪傑」前，底本有「兩河山東」四字，元至順本、全元文無，據删。
〔二〕「二十餘年」上，畿辅叢書本有「凡」字。
〔三〕「主將不善制禦恣其侵暴」十字，元至順本無。
〔四〕「且」，原作「但」，據元至順本改。優，畿辅叢書本作「如」。

經為舉首，後國朝亦被累征，賜號「莊靖先生」，蓋有道之士也。是時方避地河南，隱約自處，公迎而師之。凡澤之名士散在四方者，亦必百方招延，必至而後已。故不五六年，州之學徒通經預選者百廿有二人。時今上在潛邸，有以公興學禮士聞者，嘉之，特命提舉本州學校事。未拜而公卒，年六十五。子紹隆嗣。後三十五年〔一〕，紹隆遣其子倪、從事李蕡，持公行狀及莊靖所作州學記造某所，蕡贊倪代紹隆拜曰：「請先生銘先公。」予按傳記，初，澤俗淳樸，民不知學。至宋治平中，明道程先生為晉城三年，諸鄉皆立校，暇時親至，為正兒童所讀書句讀，擇其秀異者，為置學舍糧具而親教之。去邑經十餘年〔二〕，服儒服者已數百人。由是盡宋與金，澤恒號稱多士。故公雖不學，起行間，然其生長見聞，必有起其趨向者。故當用武之際，獨能以立學為先〔三〕，敦勸修舉，使前賢數百年之遺風不遂廢墜。謂倪：「乃祖用是當銘。」倪應曰：「諾。謹拜銘之賜。」公考諱順，妣趙氏。夫人衛氏，勤儉有禮，公既一意公事，凡其所以成家教子者，咸內助之力也。〔四〕張氏、馬氏、李氏，亦皆賢淑〔五〕。

〔一〕「三十五」，「五」字原缺，據元至順本、明成化本補。三賢集本、畿辅叢書本作「三十三」。文津閣本作「三十餘」。
〔二〕「經」，元至順本、明成化本作「纔」。
〔三〕「先」字原缺，據文津閣本、元至順本、三賢集本、畿辅叢書本補。
〔四〕「勤儉有禮」至「內助之力也」二十五字，元至順本無。
〔五〕「亦皆賢淑」四字，元至順本無。

子男四：紹隆，今以遷轉法行加武略將軍，移知葭州。國初，凡守親王分地者，一子當備宿衛。紹先，宿衛王府。紹祖，早卒。紹宗，未仕。女一，適裴氏。孫男六：倪、儀、信、傑、佐、仁。女四：長早卒，次適何氏、郭氏、李氏。卒於甲寅六月，三日而葬〔一〕，葬建興鄉沙城里先塋。公平生朝京師一，朝王二，王寵錫甚渥。初，太師承制封拜時，授潞州元帥府右監軍云。銘曰：

天荒澤方，庸試程氏。邦家幾時，春風百世。生為後民〔二〕，為幸已多。矧嗣守土，公如幸何！以富以教，循序兼盡。公焉取斯，承此餘潤。公生閔勞，謂樂斯驕。閱其堂中，皤然蓋公。公生用武，謂如貔虎。跡其嬉遊，泮水優柔。魯城弦歌，不以兵壞。既安既寧，宜爾多賴。不遠公阡，大刻銘詩。於乎澤人，勿替爾思！

〔一〕「三日」，元至順本、明成化本、三賢集本作「三月」。

〔二〕「後」，原作「俊」，據元至順本、三賢集本、畿辅叢書本改。

卷九　遺文三

碑銘表誌　八首

清苑尹耶律公遺愛碑〔一〕

至元九年五月，以工部主事耶律公伯堅為清苑尹。後四年八月，用台薦擢同知恩州事。公字壽之，桓州人。氣豪爽，有幽燕俠士風。其接人雖一無所失，而中有裁鑒，樂與當世名士游。雖貧乏至典衣，延致不少解。有御錯縱才，昔或薦公規措關陝川蜀財賦，詔可之。公至，為條件利病，疏畫出納，事恰而物安〔二〕，識者稱其能。性明決，憲司及府有滯獄，必檄

〔一〕全元文於標題下注：「至元十五年。」

〔二〕「恰」，元至順本、三賢集本、畿輔叢書本作「治」。

公平之，公能不以刑得其情，而訟者亦以公所理無冤。為政不事表襮〔一〕，而民知愛；不任刑罰，而民知畏。作事必為遠計，使人得以守其成法，而不即壞亂。其處己御下，則欲與者避其廉，受罰者思其公。其為清苑也，安肅苦徐水之害，訴於大農，欲以人力奪水之故道，道而東之。東則縣之境也，其地形有不能遂其迅激之性者，而水必終反其故道，而其沮洳波蕩，壞民田幾千頃。彼之害既不得而除，而重以其害貽我。畚鍤已興，民睨視之，莫知計所出。公為圖地形，指陳利害，要農官及郡侯與俱行視以止之。縣之西塘水，利溉民田甚廣，有力者以磑奪之，而民無訴所。公至，為斷理，以每歲溉田之餘月分之磑，仍聞省部，著為定制。縣居南北沖，每歲為親王大官治供帳於縣西，以十月成，至明年復撤而新之，吏得媒蘖其事，而至歲費不貲。公以一廢館舍移其所，不足，分俸祿以繼之，館成，而是役絕。縣西南衛村，多古斥堠溝塹，時伏盜其間。公為隳其高，堙其下，而奪其穴焉，盜於是息。縣舊雜民居，而縣之鹽法，息錢例當己有。公曰：「是錢，在我不必有；公廨，在縣不可無。」遂割之以起廨。凡連年和買之不降其直者，公至，白之執政，盡降之。凡府之賦縣有不均者，公輒曰：「寧得罪於上，而不敢得罪於下。」必為爭辯〔二〕，得其平而後已。移恩之明年，

〔一〕「襮」，原作「暴」，據元至順本、三賢集本、畿辅叢書本改。
〔二〕「為」，元至順本作「有」，誤。

恩人已刻石頌公。又明年，清苑之耆老故吏，亦思公不忘，以予與公有一日之雅，介吾友趙安之請予紀公之遺愛。予亦樂以循吏為天下勸，而又喜邑人能被公之化，而不忘其舊官長之賢。故次第其民之所以謠公者而為之詩，庶其傳之採官，以存一邑之風，且為他日太史氏之傳循吏者以張本焉。嗚呼！使邑人歌之野，足以為農勸；歌之邑，足以為吏勸；歌之道路，聞之恩人，又足以致奪公之私怨。公早歷台閣，人望其通顯可立致。既而獨從外補，今又老且病，將不能復與功名會〔一〕，此在人不能無少難者，而公處之裕如。使恩人聞而歌之以壽公，則其沉滯之思，雖不待有所慰而後忘；而其及人之樂，則或因此而長之也。其辭曰：

我行東野，有田離離。燥焉膏腴，彼鄰不知。持以囑水，孰恤我饑。惟耶律公，出言若堤。奪田于水，障水以歸。西塘之陂，無水旱虞。非陂得歲，食我惟渠。水匪附勢，奚捨我趨。望公之來，使我心休。公浚以理，渠來舒舒。公實水來，公實水去。田雖我田，實公錫與。我之德公，非惟水故。有勢非水，微公孰禦？縣官渠渠，公力所支。昔有絲棼，今皆畫棋〔二〕。聞公車音，更戒勿嬉〔三〕。旂來揚揚，有宮以息。彼安其宮，我安斯室。車不知服，子不知力。彼盜

〔一〕「與」，原作「興」，據元至順本、三賢集本、畿辅叢書本改。
〔二〕「棋」，文津閣本、元至順本、三賢集本作「旗」，畿辅叢書本作「祈」。
〔三〕「更」，元至順本作「吏」。

之穴，南據丘隅。公行視之，荷鍤與俱。昔路斯棘，化而通途。奪田與我，奪時與我，以耕以穡〔一〕，於以飽我。食惟公食，持以勞公。公曰歸止，飽爾羸癃。公堂宴深，孰公不容？天乃私恩，奪公之東〔二〕。惟彼東人，相戒以化，無勞我公。我思我公，神其相之。惟壽康公，俾公其來之。

孝子田君墓表

嗚呼！天地至大，萬物至衆，而人與一物於其間，其為形至微也。自天地未生之初，極天地既壞之後，前瞻後察，浩乎其無窮。人與百年於其間，其為時無幾也。其形雖微，而有可以參天地者存焉。其時雖無幾，而有可以與天地相終始者存焉。故君子當平居無事之時，於其一身之微，百年之頃，必慎守而深惜，惟恐其或傷而失之〔三〕，實非有以貪夫生也，亦將以全夫此而已矣。及其當大變〔四〕，處大節，其所以參天地者以之而立，其所以與天地相終始者以之而行〔五〕，而回視夫百年之頃，一身之微，曾何足為輕重於其間哉！然其所以參天地而

〔一〕「穡」，原作「食」，據元至順本改。
〔二〕「之」，元至順本、明成化本作「於」。
〔三〕「失」，原作「去」，依畿辅叢書本據元文類改。
〔四〕「及」，元至順本、全元文作「又」。
〔五〕「相始終」，原作「相為始終」，依畿辅叢書本據元文類刪「為」字。

與之相終始者，皆天理人心之所不容已，而人之所以生者也，于此而全焉。一死之餘，其生氣流行於天地萬物之間者，凜千載而自若也。使其舍此而為區區歲月筋骸之計，而禽視鳥息於天地間，而其心固已死矣。而其所不容已者〔一〕，或有時發焉〔二〕，則自視其身，亦有不若死之為愈者。是欲全其生，而實未嘗生；欲免一死，而繼以百千萬死。嗚呼！可勝哀也哉！先人嘗手録金源貞祐以來致死於其所天者十餘人，而武臣戰卒及閭巷草野之人為多。而予每覽之，未嘗不始焉而慚惕，若不自容；中焉而感激，為之泣下；終則毛骨竦然，若有所振勵者。故為之訪諸故老，揆諸小說，考其姓里，增補而詳記之，惟恐其事之不傳也。近復得清苑孝子田君焉。貞祐元年十二月十有七日，保州陷，盡驅居民出，而君及其父與焉。是夕下令，老者殺。卒聞命，以殺為嬉。未及君之父者十餘人，而君乃憪然欲代其父死，遂潛往伏其父于下，以兩手據地，俛而延頸以待之。卒舉火，未暇省閲，君項腦中兩刀而死。夜及半，幸復蘇。後二日，令再下，無老幼盡殺。時君已以藝被選而行，次安肅矣。聞其父死，謂人曰：「我當逃歸葬吾父。」遂歸，求父屍而得之，負以涉河，水傷脛，至血出。發母塚，下屍而塞之，乃還。而衆不之覺也。嗚呼！此其所以為孝子者歟！其子道章，資高爽，喜讀

〔一〕「已」字原缺，據四部叢刊本、三賢集本、畿辅叢書本補。

〔二〕「有時」，元至順本、明成化本、全元文無「有」字。

書，而遺山元公、陵川郝公皆嘗為詩文以美之。雅善予，一日，狀其父之孝行訪予于易水之上。且曰：「古者孝友，雖庶人得書于史官。而先人之孝行若是，生無一命之旌，而死遂無一言之託，以傳不朽，為先人子者，亦何以自立於世？今謀所以表夫墓，惟先生實哀之。」言已，泣數行下。嗚呼！予尚忍不銘君也哉？君諱喜，世為保之清苑人。其仕至佩金符，其壽四十三，其卒則歲乙未閏七月。考彥，妣喬，母兄嘉。其所娶實望族韓，有婦德，鄉里稱為韓孝婦，其壽八十六。男女三：道昭、道章、裴氏女寅。孫五：溫、良、恭、儉、讓。曾孫四：元、亞、季、德昌。銘曰：

嗚呼！蹈斧鉞而致死，猶淵冰之歸全。其死者，藐焉此身之微；其全者，浩乎此心之天。有纍雖丘，匪丘者存；有圓雖石，匪石惟文。百世之下，有旌古而勵俗者，必名此曰孝子之原。過者其式之，孰獨匪人！

洺水李君墓表〔一〕

君諱守通，字彥誠，姓李氏。其先中山人。五世祖從，大宋靖國間仕至朝散大夫〔二〕，因

〔一〕「洺」，原作「洛」，據元至順本、明成化本、全元文改。按，洛水在河北南部，洛水在河南西部，從文中所述有「隸邢洺者」句看，作「洺水」為是。茲將文中之「洛」字皆改為「洺」。又，全元文於標題下注：「至元二十五年。」

〔二〕「五世祖從，大宋靖國間」，大，元至順本作「太」。全元文從元至順本作「太」，斷句為：「五世祖從太，宋靖國

宦游至洺水，愛其風土衍沃而占籍焉，遂為洺水人。高祖惠明，中武舉，官武翼大夫，同知鄜州節度使。曾祖智靜，避靖康之亂，隱居不仕。祖德遷，娶劉氏，生君之考道元，讀書有立志，動止以禮，年五十，即斷家事關白，就太一翁受道籙，開别第以居。娶張氏，生二子，長曰守進，君其次子也。君資樂易，與物無忤，喜施予，善談論。能言漢、唐、五季事，歷歷如數目前。君既故家，且有才具，故素為州郡所推擇。及金人南徙，國朝遷諸州工人實燕京，而隸邢洺者〔一〕即舉君，授符而總之。後以將作如制，數蒙寵賚。已而不樂，曰：「是身可役役於是邪？」遂委符歸鄉里，歲時會耆老故人，相與娛樂，享年九十。以至元九年十月二十有八日無疾而逝，葬武道鎮先塋。娶景州處士劉從直之女，婦道母儀，鄉邑以為法，先君二十年，年五十八卒。生男子三人，長全福，季全安，皆早世，中子曰全祐。女子一人，適千户任某。初，東瀛先生蕭鍊師公弼有重名，所與遊皆當世名士，今上在潛邸，屢以安車征之，至則待以客禮。其前後條對，惟及治道。而所薦舉，亦皆天下之選。蓋奇特之士，厭於世故，而以方外自隱者也。君以全祐幼有羸疾，不任婚宦，乃命棄家師事之。今以學識清修，先賜號「觀妙大師」，再加「純一真人」，深為上及皇太子之所眷顧焉。

間仕至朝散大夫」。

〔一〕「邢」字原缺，據元至順本、明成化本、三賢集本、畿辅叢書本補。

二十五年春，純一遣使持君世次行事請於予，曰：「予家自朝散公起家，兩世貴顯，後漸卑下。爰至先考，方圖遠紹先業，尋又棄去，而以樂終。今全祐老矣，雖兩被璽書，而奉祠宫觀之秩甚隆，復不能追及先世，又旁無支屬，可以後吾親者。思所以慰吾親，惟有旌紀丘隴之一路耳。平昔願交吾子，凡以是故。今敢以是累吾子，吾子其毋辭。」嗚呼！吾純一托跡玄虚，既老而能不忘其親，雖其天彝之秉，自不容已，然予於是益信東瀛為奇特之士，而其門人之所觀感而得之者固如是。乃為敘其始終，且系之辭，以識吾純一之悲焉。曰：

天開兮地辟，惟寅兮生人。寅之所生兮，有吾之先。幾億萬傳兮，延及此身。如根而幹兮，如幹而枝。前既有承兮，後當有滋。惕焉傷哉兮，而息於斯。稟世短長兮，厥初不齊。不滑以人兮，乃天之為稽。伯陽之所崇兮〔一〕，曰生與慈。彼綿綿其不輟兮〔二〕，由段干而膠西。物與道以為體兮，今舍此其孰依？惟純一之超詣兮，知反本之當悲。渺黄鶴之翩翩兮，過故墟而徘徊。撫長楸而太息兮，勒金石以告哀〔三〕。

〔一〕「所崇」，原作「崇崇」，據元至順本、明成化本、三賢集本、畿辅叢書本改。

〔二〕「其」，原作「兮」，據文津閣本、元至順本、畿辅叢書本改。

〔三〕「勒」，元至順本作「勤」，誤。

處士寇君墓表

君寇氏，諱靖，字唐臣。祖禹、父曾，耕于中山安喜陘，號質行家。君始力學為士。當金遷國汴梁，河朔内附，一軍分戍鎮、定間，開府屈君為掾。時約法未定，刑賞惟意，君所論一如平世。師出，將吏額士卒輸虜獲為常，君獨不取，惟受田，募十户為屯以食〔一〕。汴梁既破，衣冠内徙者大為歉所苦，君見之，必盡力以恤。天下既定，中書令耶律楚材奏疏，遣使分諸道設科選士，中者復其家終身，擇疏通者補郡縣詳議。君既中選，仍署之縣。君曰：「向從事紛紛，中思濟人且自全耳。今兵已戢，獲奉先人遺體守墳墓足矣，尚復仕邪？」乃謝去。隱居教授，安勤樂儉，日為琴數弄，讀易一編，即所居自號松溪翁。其子三為關洛州郡，恒得以佳山水悦親。籃輿孫擁，琴尊僮隨，徜徉嘯詠，超然物外，自樂也。君安重善下，澹然無緣飾。重以經涉世故，學易見消長理，故一意事内，於凡得喪欣戚，不久留中。嘗偶為浮薄輩所陵侮，旁觀者怒，欲前擊，君止之曰：「彼智不及相知，故然，是宜哀矜。」家有私口二三，君歎曰：「物理有代謝，是既服勤我久，子孫宜不忍更隸之也。」悉毁劵釋去。

〔一〕「十」，畿辅叢書本作「千」。

年八十，以至元甲戌秋九月三日無疾而終。葬先塋東北，以其配蒲水魏氏祔。子男二：長元亨，幼失明，精於術數。次元德，早以文學名天下，相國廉希憲薦，事今上潛邸，從征江南，自真定宣撫司諮議，歷懷孟京兆判官，遷知陝州，再加同知岳州總管，轉同知京畿都漕運使，改燕南河北提刑按察副使，今擢為兩浙都轉運使。為政廉易，姚左丞樞、楊參政果、王承旨盤，皆作詩以美之。女一，嫁同里著姓甄氏。孫男六，曰某某；女三，皆嫁仕族。因及拜君床下，嘗與聞其平生。重以其子請，宜銘以表君。曰：

閱衰或興，象消息也。感彼更迭，無終極也。寧開靈臺，為樂國也。早勤耋歌，時所職也。彼蜚沖天，伸此屈也。有繁孫枝，本惟一也。體君所學，銘以易也。

武強尉孫君墓銘

戊申夏六月丁巳，武強尉孫君以疾卒。臨卒，疏其子繼賢等曰：「吾以先世澤，生而有大幸四，若等可念之勿忘〔一〕。金崇慶末，河朔大亂，凡二十餘年，數千里間，人民殺戮幾盡，其存者以户口計，千百不一餘，而吾與存焉，一也〔二〕。其存焉者，又多轉徙南北，寒餓

〔一〕「生而有大幸四，若等可念之勿忘」，元至順本、全元文作「生有四幸，若等可勿忘」。
〔二〕「一也」，元至順本作「一幸也」。下文「二也」、「三也」、「四也」，元至順本於「也」字前皆有「幸」字。

路隅，甚至髡鉗黥灼于臧獲之間者皆是也，而吾未嘗去墳墓，且獲尉鄉縣焉，二也。當其擾攘時，侵陵逼奪，無復紀序，而吾四妹一弟，俾皆以禮婚嫁，今皆成家，若與世變不相與者〔一〕，三也。平居非強宗，世亂受陵暴，自其分爾，而吾乃為鄉人所推，遂得挺身樹柵，保千餘家，凡族党姻戚，皆賴以安全，四也。吾挾是以沒，上有以承先人，下有以遺若等，無恨矣。」後卒十日，附葬范原之先塋。後三十有八年〔二〕，繼賢始狀其爵里，且誦所遺言請予銘。予按，君諱善，真定武強人。祖泰，父成，皆業農稸粟。嘗遇歲凶，貸饑者不責償。癸酉〔三〕，我師略河間，君始以所保柵附大城以降，得賜官修武校尉，佩銀符，後以功遷忠翊。金亡，始罷諸鎮兵，令各封賞有功者，遂署本縣尉以終。娶李氏、周氏、張氏。子男四人：長即繼賢，奉訓大夫，知深州；次繼勳，行軍百户；繼忠，本縣諸軍奧魯長官；繼貞，都元帥府知事。獨繼忠為張氏子，余皆周出也。周年今九十，康寧。女四人，皆適令族。孫男九人：弼，承信校尉、行軍千户，佩銀符；輔，行軍百户；余尚幼。銘三章，章八句。

天開洪爐，若有所試。彼紛枯荄，秖以滋熾。謂天不仁，此獨何存？吁此何希，彼獨爾繁。

〔一〕「世變」，元至順本無「變」字。
〔二〕「後」字下，元至順本有「葬」字。
〔三〕「癸酉」，元至順本作「歲癸酉」。

紛如僕僵，君身堂堂。蕩焉崩離，君誾熈熈。吾幸所資，一柵之力。微有相之，區區何及？涼風至止，繒纊不儲。哀哀履霜，兒寒何需！有興吾詩，孰不欷歔？匪有所興，一尉奚書！

易州太守郭君墓銘〔一〕

金貞祐，主南渡，而元軍北還。是時，河朔為墟，蕩然無統。強焉弱陵，衆焉寡暴。孰得而控制之？故其遺民自相吞噬殆盡。間有豪傑之資者，則天必誘其衷，使聚其鄉鄰，保其險阻，示以紀律，使不相犯，以相守望，卒之事定而後復業。凡今所存，非其人則其人之子孫也。嗚呼！蓋亦無幾矣。而向之所謂豪傑者，後皆真擁雄城而為大官，其子孫或沿襲取將相。凡其宗族故舊與同事者，亦皆布列在位，享富貴之樂。而其所賴以存，及其子孫，則為之臣民而服其役〔二〕，出租賦而祿之。彼亦非幸也，蓋天以是報其功，人以是報其力，僅適其平而已。易之蔡國張公柔，則當時開壁于易山諸砦者〔三〕。君，其女兄子也。君諱弘敞，字仲

〔一〕全元文於標題下注：「至元二十一年。」

〔二〕「為之臣民而服其役」，「臣」，原作「巨」，據諸本改。「服」，原作「復」，據元文類、元至順本、三賢集本、畿輔叢書本改。畿輔叢書本注曰：「原作復。按漢書，復，除也。此用之不合。」

〔三〕「壁」，原作「辟」；「砦」，原作「岩」。據元文類、元至順本、畿輔叢書本改。

禮〔一〕，易之定興人〔二〕。曾祖安仁，祖儀，皆業農。考彥成，以醇謹勤力，為蔡公所倚任，嘗攝行元帥事。君性警敏，美姿容，讀書善射，蔡公器之，復以女妻焉。丁未，授束鹿長。庚戌，遷易州太守。壬子，改完州。易人以善政請，於是復為易州。時官制未立，諸侯得自辟署。曰長、曰太守，皆從一時之制云。以甲寅三月十日卒，以是月二十一日葬於河内之兆。子男一人，奉議大夫謙，即夫人張氏出也。後三十年，謙泣涕來請，曰：「謙不幸早孤，今思所以報吾親，欲得先生長者一言以銘其墓，托以不朽，庶幾少慰人子之心。」乃拜。既許，又拜。予迫于禮文謹且備，而終銘之。銘曰：

生物為心，乃厭其蕃。自涓涓而洪河，洪河滔天〔三〕。沃之焦山，曾不思造物之艱難。顧茲方慘，而有忻茁然。碩果孰靳，天心可觀。史氏命凡，胡甚不仁！斬首曰級，書多是勤。抑不知取賞於一時之所私事者，乃所以受罰於千萬世公共之天。孰不知忌此，而獨使道家為知言？易山峩峩，昔誰壁門？易山之民，今誰子孫？為斯人之婿也，為斯人之子也。為易州者，固宜斯人。茲實其墳。

〔一〕「仲禮」，畿辅叢書本注：「元文類作彥禮。」
〔二〕「之」，畿辅叢書本注：「元文類作州。」
〔三〕「滔天」，元至順本、全元文、三賢集本作「滔滔」。

郭夫人張氏墓誌銘〔一〕

夫人諱文婉，字麗卿，姓張氏。蔡國武康公柔之子。年十有五，嫁郭氏。是為故攝行元帥事彥成之婦，故易州太守弘敬之妻，今奉議大夫謙之母也。夫人之母毛氏，金大興尹王翛然之外孫，賢而好禮，故夫人生而有儀則。時蔡公開國燕趙間，隱然古方伯，如郭氏皆所自署者。夫人既嫁，能抑抑敬戒，其舅姑夫子上下咸曰宜。嫁十有五年而夫亡，夫人復能以禮自持〔二〕，綱紀家政。內而養老撫孤，使喪祭婚冠皆以時〔三〕；外而事母夫人病盡憂，至三刲股肉以進，癰潰，則親為吮之無難色。又三十年，以至元二十一年五月二十三日以疾卒，春秋六十。以後五月一日合祔於河內夫氏之墓。謙以狀如右請銘。夫銘葬，非古也。婦人統於夫者，特銘，則尤為非。雖然，有則舉之，古今人子之心所同然者，以是則為宜。且瘞之，將志其藏，非以表白也，雖婦人亦宜銘。曰：

觀法於坤，陰教之師。婉彼夫人，秉是壼彝。於赫公族，莫敢我夷。姑得而婦，夫得而妻。

〔一〕標題「郭」字下，元至順本、明成化本有「君」字。全元文於標題下注：「至元二十一年。」

〔二〕「持」，原作「將」，據三賢集本、畿辅叢書本改。

〔三〕「冠」，原作「宦」，據三賢集本、畿辅叢書本改。

及兹孤惸，毅然有守。哀哀良人，母恤爾後。姑曰予婦，兒曰予母，屬曰予主，以左以右。盛忘其貴，憂安其勤。士難其兼，婦乃有人。宜壽以樂，鈞其報施。虧之又虧，孰主張是？彼將有特，自獻其天。其天維何，河内之原。得從以藏，魄沒其寧。幽文象德，匪事著明。

新安王生墓銘

新安王綱，居母喪，以哀毁致疾。繼而其父病作，而綱竟以憂終。其師容城先生為銘其墓。其辭曰：

禮之未制也，人或徑情。人之未知也，禮有失平。生制禮之後，為學禮之人，不俯就之，而夭禍是嬰。如九原之可作，將聲言以責生。雖然，出繼有嗣，終養有兄，生沒其寧。事有過厚，薄俗可警〔一〕，吾當作銘。

〔一〕「警」，原作「驚」，據三賢集本、畿辅叢書本改。

卷十　遺文四

記　十首

馴鼠記〔一〕

心之機一動，而氣亦隨之。迫火而汗，近冰而慄，物之氣能動人也。惟物之遇夫人之氣也亦然。鼠，善畏人者也。一日靜坐，有鼠焉出入懷中，若不知予之為人者。熟視之，而亦不見其為善畏人者。予因思，先君子嘗與客會飲于易水上，而群蜂近人，凡撲而卻之者皆受螫，而先君子獨不動，而蜂亦不迫焉。蓋人之氣不暴於外，則物之來不激之而去，其來也如相忘；物之去不激之而來，其去也亦如相忘。蓋安靜慈祥之氣與物無競，而物亦莫之攖也。平吾之心也，易吾之

〔一〕全元文於標題下注：「至元七年十一月三日。」

氣也，萬物之來，不但一蜂鼠而已也。雖然，持是說以往，而不知所以致謹焉，則不流于莊周、列禦寇之不恭而不已也。至元七年十一月三日記。

何氏二鶴記 ㈠

户部尚書何仲韞鎮姑孰時㈡，所畜鶴有雌雄不雜處者兩。凡鶴之被畜者多不卵，而其雌卵二。他雖卵而不生，而二卵皆生。他雖或生，亦不長息而死，今卵而生者，已翩然二鶴矣。南州士大夫名以「瑞鶴」，而請其說於予。夫人，天地之心也。心，固可以帥夫氣㈢，而物則氣之所為也。故物有自我而變者，而鶴何瑞之有焉？苟我之積於中而發於外者，莫不藹然慈祥，則彼物之浮沉於吾氣之中者，雖萬物失所，而獨全其生；雖氣類暴悍，而獨順其性。故貓有相乳者，雞有哺狗者，夫物固不得而自知之也。今何氏之鶴能有別，復卵而育也，在仲韞必有以使之然者㈣。雖然，自物而推之人，自家而推之國，吾之志所得而帥，吾之氣所得而育者，二鶴而已

㈠ 全元文於標題下注：「至元十六年九月。」
㈡ 「户部尚書何仲韞鎮姑孰時」原作「何氏」，據元至順本、全元文改。
㈢ 「固」原作「故」，據元至順本、全元文改。
㈣ 「仲韞」，原作「我」，據元至順本、全元文改。

乎？至元十六年九月朔，容城劉某記。

輞川圖記〔一〕

是圖，唐宋金源諸畫譜皆有評。識者謂，惟李伯時山莊可以比之。蓋維平生得意畫也。癸酉之春，予得觀之。唐史暨維集之所謂「竹館」、「柳浪」等皆可考。其一人與之對談或泛舟者，疑裴迪也。江山雄勝，草木潤秀，使人裴回撫卷而忘倦〔二〕，浩然有結廬終焉之想，而不知秦之非吾土也。物之移人觀者如是。而彼方以是自嬉者，固宜疲精極思而不知其勞也。嗚呼！古人之于藝也〔三〕，適意玩情而已矣。若畫，則非如書計樂舞之可為修己治人之資，則又所不暇而不屑為者。魏晉以來，雖或為之，然而如閻立本者，已知所以自恥矣。維以清才位通顯，而天下復以高人目之。彼方偃然以前身畫師自居，其人品已不足道。然使其移繪一水一石、一草一木之精緻，而思所以文其身，則亦不至於陷賊而不死，苟免而不恥。其紊亂錯逆，如是之甚也。豈其自負者固止於此，而不知世有大節，將處己於名臣乎？斯亦不足議者。予特以當時朝廷之所以享盛名，

〔一〕全元文於標題下注：「至元十年三月。」

〔二〕「裴回」，文津閣本、畿辅叢書本作「徘徊」。按，「裴回」同「徘徊」。「倦」，原作「掩」，據畿辅叢書本改。

〔三〕「之」字下，底本原注：「一無之字。」

而豪貴之所以虛左而迎，親王之所以師友而待者，則能詩能畫、背主事賊之維輩也。如顏太師之守孤城，倡大義，忠誠蓋一世，遺烈振萬古，則不知其作何狀？其時事可知矣。後世論者，喜言文章以氣為主〔一〕。又喜言境因人勝。故朱子謂，「維詩雖清雅，亦萎弱少氣骨」。程子謂，「緑野堂宜為後人所存，若王維莊，雖取而有之可也」。嗚呼！人之大節一虧，百事塗地。凡可以為百世之甘棠者，而人皆得以芻狗之。彼將以文藝高逸自名者，亦當以此自反也。予以他日之經行或有可以按之，以考夫俯仰間已有古今之異者，欲如韓文公畫記以譜其次第之大槩而未暇，姑書此于後。庶幾士大夫不以此自負，而亦不復重此，而向之所謂豪貴王公，或亦有所感而知所趨向焉。三月望日記。

饕餮古器記

金臺田景延蓄一銅器〔二〕，若古尊彝。其象拱泉而垂腹，羸其面〔三〕，而坐則人焉。河東元裕之

〔一〕「喜」，原作「善」，據文津閣本、元至順本、三賢集本、畿辅叢書本改。

〔二〕「金臺田景延」，原作「或者」，據元至順本、全元文改。

〔三〕「羸」，元至順本、全元文作「贏」。但全元文·書饕餮图後叙同一事作「羸其面」，可知作「贏」誤。

為之考，定其為古器無疑，而謂其象則饕餮也〔一〕。景延遂以劉敞、呂大臨例而圖之〔二〕，欲以張博古之本焉。而且請予記之。嗚呼！人之于古器物也，強其所不可知而欲知之，則為博物之增惑也。舍其所不可知，而特慕其古焉，則為玩物之喪志也。為增惑，為喪志，皆非知好古者也。舍其所不可知者，而求其所可知者，則古人之所以為戒者在我矣。因其所可慕者，而思其大可慕者，則古人之所以為古人者，在此而得矣〔三〕。求知，是知也；求慕，是慕也。則人之于古器物也，固有可為致知之一，明德之端者矣〔四〕。夫如是，則吾惟恐景延之不好古器，然亦恐景延終將不好也〔五〕。至元丁丑十月朔，容城劉某記。

高林重修孔子廟記〔六〕

安肅高林里，距吾居五十里，聞有孔子廟，枉道而拜焉。詢其創始復興之由，里之耆老劉

〔一〕「也」，原作「之」，據元至順本、三賢集本、畿辅叢書本改。
〔二〕「景延」，原作「或者」，據元至順本、全元文改。
〔三〕「在」，元至順本作「自」。
〔四〕「者矣」，原作「者也」，據元至順本、全元文改。
〔五〕句中兩「景延」原皆作「君」，據元至順本改。
〔六〕全元文於標題下注：「至元十九年九月。」

禎等言，廟起於五代之際，久乃廢毀。金大定間，鄉先生孫直卿，率里中豪族盧、劉、田三氏，始修葺之，迄今至元庚辰，圮壞幾盡。禎，劉氏孫也，復率盧氏子孫，共繼先志，經營於其年之春。逮明年秋，廟貌既尊，乃興祭器，以祀事告成，且為鄉約春秋釋奠之禮，俾可以繼。里人自以非學官而祀先聖〔一〕，恐踰禮制，請就質焉。予按，禮：「釋奠於先聖先師。」謂學詩書禮樂者，各以所習之業而祭其先師也〔二〕。孔子豈詩書禮樂專門之師耶？既非詩書禮樂專門之師，豈學官所得而私者耶〔三〕？詩書禮樂之官且不得而私，又豈後世俗儒記誦詞章者之所得而私也？禮：「飲食必祭。」祭先造飲食者也。蓋以吾之所以享此者，斯人之力也。孔子，立人道者也。今吾之所以為人，君君臣臣，父父子子，而不淪胥於禽獸之域者，其誰之力歟？於一飲食而知報其力，於此而不知所以報焉，惑矣。諸君其勉行事無懈。禎等曰：「諾。」且請書其辭于石，併記歲月之始末云。又明年秋九月晦日，容城劉某記。

〔一〕「學官」，原作「學者」，據畿辅叢書本改。
〔二〕「之」字下，底本原注：「一無之字」。
〔三〕「學官」，原作「樂官」，據元至順本、三賢集本、畿辅叢書本改。

退齋記〔一〕

老氏其知道之體乎！道之體本靜，出物而不出於物，制物而不為物所制，以一制萬，變而不變者也。以理之相對，勢之相尋，數之相為流易者而觀之，則凡事物之肖夫道之體者，皆灑然而無所累，變通而不可窮也〔二〕。彼老氏則實見夫此者，吾亦有取於老氏之見夫此也。雖然，惟其竊是以濟其術而自利，則有以害夫吾之義也。下，將以上也；後，將以先也；止，將以富也；儉，將以廣也；哀，將以勝也〔三〕；慈，將以勇也；不足，將以無損也；不敢，將以求活也；無私，將以成其私也；不大，將以全其大也；柔弱，將以不為物所勝也；不自貴，將以貴也；無以生，將以生也。知窪必盈，於是乎窪。知弊必新，於是乎弊。知少必得，於是乎少。知樸素之可以文，於是乎為樸素。知谿谷之可以受，於是乎為谿谷。知皦之勢必汙，盈之勢必溢，銳之勢必折，於是乎為嬰兒，為處子，為昏悶晦寂。曰忿，曰武，曰爭，曰伐，曰矜，凡物得以病之者，皆闇焉而不出。知而示之愚，辯而示之訥，巧而示之拙，雄而示之雌，榮而示之辱。雖出一

〔一〕全元文於標題下注：「至元十三年八月。」
〔二〕「而」字原缺，據元文類、元至順本補。
〔三〕「哀」，三賢集本、畿辅叢書本作「衰」。按，老子六十九章：「抗兵相加，哀者勝。」底本作「哀」不誤。

言，而不令盡其言〔一〕。事則未極而先止也。故開物之所始，成物之所終，皆捭焉而不與〔二〕，而置己於可以先，可以後，可以上，可以下，可以進退，可以左右之地。方始而逆其終，未入而圖其出，據會而要其歸，閱釁而收其利，而又使人不見其跡焉。雖天地之相蕩相生，相使相形，相倚相伏之不可測者，亦莫不在其術中，而況於人乎！故欲親而不得親，欲疏而不得疏，欲貴而不得貴，欲賤而不得賤，欲利而不得利，欲害而不得害。其關鍵槖籥，不可窺而知；其機紐本根，不可索而得；其恍惚杳冥，不可以形象而搏執也〔三〕。嗚呼！挾是術以往，則莫不以一身之利害，而節量天下之休戚，其終必至於誤國而害民。然而特立於萬物之表，而不受其責焉。而彼方以孔孟之時義，程朱之名理，自居不疑，而人亦莫知奪之也。中山滕君仲禮，早以學行知名，而為人則慷慨有才節者也，以「退」名其所居之室，既以「寧失於有所不為，戒在於無妄之往」自銘矣，而又請予文以記之。予固知仲禮之不為老氏之退者〔四〕，然亦豈真失於有所不為者也？夫有所不為者，蔽焉而不知舉，變焉而不知通，固滯焉而不知所以化，而其終亦至於誤國而害民。然要之，

〔一〕「其」，原作「耳」，據文津閣本、元至順本、三賢集本、畿辅叢書本改。
〔二〕「俾」，原作「押」，據文津閣本、元至順本、三賢集本、畿辅叢書本改。
〔三〕「搏」，元至順本、畿辅叢書本作「摶」，全元文作「博」。
〔四〕「不為老氏之退」，原作「不老為之退」，據元文類、元至順本、畿辅叢書本改。

則知不足而已矣，而人亦得而責之，而彼亦無所逃其責焉。非如為老氏者之以術欺世〔一〕，而以術自免也。予喜仲禮之退，而又欲其慎其所以退也，故極言二者之失。至元丙子八月既望，容城劉某記。

麟齋記

編修王之才，治春秋而專門左氏者也。嘗有取於獲麟之義，名其所居之室曰「麟齋」，而請予記之。夫獲麟，仲尼作春秋所書之一事爾。而春秋之義，非有所係於此者〔二〕，歐陽氏固已言之於前矣。然春秋之時，仲尼實天理元氣之所在，而與濁亂之氣數相為消長於當時。如麟者，則我之氣類也。其來也，固非偶然而來也。然而斯氣之在當世者蓋無幾焉，在彼之氣足以害之，在此之氣不足以養之，由麟可以卜我之盛衰，由我可以卜世運之盛衰，而聖人固不能恝然於其獲也。謂之「致麟」，可也；謂之「感麟」，亦可也。皆理之所不無者。雖然〔三〕，聖人之作春秋，因天道人事自成之文從而文之，其義皆因事而寓焉，安可曲為一定之說也？雖然，子既有取於麟，則吾

〔一〕「如」字原缺，依畿辅叢書本據元文類補。

〔二〕「非有所係」，原作「非居所係」，據畿辅叢書本改。畿辅叢書本於「有」字下注：「原作居」。

〔三〕「雖然」，畿辅叢書本作「雖在」。

不得嘿嘿於麟矣。夫麟之所以為麟者，乃天地之所以生，而人之所以能為天地之心者也。在春秋，則聖人所賞之善也，在易，則聖人所指之陽也，而人之所未嘗一日無者也。苟自吾身之麟而致之，則凡害人者，如長蛇，如封豕，如饕餮，如檮杌，莫不消鑠蕩滌於魑魅之域，而天下振振皆吾氣湛行之地矣。今聖人雖不得盡其所致於當時，然其所以扶此抑彼者，而斯麟固已麟於萬世矣。子之讀春秋者，予知子將思有以麟夫一齋而已也。雖然，予於聖人剝廬閉關之戒，見聖人之拳拳於此，乃歎鳳鳥之不至，傷魯麟之致獲之心也。嗚呼！麟乎！又當以聖人之心為心，而自麟其麟也夫！〔一〕

種德亭記〔二〕

趙郡王允中，其先太夫人所居之堂，而鄖城先生題以「善慶」〔三〕，且為之記。允中別築亭為遊息之所，而寓軒先生題為「種德」，求予記之。予聞，或有疑夫善慶、種德之意若重出者。蓋不知二公命名之意，其脈絡所屬，有賓主之分焉。堂之名，自我泝而上之也，而我為承其慶者

〔一〕元至順本於文末有「年月日記」四字。
〔二〕全元文於標題下注：「至元二十九年八月。」
〔三〕「題」，元至順本、全元文作「名」。

也。亭之名，自我沿而下之也，而我為有所種者也。就夫種以譬之，如去歲之所種，所以給夫今歲之用也。而來歲之用，所以仰夫今歲之種也。一不種焉，則其用也從而窮矣。今允中之所以承其慶者，既有所自，而其實亦見於堂之記矣。其後人之所以承於我者，必將自允中而出之。予嘗因是而求允中之心。三為廉使，未嘗不以賑恤罷民、平反冤獄為事；使河南時，奏罷鎮南郎將為民害者一人，力出良家誤為豪右所臧獲者百餘口。此雖皆人所不敢為者，然未足以知允中也。至於陳請省台，嚴江浙鬻子之禁；上書天子，論國家儲副之重。使河南而哀江浙，守一官而憂天下，此可以見其心之忠誠惻怛之至也。由是而觀之，允中固不愧斯亭之名〔一〕，而斯亭也，其將復為子孫善慶之堂矣。二名相因，當反覆無窮，又何患其意之重出也耶？至元壬辰八月望日，容城劉某記。

鶴庵記〔二〕

或贊大經鶴二，畜庭中，遂名其庵「鶴」。一日，問予曰：「子知我鶴名庵也何哉？」予曰：「此在我而不在鶴。夫樂水者，吾見其知之周流同于水也；樂山者，吾見其仁之重厚同於山也。

〔一〕「亭」，元至順本作「序」，疑誤。

〔二〕全元文於標題下注：「至元二十九年十月。」

大經之機警高亮，遊心閑遠，發為文章，清雄婉麗，可以鳴一時而傳後世，此非同於鶴者乎？故聞其聲，見其形，欣然而悅。非鶴可悅也，我之同於鶴者使之然也。」大經曰：「予之於鶴，非但悅之而已也，子其為我更思之。」予乃顧鶴而歎曰：「謂大經為厭世俗之卑隘，不可與處，思欲高舉遠覽而與此遊耶，則其心狹矣；謂大經為以己之軒昂超卓，勢利不可得而羈縻之，姑引此以自況耶，則其心矜矣。狹與矜，大經不為也。然則名庵之意果安出耶？予觀古人之教，凡接於耳目心思之間者，莫不因觀感以比德，托興喻以示戒，是以能收萬物而涵其理以獨靈，如黃鳥之章，孰不賦之？而聖人則曰：『於止，知其所止。』夫斯鶴之呼之不來，長鳴下趨，亦常事耳。而子瞻乃歎其為『難進易退』，蓋亦黃鳥之遺意也。由此而推之，其遊於陰，知養也；感夜半，識時也；鳴則聞於天，飛則一舉千里，有本也；其動也節，其鳴也律，用和也。月白風清，徘徊佇立，玩此數者于縞衣玄裳之外〔一〕，寧無起予者乎？名庵之意，或出於此。」大經曰：「得之矣。」

至元壬辰冬十月望日，劉某記。

〔一〕「玩」，原作「況」，據元至順本、三賢集本、畿輔叢書本改。

游高氏園記〔一〕

園依保城東北隅，周垣東就城，隱映靜深，分佈穠秀。保舊多名園，近皆廢毀。今為郡人所觀賞者惟是。予暇日遊焉，甚樂。園之堂，其最高敞者，尚書張夢符題為「翠錦」。或者指之謂予曰：「此貴家某氏之樓也，今甫四五十年耳〔二〕，已撤而為是矣。嘻，人其愚哉！非不見之，復為是也，奚益？」予聞之，大以為不然。夫天地之理，生生不息而已矣。凡所有生，雖天地亦不能使之久存也。若天地之心見其不能使之久存也，而遂不復生焉，則生理從而息矣。成毀也，代謝也，理勢相因而然也。人非不知其然也，而為之不已者，氣機使之焉耳。若前人慮其不能久存也，而遂不為之，後人創前人之不能久有也，而亦不復為之，如是，則天地之間，化為草莽灰燼之區也久矣，若與我安得茲遊之樂乎！天地之間，凡人力之所為，皆氣機之所使，既成而毀，毀而復新，亦生生不息之理耳，安用歎耶！予既曉或者，復私記其説。至元辛卯四月望日記。

〔一〕全元文於標題下注：「至元二十八年四月。」

〔二〕「四五十年」，原作「四十五年」，據元至順本、明成化本改。

卷十一　遺文五

序說　十六首

徐生哀挽序〔一〕

至元十二年秋九月，徐生景巖卒。其疾革也，泣謂予曰：「養未終，學未成，廿六年而死，亦虛生也。欲吾子一言于石，庶其不朽，以少慰焉。幸終平昔之愛，而無遺死者之恨。」其遺言于父祐及其故人徐子懌亦然。嗚呼！以生之明敏，而未冠能文章，既長，而講學不輟，夫豈不知其為學初不為不朽計，而所以不朽者，又不在夫人之一言；而人之一言，果可以托以不朽者，又不必區區之石也。今其哀懇如是，豈其氣方英鋭邁往之際，而天遽然折奪之，其中有不能自已者

〔一〕全元文於標題下注：「至元十三年正月。」

乎？即此而觀其所志，使天假之年，或有以致夫真不可朽者，亦未可知也。欲勒銘表墓，或分有未宜。乃敘生之才志有如此者，率同志為辭以哀之，亦庶幾乎與人有終之義焉。明年正月既望，容城劉某序。

送郝季常序〔一〕

名家之子弟，處天下之至易，而亦處天下之至不易。苟能勉焉自立，而少異於衆人，則皆得因緣憑藉以立事功。苟為不然，在他人未必遽得貶斥，而已為清議所不容矣。季常于其兄使宋之二年，請介行人以問罪，遣之，而宋人不納。後十年，又請焉，下大臣會議，以為不可。明年又請焉，不得已復遣之，至建康而還，幾死者凡十數。其事雖無成，而其可與有為者，於此亦可以見之。舊嘗從予授詩書，又知其為有志者。今其將為州於潁也，載米與幣而過予以別，且請予有以告之。予無以告子也，子行矣。予固已言之矣，勉其所以處天下之至易，慎其所以處天下之至不易者而已矣。予無以告子也。容城劉某序。

〔一〕標題，元至順本作「郝季常知潁州序」。

送翟良佐序〔一〕

予昔聞翟氏之先人有隱德於人，其事甚悉，存之於心有日矣，特未有以信之者也。渡江之役，而良佐與焉。自江淮抵閩越，觸炎熱瘴癘，遂病不起。時氣運方厄，而南北之人病死相藉，奄然一息，孰能勝之？人固不望其生，己亦不復以生理自念矣。及還，則鄉里雖驚其至，然形容非昔，而生氣若奪，識者尚憂之。後二年，予居山中，忽報新除江州路判官來訪〔二〕，出應，則隱然昔之良佐也。凡事有智數之所不能測者，必有一定之天存乎其間。昔予所聞，於是乎有以信之矣。良佐好善，喜讀書。今將為政矣，其思夫天人之際，雖反覆變亂之極，以人勝天，以文滅質，而氣失其平，其所謂一定之理者，固未嘗有毫髮僭差以負於我，則其政必有異於人者矣。子行矣。予將觀子矣。登廬山，泛九江，徘徊于濂溪、白鹿之間，以致其高山景行之意。而良佐見輕舟凌波隱見，垂綸長嘯，鼓枻而歌，如太康之漁父者，其必我也。

〔一〕標題，元至順本作「送翟判官序」。
〔二〕元至順本「忽報」下有「云」字。

送張仲賢序〔一〕

東南富山水之奇秀，而限於南北，不得周遊而歷覽之，使人恒鬱鬱不樂，而若有所失。自宋亡，百五十年之分裂，一日復合，凡東南名勝之跡，一日萬里〔二〕，而惟其所欲焉。此固不屑屑於當世，以觀物自娛者之所樂得也。方天下無事，事有綱紀，士以才能自負者，每以無以自異于中人，而不得盡其所有者以自歎。今沿江南北皆我所新有，民不習靜而多變，有弊以革，有害以除，此亦有志於當世，以有為為事者之所樂得也。堯山張仲賢，出金源名族。少嘗為刀筆吏，鄉先生道之令學〔三〕，乃能世其儒。作詩文有遠意，頗喜讀内典，於世味雖甚薄，而其可以有為〔四〕，與其所欲有為者，則磊磊固在。自省掾出參山東、真定諸幕，入而為京官，復出而同知宣德，雖皆有能聲，然視其所存，則百不一二施。今宣慰淮東，則其所也。將行也，而訪予山中。予聞其有是行也，而東吳西楚，宛然吾扁舟之上矣。故吾與仲賢之意向雖殊，而得其所樂則一。乃舉觴

〔一〕標題，元至順本作「送張仲賢宣慰淮東序」。
〔二〕「日」，元至順本作「目」。
〔三〕「鄉先生」，元至順本作「武安樂舜咨」。令，原作「今」，據元至順本、畿辅叢書本改。
〔四〕「可以」，原作「可與」，據元至順本改。

引滿，各盡平生。既而復與之盟曰：「今公與予固樂矣，然未真得其樂也。或秋風春水，我將圖南，公與賢州牧郊迎于淮海之間，予因訪淮東之父老，及公之僚佐，得公之所施設，於是以大白壽公，而公乃指顧江山之勝槩者以酬我。於是時，予二人之樂，又將不止此而已也。」仲賢曰然。謂既有盟，不可不載之辭，故書以贈其行。容城劉某序。

中祀釋奠儀序〔一〕

堂寢之制，非古也。像設之儀，非古也。而釋奠之禮，獨從古焉〔二〕，未免有情文相戾者。如神不地坐，而簠簋前陳；神不面東，而拜或西向，此皆先儒所欲為之修明而未暇者也。雖然，以今觀之，其所謂情文相戾者，學者亦不復盡見之矣。而況先儒之所欲修明而未暇者乎？安肅劉仲祥，集諸家釋奠儀以成是書，施於今之學者，不為無益。然向之所謂情文相戾，與夫先儒所欲修明而未暇者，學者亦不可不知也。至元戊子八月望日，劉某序。

〔一〕全元文於標題下注：「至元二十五年八月。」

〔二〕「獨」，原作「則」，據元至順本、三賢集本、畿辅叢書本改。文津閣本作「儀」。

篆隸偏傍正譌序〔一〕

小學之廢，尚矣。後世以書學為小學者，豈以「書」古之小學六藝之一乎？夫古之小學，果專於藝而已乎？而其藝，果止於書而已乎？而今之所謂書學者，又果古人之所謂小學者乎？夫古人之於為書也〔二〕，點畫顛末、方圜曲直，一出於法象之自然，非可以容一毫人力於其間者。而幼學之士，蓋欲即此而知其事物義類之所在，因其形而求其聲焉而已矣。是皆天理人事之所當為，非有一毫慕外、為人之私也。若夫後世，則「虞」有不知其姓，而「顏」有不知其名，顛倒側媚，惟妍而已矣〔三〕，而況於學者乎？嗚呼！世變降矣，雖一藝之微，亦莫不然，可勝歎哉！予今教授餘二十年，每欲令初學者，移臨模法書之功，而求知夫偏傍之所以相生，篆隸之所以相因，分六書為類，而以次習之，顧力有未暇者焉。今田君景延〔四〕纂集，凡隸書之形雖相近而篆實不同，如奉、泰、奏、秦、春者為一書，非惟使為篆者不以隸而誤，而亦使為隸者知以篆為本，真有用

〔一〕全元文於標題下注：「至元十三年八月既望。」
〔二〕「之於為書」，「為」字下，底本原注：「一無為字」。元至順本無「為」字。
〔三〕妍，明成化本、畿輔叢書本作「姸」。
〔四〕「田君景延」，原作「田生」，據元至順本改。

之書也。名曰篆隸偏傍正譌，而請予序之。予因傷古道之不復，歎予志之不就，而喜景延之勤篤也〔一〕，故為之書。至元丙子八月既望序。

靜華君張氏墨竹詩序〔二〕

古之男女各有學，其所學亦各有次第，而莫不以德行為本。如男子之所謂六藝，女子之所謂婦工，雖皆其所當能而必用之者，亦各居其末焉。然其所謂藝與工者，乃内外之職，男女之功〔三〕，各有常分者也。蓋不惟不敢相越，而知之亦有不暇者焉。是以詩書六藝之文，婦學不得而與之。詩書六藝之文且不得而與之〔四〕，而況後世之所謂書札繪畫，雖男子亦有所不暇者〔五〕，而婦人又安得而與之哉？使其天資之美，有不待學而能之者，亦但當自寓而已。至於藉是以求知而傳永久，則為外事明矣，又暇屑屑於是耶！靜華君張氏，蔡武康之女，嫁為喬氏妻〔六〕，而金源名士

〔一〕「景延」，原作「生」，據元至順本改。
〔二〕標題，靜華君，明成化本考異：「一作天然君。」全元文於標題下注：「至元十八年二月。」
〔三〕「功」，原作「工」，據元至順本改。
〔四〕「之文」二字，元至順本無。
〔五〕「有所」，元至順本無「所」字。
〔六〕「喬氏妻」，明成化本考異：「一作喬德王之妻。下喬氏同。」

王脩然、元裕之，皆其外氏之親表，故其家學遺澤，蔚有風範。而君之貞靜端潔，其氣類之合，又有與竹同一天者，故素善墨竹。而元、郝諸公見之，因為詩歌以比其德〔一〕，君皆不與知也。而喬氏集成一卷，請予序之，將並刻之石焉。昔歐陽永叔作五代史，敘王凝妻于雜傳之中。朱文公删定楚辭，録胡笳於反騷之後，蓋不無望於後世之為士者矣。予因歌黄魯直詠姨母李夫人墨竹「人間俗氣一點無，健婦果勝大丈夫」之句，乃慨然為書之。讀者亦當知予之書君者，不在此而在彼。併敘男女之學，古今之變，庶其又有知所趨向者焉。至元辛巳二月既望，容城劉某序。

莊周夢蝶圖序

周寓言夢為蝴蝶，予不知何所謂也。說者以為齊物意者，以蝶也，周也，皆幻也。幻則無適而不可也。無適而不可者，乃其所以為齊也。謂之齊，謂之無適而不可，固也。然周烏足以知之？周之學，縱横之變也。蓋失志於當時，而欲求全於亂世，然其才高意廣，有不能自已者。是以見夫天地如是之大也，古今如是之遠也，聖賢之功業如是之廣且盛也，而已以渺焉之身，横於紛紛萬物間，無幾時也。復以是非可否繩於外，得喪壽夭困於內，而不知義命以處之，思以詑夫

〔一〕「詩歌」，元至順本作「詩賦」。

家人時俗，而為朝夕苟安之計而不可得，姑渾淪空洞，舉事物而納之幻，或庶幾焉得以猖狂恣肆於其間，以妄自表於天地萬物之外也。以是觀之，雖所謂幻者，亦未必真見其為幻也。幻且不知，又惡知夫吾之所謂齊也？又惡知夫吾之所謂無適而不可也？吾之所謂齊也，吾之所謂無適而不可也，有道以為之主焉。故大行而不加，窮居而不損，隨時變易，遇物賦形，安往而不齊？安往而不可也？此吾之所謂齊與可者，必循序窮理，而後可以言之。周則不然，一舉而納事物於幻，而謂窈冥恍惚中，自有所謂道者存焉。噫！鹵莽厭煩者，孰不樂其易而為之？得罪於名教，失志於當時者，孰不利其說而趨之？在正始、熙寧之徒，固不足道，而世之所謂大儒，一遇困折，而姑藉其說以自遣者，亦時有之。要之，皆不知義命而已矣。雖然，周已矣。其遺說，亦猶夢中之一栩栩也〔一〕。吾從而辯之，宜無與于周矣。然以周觀之，則不若休之以天均，故即其圖而戲之曰：圖汝者畫，辯汝者書。書與畫，無知也。圖汝者之心，及吾之辯汝之心，未發，無有也；既發，亦無有也。以其無所知、無所有者而觀之，安有彼是？既無彼是，安有是非？周而有知，則必曰：吾惡乎知之？使讀者作色於前，發笑於後，乃所以齊之也。圖周〔二〕者，臯落楊內翰。而序圖者，劉某。繼序而題詠者，京師之才大夫也。

〔一〕「猶」，三賢集本作「有」。元至順本、畿辅叢書本作「其」。畿辅叢書本於「其」字下注云：「原作有，據元文類改正。」

〔二〕「周」字下，畿辅叢書本注：「元文類無周字。」

集注陰符經序〔一〕

予讀陰符經，「觀天之道，執天之行〔二〕，盡矣」，此言其體之自天而人者也。「天有五賊，見之者昌」，即觀天之道也。「五賊在心，施行於天。宇宙在乎手，萬化生乎身」，即執天之行也。此言其用之自人而天者也。「天性，人也。人心，機也。立天之道，以定人也」，此則言聖人之兼體用，以天道立人極者也。「天發殺機，龍蛇起陸」，則非天性矣。「人發殺機，天地反覆」，則非為人心矣〔三〕。「天人合發，萬化定基」，則又立天之道以定人者也。夫苟不以道定焉，則天人判而二。以道定焉，則天人合而一。二之，則機過而相悖。一之，則機定而化行。化行，則天地位，萬物育，而君臣父子，各得乎天理，而止其所矣。「性有巧拙，可以伏藏。九竅之邪，在乎三要。可以動靜」，此希天、希聖之功，而所謂執天道，見天賊，立天道，合天人者，其本皆出乎此也〔四〕。蓋九竅之邪未除，則不能靜而常動。若以三要為害而絕之，則又一於靜而不動也。惟知

〔一〕元至順本於「集註」前有「趙徵士」三字。畿辅叢書本作「陰符經集註序」。全元文於標題下注：「至元八年四月。」

〔二〕「行」字後，元至順本衍「矣」字。誤。按，「觀天之道，執天之行，盡矣。」為陰符經原文。以下引陰符經原文皆加引號。

〔三〕「非」字元至順本缺。

〔四〕「本」，原作「天」，據元至順本改。

夫九竅之邪在乎三要，克其邪而反其初，則可以動静矣。其所謂動静者，即朱子之所謂「動未嘗離静，而静非不動者也」。其「天人合發，萬化定基」，則動而未嘗離静者也。而殺機，則動之過者也。「火生於木，禍發必剋。姦生於國，時動必潰。知之修煉，謂之聖人。」夫火剋、姦潰，以其大者而言之，則龍蛇起陸，天地反覆之謂也。以其小者而言之，則九竅之邪也。知之修鍊，以其大者而言之，則立天之道，以定人之謂也。以其小者而言之，則伏藏動静也。此其言之自相發明，若無所容夫説者。而中山趙徵士才卿之集注近百家，幾數萬言，其志亦勤，而學亦博矣。陵川郝侍讀既為序之，復因外舅郭公請一言於予。予謂，經之出處意義，則前人已盡之。而其廣衍推稱，則郝序又無遺者。若兵家及養生家之説，予又未暇熟讀而悉知之。特疑蔡氏中篇所引「民可使由之，不可使知之」之説，若非正學之語，而有害夫道者。豈蔡氏早年之説耶？趙君必能考夫此，故書以問之。至元八年四月望日，容城劉某書。

内經類編序

近世醫有易州張氏學，其於書雖無所不考，然自漢而下，則惟以張機、王叔和、孫思邈、錢乙為得其傳。其用藥，則本七方十劑而操縱之。其為法，自非暴卒，必先以養胃氣為本，而不治病也。識者以為近古。而東垣李明之，則得張氏之學者。而其論著治驗，略見遺山集中。鎮人羅謙甫嘗從之學。一日過予〔一〕，言：「先師嘗教予曰：『夫古雖有方，而方則有所自出也。鈞腳氣也，而有南北之異。南多下濕，而其病〔二〕，則經之所謂「水漬〔三〕濕」與「濕從下受」者也。孫氏知其然，故其方施之南人則多愈。若夫北地高寒，而人亦病是，〔四〕則經之所謂「飲發於中，跗瘇於下」與「穀入多而氣少，濕居下」者也。我知其然，故我方之施於北〔五〕，猶孫方施之于南也。子為我分經病證而類之，則庶知方之所自出矣。』予自承命，凡三脫藁，而先師三毀之。研摩訂定，三年而後成。名曰內經類編，敢望吾子序。」夫內經十六卷〔六〕，素問外九卷不經見，且勿論，姑以素問言之，則程、邵兩夫子皆以謂戰國書矣。然自甲乙以來〔七〕，則又非戰國之舊矣。自朱墨以來，則又非甲乙之舊矣。而今之所傳，則又非朱墨之舊矣〔八〕。苟不於其所謂全書者，觀其文而

〔一〕「過」，原作「遇」，據元至順本改。
〔二〕「病」，元至順本作「疰」。疰音柱。
〔三〕「漬」，文津閣本、元至順本、三賢集本、畿輔叢書本作「清」。
〔四〕元至順本此句下有以下文字：「則以其嗜酮乳而且以飲多飲速為能故也此」。
〔五〕「北」，元至順本作「此」。
〔六〕「十六卷」，諸本皆如此。考漢書·藝文志，黄帝内經十八卷。此處或有誤。
〔七〕「甲乙」，按，指甲乙經，醫書，魏晉間皇甫謐著。
〔八〕「朱墨」，原作「戰國」，底本原注：「疑當作朱墨。」明成化本考異：「戰國二字疑當作朱墨。」按，作「朱墨」是，據改。

察其理焉，則未有識其真是而貫通之者。今先生之為此也，疑特令學者之熟於此而後會於彼焉耳。苟為不然，則不若戒學者之從事于古方。而學者苟不能然，則不若從事古方者之為愈也。羅亦以為然。予聞李死今三十年，羅祠而事之如平生。薄俗中而能若是，是可序。年月日，劉某序。

賜杖詩序〔一〕

至元二十九年春，上賜侍衛都指揮使王公慶端西土所貢雕玉杖。公既捧以拜，天下聞之，作詩而美之者五十餘首，公分為三卷，命某為序。某曰：夫古人自授田百畝，含哺鼓腹，以至於列土分封，萬鍾千駟，凡上之所以賜下者，宜隨其分位而無不足焉。蓋其職然也，非有所為而賜也。自力田以租，至於御金革而理庶務，凡下之所以勤上者，宜隨其分位而無不盡焉。亦其職然也，非有所為而勤也。上之人若曰，是可以鼓舞之也，是可以駕御之也，以是而賜焉；其下亦曰：私惠之可懷也，厚賞之可致也，以是而勤焉。則不惟非所以為君臣之義，而其更相責望之間，一有不至，則其職從而虧矣。後世君臣之不終也，其以此與？然則臣之於君之賜也，宜如何哉？曰敬之而已矣，榮之而已矣。如古人之正席先嘗、乘服以拜者是也。某舊聞公嘗被錦衣貂裘

〔一〕全元文於標題下注：「至元三十年二月。」

之賜，惟於巡衛錫宴則服之。及退，則襲而藏之惟謹。蓋知是禮也。今其於杖也，其所以敬而榮之者，亦必有以處之矣。此則詩人已略言之。若夫聖上以如天之仁，推赤心於天下，必不以一杖之故，遽圖責報於臣下；而公之平昔，以忠勤著聞，蓋出於性分之所固有，而行其職分之所當為，必不以一杖之故，然後加勉於國家。此雖詩人之所共知，而其言則未有及之者也。敢以是為序，而補其闕云。明年二月望日，劉某謹序。

都山老人九十詩序

慶都之山有老人焉，姓劉氏。少值兵亂，未嘗一日去鄉里，而兵亦不犯之。今年九十，尚無恙，子孫滿前，田園如故，而老人不知其老也。燕趙諸公作詩而壽公者甚多，其子式集為一卷，將時諷詠之，以侑捧觴之樂焉。復請予書其事而序之。予讀而竊有感之者。金源貞祐，迄於壬辰，河之南北，兵凶相仍，生意殆盡。而先儒所謂「天下蕭然，洪水之禍蓋不至此」者，惟是時足以當之。大天地氣運壞亂若是，而人物生乎是氣之中者，乃所謂命也。將何術以逃之哉？而老人居南北之沖，乃若與世變不相與者。豈氣稟之異〔一〕，雖天地之運亦不得而奪之耶？抑存之深

〔一〕「氣稟」，明成化本考異：「一作氣類。」

而積之久者，有以勝之耶？或偶然也？是固不可得而知之矣。然而，此老人之所以自壽者也。夫人子之所以壽夫親，如悅其心志而安其起居，時其寒溫而節其飲食者，又非一也。今老人九十而康強，由是而登上壽，一步武之間耳。式其勉之！子欲我序九十詩而已乎！年月日，容城劉某序。

壽史翁百歲詩序〔一〕

翁年九十六，百歲，舉盈數也。翁，保定祁人。有子，今為郡從事。從事先為宰府掾，請出求為鄉郡，以翁故也。尹以下聞從事有親年及百，擁車騎，持酒肉，造翁為壽，敬老也，親賓佐也。夫人生滿百，舉世無幾。唐人稱九十為人瑞，況百歲乎！漢官儀：三老、五更，取男女全具者。蓋以男女全具為可貴也。宋故事：民百歲，男子官，婦人封；仕而父母年九十，官、封如民百歲。蓋以有子而仕為尤可貴也〔二〕。今翁既百歲，又有子而仕，仕而又為鄉郡，其為人所歌詠之也宜哉！至元辛卯二月望日，樵庵序。

〔一〕全元文於標題下注：「至元二十八年二月。」

〔二〕「為尤可貴」，畿辅叢書本作「尤為可貴」。

惷齋說

近世士大夫，多以頑、鈍、椎、魯，人所不足之稱以自號。彼其人未必真有是也，亦非故為是謙託而然也，蓋必有所取焉耳。然其所取之義有二焉。蓋或病夫便、儇、皎、厲之去道甚遠也〔一〕，思欲自矯以近本實，於是不得已而取之。而其意若曰，與其失於彼也，寧失於是。此其設心，於義為無所失也。或為老莊氏之說者則不然，以為天下古今，必如是而後可以無營而近道，保嗇而自全也。此則擇而取之，非不得已也，而其意則將以自利而已。使前之說行，亦不過人人尚質，而於世固不為無益也。若不幸而此說一熾，則天下之人皆將苟簡避事，而其為害庸有既乎？嗚呼！一事之間，心術之微，其義利之分有如此者，不可不之察也。安肅劉仲祥，明敏博物，專門禮學，以「惷」名其齋，蓋將以自矯，而非以自利也。故予既為題其扁，復以是說列其左。劉某書。

〔一〕「皎」，原作「狡」，據元至順本、三賢集本、畿辅叢書本、全元文改。「遠」，元至順本作「速」。

道貴堂說

邵康節詩「雖無官自高，豈無道自貴」，非以道對官而言也，但言道不以此為有無爾。若以為對，則其淺狹急迫，非惟不知道之所以為道，而慕外之私，亦必有不可勝言者矣。河間李生，摭邵氏詩名堂曰「道貴」，求其說於予，故云。

遂初亭說〔一〕

君子立心之初，曰為善而不為惡，曰為君子而不為小人，如是而已。苟為善也，為君子也，則其初心遂矣。夫道，無時而不有，無處而不在也。故欲為善、為君子，蓋無時無處而不可，而吾之初心，亦無時無處而不得其遂也。若曰，「吾之初心，將出以及物也」，苟時命不吾與焉，則終身不得其遂矣。如是，則是道偏在乎出，而處也無所可為者矣。若曰，「吾之初心，欲處而適己也」，苟時命不吾釋焉，則亦終身不得其遂矣。如是，則是道偏在乎處，而出也無所可為者矣。道果如是乎哉？詹事張公子有，予知其心為最深，蓋樂為善而惟恐其不為君子者也。今築亭名以

〔一〕全元文於標題下注：「至元二十九年九月。」

「遂初」，而其心乃在乎閒適。而諸公為詩文以題詠之者，以子有期望甚重〔一〕，才業甚備，又皆責其心當在乎匡濟，皆不可也。夫義當閒適，時在匡濟，皆吾所當必為者。然其立心，則不可謂必得是也而後為遂。苟其心如此，則是心境本無外，而自拘於一隅；道體本周遍，而自滞於一偏。其為累也，甚矣！子有其以吾言思之，久之必有得也。至元壬辰重九日，劉某書。

〔一〕「期」，元至順本、明成化本、全元文作「朝」。三賢集本作「明」。

卷十二　遺文六

序說銘贊雜文　三十首〔一〕

廉公惠更名序〔二〕

故相廉公嗣子公惠，舊名「孚」。以其於兄弟之名，字形取類為不合也，蓋嘗請於公而未及更。今雖已孤，而意恒若有闕焉者。遂謀於予，而更之曰「恰」，而以告諸家廟焉，蓋亦禮之變也。而其取名之義，則有取於兄弟雍睦之義也。蓋公之臨終也，以諸子恪、恂等皆幼，而公惠獨長，懇懇目諸子而屬之也。今其設心，以為既以一名字形于兄弟不合，且必求其合焉而後已，而其取義，則又專在於兄弟之義也，以是而日警省焉。先訓之不忘也，其庶幾乎！至元戊子十月既

〔一〕「三十首」，原作「二十九首」，據實改。

〔二〕全元文於標題下注：「至元二十五年十月。」

望，容城劉某序。

古里氏名字序〔一〕

吳景初請予制其子名。自敘其為女真人，其祖石倫〔二〕為金大將，為金死。本姓古里氏，以女真諸姓今各就其近似者易從中國姓，故古里氏例稱吳，已數世矣。予聞之，大以為不可。夫姓氏，乃先世有所受而傳之子孫，其脈絡截然，有不敢毫髮亂者。今非有所禁，而自絕本根，附於他裔，顧乃因仍苟且，徇於流俗而不恤。彼兒子之名，何所不可，而反以為問乎？今先為正其姓，然後名其子「承」，字之「延伯」。蓋示其不忘所天，而且有所貽也。如是，則古里氏其將為著姓矣。後世子孫雖欲改之，其可得乎？嗚呼！承也，其勉聽之哉！至元庚寅重九日，牧溪翁序。

李公勉復初名序

天之授予，曰「人」焉而已矣。凡配人而稱其美，如賢人、善人之類，雖其高下之品不同，

〔一〕全元文於標題下注：「至元二十七年九月。」
〔二〕「祖」，元至順本作「子」，疑誤。

要其所指稱也各有限，皆不足以盡「人」之大也。如「天」也，或稱之曰上天者〔一〕，言其崇高也；或稱之曰神天者，則言其變化也，皆不能有以相兼也。若止曰「天」而已，則其天之全體為盡見也。惟人也亦然。今人有人稱之曰，子賢人也，子善人也，則必欣然而悦。稱之曰，子人也〔二〕，則將怫然不悦。蓋不知天之授予曰人者之為大也。苟知之，將終身汲汲，望有以少及乎「人」之稱而未能，而向之所以欣然而悦者，亦將陋之而不屑矣。無極李公勉，幼名「授」，親所命也。及冠而字，則已孤矣。嫌「授」幼名也，而更曰「策」。今也公勉知其所當勉者，在乎天之所授也，即幼名而稱之終身，古人之道也。已孤，則其名又所不忍更也。於是慨然因祭以告其親，而復乎初。嗚呼！公勉其有志也耶？其不苟也耶？吾知其必能思其名而勉之矣。因其請也，告以是說。年月日，汎翁序。

皇甫巽字說

朱子謂，周子之所謂剛柔，即易之兩儀；而各加以善惡，則易之四象也。以陰陽之大分言之，陽為剛，為君子；陰為柔，為小人。剛宜善於柔也。以剛而善，則固善矣。以剛而惡，則不

〔一〕「或」字前，元至順本有「人」字。
〔二〕「子人也」，元至順本闕「人也」二字。

若柔善之為愈也。是君子小人之分，不係乎剛柔，而係乎剛柔之善惡而已矣。剛之善，陽之陽也；柔之善，陰之陽也。然剛柔雖各有善惡，而其所謂善者皆陽，所謂惡者皆陰。是剛柔之善惡，又不係乎剛柔，而係乎陰陽而已矣。蓋猛也，隘也，強梁也，陰之慘屬焉；慈也，順也，巽也，陽之舒屬焉。為陰之屬，在陽亦為惡；為陽之屬，在陰亦為善。此聖人之所以拳拳於陽而扶之，人之所以尊夫陽而貴之者也。皇甫安國名其子曰「巽」，蓋亦就其氣稟之偏於剛者而救之也。既長，誤以予為鄉先生，以巽執贄來見，而欲予有以字而教之。予字之以「伯陽」。曰：「巽乎，汝剛也，亦思夫所謂陽焉；汝柔也，亦思夫所謂陽焉。剛柔，惟汝之所適也。陽之是趨，則予之所望焉。」

張潛名說

張氏子從予學，既長而更幼名，予命之以「潛」。曰：潛乎！吾語汝潛。夫人之家或未振，而有以振之者〔一〕，必卓越非常之人也。人而未自振，思所以振之，非挺拔特立蹇蹇自負者不能

〔一〕「有以」，元至順本無「以」字。

也。爾之家，卑而未顯；爾之質，柔而懦〔一〕。予又潛爾也，又欲爾之潛也〔二〕，惑矣。雖然，爾獨不知夫天地之凜然者乎〔三〕？此潛之象也。剛健之初，君子自強之始也。躍也，飛也，自潛而來也。以儒新而家〔四〕，以道立而身，汝之潛也。不然，渾渾淪淪，混于常人以終其身，顧爾自能之，予又何教焉？仰又有一說，我將終教之。大矣而後小之，潛也；明矣而後晦之，潛也。不大而小，不明而晦，固宜也，亦曰予潛，自欺也。潛乎，無負爾名。

王景勉名字說〔五〕

故人王利夫，請制其子名。王氏世居與予外家鄰，予外祖楊公字勉之，實王氏之鄉先生也。以之名其子，孰云不可？遂名之曰「景勉」。勉者，將以力行也。可字之以「履」，而以「文」配稱焉，曰「文履」〔六〕。至元己卯二月癸未，容城劉某書。

〔一〕「懦」，元至順本作「願」。畿辅叢書本原注：「一作願」。
〔二〕「又」，叢書集成本作「反」。（畿辅叢書本作「又」）
〔三〕「知」，元至順本作「見」。
〔四〕「儒」，原作「傳」，據元至順本改。
〔五〕全元文於標題下注：「至元十六年二月。」
〔六〕「文履」，畿辅叢書本作「履文」。

以中李公名字說〔一〕

公之先，契丹氏之族也。其氏李，則遠有端緒，而碑誌存焉。名則國語譯云鐵也。公見國朝諸貴族，多因官若名以氏，又有從而字之者，自以氏李則既有所承，而名、字尚未稱，其心若有闕焉，遂以為請。予名以「鑌」，而字之「伯堅」。蓋存其初名，又本其所自出，而就以為勸焉耳。至元庚寅二月吉日，容城劉某書。

嘉氏子字說〔二〕

名，己所稱者〔三〕，故多示謙。字，因名而生義，人所稱者，故多致尊美之意焉。若曰子、曰彥、曰卿之類，固無自稱之理也。後世不之察，每每錯亂，故有於稱呼之間或不順者。今嘉氏子名「淳」，可字「士真」。蓋因名而生，以致尊美之意也。至元己丑冬至日，牧溪翁書。

〔一〕「以中」，元至順本、全元文作「少中」。全元文於標題下注：「至元二十七年二月。」

〔二〕全元文於標題下注：「至元二十六年十二月。」

〔三〕「己所稱者」，元至順本作「人所稱者」，疑誤。畿辅叢書本「己」字下注云：「原作人」。全元文注云：宋校本作「人所自稱」。

友松軒銘　并序

總帥史侯子明種松私第，因以「友松」名其堂之軒。友人涿郡盧處道為請銘。銘曰：

孰賦遠游，泰初為鄰。孰廣絶交，麋鹿為群。彼其薄世，棲心物外。世固未薄，汝薄已大。矧侯貴游，於侯何負！乃今翻然，亦松與友。植物之英，象斯人賢。象則與之，而況其真。寬裕樂易，孰求此心？我將持松，責侯來今。凜乎風霜，巍乎明堂。彼實有之，予靈敢忘！

王孝女旌門銘　并序

女家容城西，以母喪感念，遂不嫁終身。州上其行，御史按實，禮部令旌表之。內翰盧公署其門，曰「孝女王氏」。縣人劉某銘曰：

魯山之元〔一〕，道州之陽。稱卓行何〔二〕？謂非平常。二子且然，女奚責望〔三〕？盧公表

〔一〕「元」，原作「兀」，據元至順本、畿辅叢書本改。本句上，元至順本、元文類有「孰不娶終身曰」六字。

〔二〕「稱卓行何」，元至順本、元文類作「史名卓行何」。

〔三〕「女奚責望」，元至順本作「於一女子復奚責望」。

之〔一〕，用以戒荒。

神農畫像贊

天初生民，粒食已成。如人育子，湩與俱生〔二〕。於赫炎皇，繼天而已。聖德神功，止於如此。

退翁真贊

廊廟之姿，山林之思。惟所謂天下之士，故能為學者所師。奚藏諸用，而昌於辭。有德有言，寧卒不施。迫而視之，非吾退翁而誰？

王允中真贊

齒未老，鬢胡為而白耶？隱然含四海之憂。鬢已衰〔三〕，顏胡為而壯耶？凜然横千仞之秋。竹

〔一〕「盧公表之」，元至順本、元文類，「之」字下有「何」字。
〔二〕「湩」，畿辅叢書本改作「種」。按，湩音湅，又音種，意為乳汁。似作「湩」為是。
〔三〕「已」，元文類作「雖」。

實丹心，砥柱中流。百折而必東，寸折而不柔。其履危犯分〔一〕，幾禍一身，固可為戒〔二〕；然視循默苟容，貽害當世者，寧不優耶？

郭安道真贊

衣冠自同於鄉人，而文章名天下。言論若無所臧否，而風鑒析秋毫。安處下僚，而人不見其屈。力辭兩命，而人不忌其高。我相英華，得其根苗。蓋於此眉睫之間，又見其所以肖夫先君子之捐金購書，揮觴結客，以倜儻起家，為幽并之豪也〔三〕。

張大經畫贊

眉之揚然，若將遠遊。目之凝然，若有深憂。其清雄俊逸者，在骨之奇。果決通達也，如鶻之虬。有欲驗夫襟懷志趣之高，與其文章政事之美者，於茲焉而求之。

〔一〕「分」，畿輔叢書本據元文類改作「險」。
〔二〕「固可為戒」四字，元文類無。
〔三〕「也」，元至順本、全元文作「者也」。

書畫像自警

所以承先世之統者，如是其孤。所以當衆人之望者，如是其虚。嗚呼危乎！不有以持之，其何以居？

祭楊詩制文　名恕，字誠之

堂堂文獻，金之儒宗〔一〕。得見嗣子，如及音容。况我先人，出文獻門。既世有契，義當公親。總角拜公，雞泉之濱。期與莫當，凜乎此身。後公重來，我方南還。德孤道否，煢煢在艱。拜書於公，義動公顔〔二〕。別五六年，移居西湖。吾道日窮，交道日疏。問疾憂貧，兩辱公書。愛我如斯，死別終天。不及執紼，猶當漬綿。矯首東望，奈此臞然〔三〕。緘辭寓哀，公其鑒焉。

〔一〕「儒」，原作「傳」，據元至順本、三賢集本、畿輔叢書本改。
〔二〕「動」，元至順本作「重」。
〔三〕「臞」，原作「曜」，據元至順本、畿輔叢書本改。

祭王彦才文〔一〕

維至元二十一年，歲次甲申，十一月乙亥朔，越二十日甲午，容城劉某謹以茶果之奠，致告於故參知政事王公之靈〔二〕。在公晚年，嗣續維重，方將慶公，公已告病。問疾之舉，旦夕治裝，公謝勿來，公已云亡。孰知此行，施行公喪。昔公之西，予寓易城，百里送公，為公遠行。今公此去，終天永訣，敢不扶疾，送公於穴。恩禮未酬，音容窈然。謹此區區，公其鑒焉。嗚呼哀哉！尚饗〔三〕。甲申十一月〔四〕。

祭王利夫文〔五〕

維云云謹以清酌之奠，致祭于鄉丈王公利夫之靈〔六〕。鄉中親舊，所存惟公。謂當百年，今復

〔一〕標題，元至順本「王」字前有「參知政事」四字。全元文於標題下注：「至元二十一年十一月二十日。」

〔二〕原文無「維至元」至「致告於」三十六字，據元至順本、全元文補。

〔三〕「尚饗」二字原文無，據元至順本、全元文補。

〔四〕「甲申十一月」，此五字元至順本無。

〔五〕元至順本「祭」字下有「鄉丈」二字。全元文於標題下注：「至元二十七年四月。」

〔六〕原文無「維」至「致祭於」十二字，據元至順本、全元文補。鄉丈，原作「鄉友」，據元至順本改。全元文於標題

已矣。孤子之際，憂患之餘，所遇皆傷，矧茲永訣。嗚呼哀哉！庚寅四月〔一〕。

祭張御史文〔二〕

維至元二十八年，歲次辛卯，八月乙丑朔，承德郎右贊善大夫容城劉某，謹以清酌之奠，致祭于亡友故監察御史張君仲實之靈〔三〕。嗚呼！精勤之志，俊逸之才。博洽之學，清謹之節。已矣已矣，哀哉哀哉！尚饗〔四〕。辛卯八月〔五〕。

告峨山龍湫文

嗚呼！一邦之望，有峨惟山。山之精深，聚而淵泉。山川惟形，有神棲之。雲雷雨露，神實司之。今是邦之凶旱極矣，豈神之靈坐視而不恤哉？蓋雨暘之數出於天，非神之所得而專也。

下注：「至元二十七年四月。」

〔一〕庚寅四月，此四字元至順本無。

〔二〕全元文於標題下注：「至元二十八年八月乙丑。」

〔三〕「亡友」前，「維至元」至「致祭於」三十七字，原文無，據元至順本補。

〔四〕「尚饗」二字原文無，據元至順本、全元文補。

〔五〕辛卯八月，此四字元至順本無。

雨暘之咎由於人，非神之所得而釋也。是以使神涵蓄靈潤，雖欲發之而不得也。雖然，山川之神，受命於天，而主佑下民者也。今欲佑之而不得矣，則當為之請命於天。昭昭在上，安有不從？由是言之，神雖欲無責，烏得而無責也？且小民至愚，窮且極矣，而無所歸誠，則惟淫昏之鬼是求。夫淫昏之鬼，乃神之所當屏黜；而下民之衷，亦神之所當誘相也。今氣運已窮矣，窮則必通，或天降之雨，則小民必歸功於淫昏之鬼，而惑信愈篤，孰能禁之！今是邦之大夫致禱於神，則是禱其所當禱矣。既禱其所當禱，而當禱之神，能隨其禱而應之以雨，使既足而又周浹焉，庶小民之愚，知天地之間，自有名山大川之正神，實能闔辟陰陽，而神妙造化，而境内吏民之所當敬修其壇壝，潔其牲幣而事之，而向之所謂淫昏之鬼者，真不足信矣。如是，則人情世教，或自此而變之，則神之惠又不但一雨而已矣。如其不然，則是雲雷之澤，神其不司之；旱乾之虐，神實不恤之；天命之職，可怠而曠之；惑邪之俗，可助而成之。又何望焉！又何望焉！敢告。

題高允圖後〔六〕

人之制行，近於當理者多矣。欲必其制行之初，真見義理之當然，而斷然無一毫人欲之私

〔六〕 標題中，「題」，元至順本、全元文作「書」。

者，則未易知也。然考其平生，則心術之微，亦有不可得而掩者矣。如高允，忠情之直亮〔一〕，蓋其生質之本然。其設心處事，必非善為僥倖委曲之人也。如勸翟黑子有罪首實，亦以義理之當然爾。而作史者遽繼之以「庶或見原」之語，則所謂首實者，乃所以為僥倖之資也。至於史事不欺，則又以謂「恐負翟黑子故」，則允之所以為是，非以義理之當然，第以此爾。此皆史臣不明義理，而於遺辭之際，輕為增損，往往使人忠亮之心，不灑然於天地間。非止允一端而已，讀史者亦不可不知也〔二〕。

書東坡傳神記後〔三〕

形，神之所寓也。形不同焉，而神亦與之異矣。予嘗愛韓魏公記北岳廟之言，曰：「嶄然而石，坳然而谷，泉焉而衆派別，林焉而萬榦擢，岳之形也。倏霽忽冥，伏珍見祥，喜焉而風雨時，怒焉而雷雹發，岳之神也。」予謂，惟是形則有是神。於是形而求是神，則得之；不於是形而求是神，則不得也。是以公又曰：「廟而祭焉，非古也。」嗚呼！廟而祭焉雖非古也，苟即其

〔一〕「忠」，原作「中」，據文津閣本、元至順本、三賢集本改。

〔二〕「亦」字下，底本原注：「一無亦字」。

〔三〕全元文於標題下注：「至元十二年三月望日。」

形而求其形之精神，聚之一室而致禱焉，則猶「方坎圓丘，壇以四望」之遺意也。至廟而像之以人，披之衮冕，而王之帝之，形則人，衣冠則人，名則人之稱，而岳烏乎在？於是而求岳之神〔一〕，亦難矣。人之祭也，主以別名氏，尸以會精神。蓋子孫，則祖考精神之餘也。其祭社也，即其地而表以樹，而主乎石焉。蓋植物之根乎土，土地，精神之發見者，而石則土之類也，是以得其神焉。其惟是也，喪禮之服，必其人之衣。溫公藏祖考手澤遺文於其廟而祭之，蓋以精神常在乎此也。豈惟是也，禮文制度，亦必有精神之所安者。如身為士，而席則大夫；祭為卿，而樂則天子，固已居之而不安，聞之而不享。至於昔焉而席地，今焉而匐伏，理有可疑，神亦烏得而流通也哉！由是而推之，凡像設之未極其精，而苟簡於習俗者，皆不若無像設之為愈也。而程子神女衣冠之辨，土木人身求雨露之說〔二〕，蓋為一髭髮之語相為發明，其亦精矣。滹南王氏妄為辨論以譏之，彼亦烏知所說之所謂哉！田景延嘗為先人作大小二像，不惟極其形似，併與夫東坡所謂「意思」者而得之。是以予於禰祭特用之。夫畫，形似可以力求，而意思者，必至於形似之極，而後可以心會焉。非形似之外，又有所謂意思者也〔三〕。亦下學而上達也。予去歲題一畫卷

〔一〕「神」，原作「人」，據畿辅叢書本改。
〔二〕「說」，原作「設」，據三賢集本、畿辅叢書本改，
〔三〕「又」，元至順本、全元文作「別」。

云：「煙影天機滅沒邊，誰從毫末出清妍？畫家也有清談弊〔一〕，到處南華一嗒然。」〔二〕此又可為學形似而不至者之戒也。予既作三詩以贈之，而復書此說於所藏郝奉使所書東坡傳神記後云〔三〕。至元十二年三月望日書。

書康節詩後

物，齊也。齊之，則不齊矣。猶之東、西也，東自東而西自西，固不齊也。然東人之西，則西人之東也。是曰東亦可，曰西亦可，則是未始不齊也。然東西之形既立，指其西而謂之曰東，則為東者必將起而爭之，而不齊者出矣。不齊之，則物將自齊而平矣。東也，西也〔四〕，吾立於中，而制其東西焉。如是，則謂之無所著可也。一有所著，則不東而西矣。謂之無所著，可乎？彼空將無所著也，一倚於空，獨非著乎？此程子深有取于邵子之言也。然彼為其說者曰：「是不足以破吾說也。吾曰齊，固未嘗齊夫物也；吾曰空，固未嘗著夫空也。」噫！悠謬輾轉，愈

〔一〕「弊」，原作「獘」，據明成化本、三賢集本、畿輔叢書本改。
〔二〕此詩又見劉因集卷五（丁亥集五）米元章雲烟疊嶂圖二首之二。
〔三〕「東坡傳神記」，原作「東坡傳記」，據標題補「神」字。
〔四〕「西也」，元至順本、全元文作「西矣」。

遁而愈無實矣。

書王維集後

維與鄭虔，同以能詩與畫名當世。後又同事賊。賊平，復同以畫得苟免死。而鄭相如者固嘗言：「虔當汙偽官。」然復云：「願守節，可免。」夫仁義禮智、天道，固有所謂命者，而其義之於君臣，有不能盡者。彼善術者，或於其氣運之間，有可以推而知之者。然其曰「守節則可免」，則是有性焉而已矣。陳圖南謂種放「晚節當不逮初」，謂「敬慎則不失」，亦此意也。是彼為術者，固亦必以人事為主，而不專於數矣。因表而出之於此云。

跋朱文公傑然直方二帖真跡後〔一〕

先生傑然直方二帖，郝奉使得之儀真。予觀其詞旨筆勢，則跨越古今，開闔宇宙，荆公實不足以當之。而其頹然其順，浩然其歸，方康節檢束之時，蓋亦無有也。「書法自漢、魏而下，壞于晉、宋，極于黄、米。」此先生千古絶弦之論，觀者以此意求之，或有感焉。而於其讀先生

〔一〕全元文於標題下注：「至元十四年八月。」

之書而得其心〔一〕，則視凡世俗之所為學者，皆在百尺樓下矣。又豈但書法而已乎！至元丁丑八月壬戌，容城劉某書〔二〕。

跋懷素藏真律公二帖墨本後〔三〕

顏魯公自其九世祖騰之至公，以能書名天下者凡十人。而頵、頍不與焉〔四〕。其淵源已如此，而其父已傳法于殷仲容，而公又會意于張長史。今見懷素此帖所云，則知公之講習于師友者又如此。嗚呼！書，一藝也。必欲其精，而猶如是，矧其大者乎！帖後有文潞公、呂汲公、趙懿簡、劉忠肅諸公元祐四年跋語。是年，潞公以元老平章軍國事，方辭去不得，而汲公為宰相，懿簡公為樞密，忠肅公為御史，吁！亦盛矣哉！後游師雄刻此帖于長安，則八年九月也。宣仁后實以是月崩。而明年，已非元祐矣。宋之治亂，於此焉分，又所以發予之歎也。此雖一帖，而有可鑒者二。故併書於後，以待覽者云。至元丁丑七月己亥書〔五〕。

〔一〕「於其」，元至順本、全元文作「於以」。
〔二〕「容城劉某」，畿輔叢書本作「日」。
〔三〕標題中，「墨本後」三字，底本無，據元至順本、全元文補。全元文於標題下注：「至元十四年七月。」
〔四〕「頍」，原作「頗」，據元至順本、明成化本、畿輔叢書本改。
〔五〕「書」字前，元至順本有「容城劉某」四字。

書王子端草書後〔一〕

「子端振衣起遼海，後學一變爭奇新。黃山驚歎竹谿泣，鐘鼎騷雅潛精神。」默翁語也。「雪溪仙人詩骨清，畫筆尚餘詩典刑。聲光舊塞天壤破，議論今著兒曹輕。」遺山語也。二公之言，必有能辨之者。東坡謂：「書至於顏、柳，而鍾、王之法益微。詩至於李、杜，而魏晉以來高風絕塵，亦少衰矣。」朱文公亦以為然。而默翁蓋知此者，是以不取於子端也。安得如默翁者而與之論書？至元十五年正月二十三日書。

題遼金以來諸人辭翰後

遼誥勅一卷，金正隆詞人製作，附今姚、竇諸人跋語一卷，予觀之，謂：遼金迄今，自北而南漸以大，其文物之變也亦然。劉某題。

〔一〕全元文於標題下注：「至元十五年正月二十三日。」

題婁生平鈒模本後

銀工婁生平鈒墨本，前人題誌，莫不以為天下之絶巧也。夫以人心之靈，有可以參天地而贊化育者存。苟專力於一藝，其精密神功〔一〕，亦何不至，此固無足怪焉。予所感者，自汙尊抔飲而有器皿，自器皿而有文飾，自文飾而有如此。至有如此者，考其世，尚未遠也。而來者無窮焉。將止於如此而已耶？將變而益以文耶〔二〕？抑亦將反古人創物適用正大淳厚之制也？

〔一〕「功」，三賢集本、畿辅叢書本作「巧」。

〔二〕「益」，原作「抑」，據元至順本、畿辅叢書本改。

卷十三　遺詩一

五言古詩　三十八首

四皓　二首

智脱暴秦網，義動英主顔。鬚眉不得見，猶思見南山。每當西去鴻，目極天際還。馬遷歌采薇，託名夷齊間。孰謂紫芝曲，能形此心閑？鄙哉山林槁，摶也或可班。安得六黄鵠？五老相追攀。一笑三千古，浩蕩觀人寰。

留侯在漢廷，四老在南山。不知高祖意，但欲太子安。一讀鴻鵠歌，令人心膽寒。高飛横四海，牝雞生羽翰。孺子誠可教，從容濟時艱。平生無遺策，此舉良可歎。出處今誤我，惜哉不早還。何必赤松子，商洛非人間。

嚴光

文叔雖天子，因陵位愈尊。為陵成高節，此亦天子恩。兩星映千古，精爽如尚存。有此謹厚者，可贈狂奴真。巢由本不經，怪妄徒擬倫。中庸久蕪沒，矯激非天民。惟餘仁義語，至今凜若新。想像富春石，崔嵬猶起人。

翟節婦詩 并序

昔金源氏之南遷也，河朔土崩，天理蕩然，人紀為之大擾，誰復維持之者？而易之西山，乃有婦人曰翟氏，年二十餘。其夫從軍，死於王事〔一〕，出入兵刃，往復數百里，晝伏夜行，以其屍歸，負土而葬之。既葬，自以早寡無子，遭時如此，思以義自完，乃自決於墓側。鄰里救而復蘇，終始一節，今八十餘年矣。夫人心之極，有世變之所不能奪者，於此亦可以見之。予聞之，為作是詩，俾其外孫田磐刻之石，或百世之下，有望燕山而歌予詩者，使翟之風節凜然如在，亦庶幾乎吴人河女之章焉。

〔一〕「王」，原作「所」，據元詩選、元至順本、畿辅叢書本改。

兵塵浩無際，烈士難自全。婦人無九首，志欲不二天。燕山翟氏女，既嫁夫防邊。一朝聞死事，健婦增慨然。生有如此夫，早寡非所憐。求屍白刃中，負土冢山前。事去哀益深，義盡身可捐。無兒欲何為？所依惟黄泉。鄉鄰救引決，烈日丹衷懸。誰辨節孝翁，重賦睢陽賢？我昨過其鄉，山水猶清妍。聞風髮如竹，飄蕭動疏煙。千年吟詩台，峩峩太寧巔。為招〔一〕馮太師，和我節婦篇。太寧山有馮道吟詩台，距翟居甫數十里。

燕歌行

薊門來悲風，易水生寒波。雲物何改色，遊子唱燕歌。燕歌在何處？盤鬱西山阿。武陽燕下都，歲晚獨經過。青邱遥相連，風雨墮嵯峩。七十齊郡邑，百二秦山河。學術有管樂，道義無丘軻。蚩蚩魚肉民，誰與休干戈？往事已如此，後來復如何？割地更石郎，曲中〔二〕哀思多。

〔一〕「招」，元詩選作「寄」。
〔二〕「中」，元文類、元至順本作「終」。

吳山夜雪圖

江南無寒歲，一雪今幾時？吳山豈無春，畫此寒嵒姿。壯哉萬里流，不廢東南馳〔一〕。胸中謾長風，俯仰今古非。誰能唱小海〔二〕？為和大江詞。

白馬篇

白馬誰家子？翩翩秋隼飛。袖中老蛟鳴，走擊秦會之。事去欲名留，自言臣姓施。二十從軍行，三十始來歸。矯首望八荒，功業無可為。將身弭大患，報效或在茲。豈不知非分，常恐負所期。非干復讎怨，不為酬恩思〔三〕。偉哉八尺軀，膽志世所希。惜此博浪氣，不遇黃石師。代天出威福，國柄誰當持？匹夫赫斯怒，時事亦堪悲。

〔一〕「不」，元至順本作「下」。
〔二〕「唱小海」，元至順本作「小海唱」。
〔三〕「思」，元至順本作「私」。

答樂天問 三首

二氣日交感，變態何紛紜！清濁與厚薄，賦與定難鈞。世運如四時，類聚仍群分。升沉予奪間，今古亦難倫。天道自悠遠，百年寓此身。未來不可見，既往有未聞。愚者或貴壽，賢者或賤屯。龍亢豈無悔，蠖屈豈不伸？君自不知此，何云詰義文？

邈哉開闢初，造化惟陰陽。錯然入形化，一受不可忘。稻粱固為愛，豺狼非故殃。物理本對待，生氣常相將。孔聖豈無後？暴秦不可長。鬼神禍福機，昭昭亦可量。桃囓李樹死，城焚池魚傷。外來非我取，生意自洋洋。君何不思此，徒欲問穹蒼？

樂天種香草，有艾同根株。鋤溉兩相妨，題詩問何如。恨君計已晚，草草種樹初。根荄不早辨，使與莖葉俱。鋤根固相傷，莖葉猶可除。臭葉日以除，香莖日以蘇。區區彼微根，僅有知無餘。雖沾灌溉恩，生意已漸疏。君今尚未決，歲晚益難圖。

代來使答淵明

何時發天目？山中雲出時。出山山更佳，草木非所知。公田幸有秫，何問菊與薇？一笑領此意，翁豈為酒歸？

幽禽

幽禽初出谷，其聲何熙熙。但知春可鳴，渾忘蟄凍時。天生復天殺，恩怨敢自私？寥寥古人心，世遠今誰知？

寓意

萬木〔一〕凍欲折，中有天地春。一元〔二〕貫萬古，生意誰能屯？但苦未充滿，此心終難伸。秋風鬢毛改，卓爾顏色〔三〕貧。

寓意〔四〕二首

愁陰翳陽景，超然慕遠遊。天風忽吹衣，命駕崑崙丘。冰壺洗秋露，霽月霜空流。平生多

〔一〕「木」，元至順本作「物」。

〔二〕「元」，原作「無」，據元至順本、三賢集本、畿輔叢書本改。

〔三〕「顏色」，元至順本作「顏家」。

〔四〕詩題原依上文作「又」，為便於稱引而改。

故人，回首生離憂。

世路空〔一〕嶮巇，遊子天一方。況是青春深，桃李爭芬芳。相媒有百鳥，巧韻無絲簧。客行雖云樂，歸哉非故鄉！

有懷

朝詠小招詞，暮歌白頭吟。出門何所適？欲語誰同心？豈無平生交，顏色非真金。目送西南鴻，令人思之深。思子不可置，誰從懷好音？年意惜已往，進修徵來今。

獨酌

青山淡無夢，相憶無由來。每當西北風，曠然開我懷。為從山中至，對之舉吾杯。主人有佳客，此門容勿開。

〔一〕「空」，元至順本作「苦」。

月下獨酌

佳月靜可飲，一天明水寒。餘光泛不極，徘徊尊俎間。但覺涼露下，不知清夜闌。醉眠吾有興，君當下西山。

書堂谷晏坐

上負青天壁，下引碧澗滋。中有晏坐石，日夕忘吾歸。永懷幽棲人，千載誰與期？人間九瀛海，莽蒼天相圍〔一〕。黃塵重如霧，舉手不欲揮〔二〕。白雲如可招，願作雙鶴飛。

九日登洪崖

有道士居此，今二十年不睡矣〔三〕

卑居不見秋，登高自誰始？清狂未免俗，謹厚亦復爾。山光故相迎，百步翠可倚。屈指數

〔一〕「相」，元至順本作「所」。

〔二〕「不」，元至順本作「下」。

〔三〕此注，明成化本闕。

勝遊，茲山居食指。高絶讓龍門，平敞亦專美。群山渺波鱗，天開見洪水。列岳真情塵〔一〕，遐瞰小千里。卻恐行路人，視予旋磨蟻。解衣林表坐，爛摘葡萄紫。甘漿來逡巡，毛骨脱泥滓。勝境得真賞，泉石迴如洗。況有幽棲人，嗒然空隱几。相對已忘言，一笑雲林喜。回首暮煙深，高歌望吾子。

遊龍宫

翠澗如生煙，石瀨欲無雪。縱目失平地，仰面猶清樾〔二〕。時節未當春〔三〕，生意方暗泄〔四〕。隨時久閉藏，與物今超越。茲遊豈人力，勝境殆天設。捬石看棲龍，髣髴仇池穴。聞説如桃源，自古有深絶〔五〕。攝衣徑欲往〔六〕，不見當年轍。獨立馭長風，哀歌山石裂。

〔一〕「情」，畿辅叢書本作「清」。明成化本考異云：「情字恐誤。」
〔二〕「樾」，畿辅叢書本作「越」。
〔三〕「當」，元至順本在作「高」。
〔四〕「暗」，文津閣本、元至順本、明成化本、三賢集本、畿辅叢書本作「謀」。
〔五〕「古」，元至順本作「此」。
〔六〕「攝」，元至順本、明成化本、三賢集本作「拂」。

登聖泉庵〔一〕

緩轡指西山，振策凌崇邱。臨風一回首，擾擾令人愁。蒼石負崛崎，碧草藉芳幽。長林泛餘霽，初節成高秋。端居氣始平，頽然漸神遊。舉目欣所期，叩心思欲酬。為問石上松，千年為誰留？飄飄巢居子，歲晚同歸休。

三月二十二日同仲韞飲北溪 分韻得卻字

世紛謝已久，恍若隔今昨。惟餘北溪雲〔二〕，可愛不可卻。時當持詩往，報復亦不惡。百年何將軍，山林未寂寞。北溪擅佳名，春服有成約〔三〕。頗聞張氏宅，池館自疏鑿。不須吊鵝池，且喜餘嵒壑。春風覺我來，佳色動蘘薄。煙霏效奇供，乍喜復可愕。顧眄不暇給，遲回迷所託。清泉會人意，愛弄入杯杓。觴流水故遲，歌發聲仍作。野蔌旋充盤，舉網聞魚躍。生徒展餘敬，賓主

〔一〕詩題，明成化本、三賢集本、畿辅叢書本無「泉」字。
〔二〕「溪」，元至順本、明成化本作「山」。
〔三〕「有」，元至順本作「亦」。

雜善謔〔一〕。圖畫沂上翁，意象窪尊酌。蒼苔笑仰天，微風蕩雲幕。禽鳥過我鳴，似語翁正樂。大笑昔人愚，所見未脫略。後來亦塵跡，俯仰語成錯。人心妙無際，崑崙復磅礴。一元貫萬古，普遍無郛郭。雅意不可言，商歌滿寥廓。源泉，古北溪也，金大行人張通古故居，今為巫覡所據。吊鵝池，見錢氏吊右軍宅文〔二〕。

秋晚登西山

十日罷琴誦，招搖慕飛仙〔三〕。天風何許來，吹我蒼崖巔。誰知此絕境，秋華亦芳鮮。采采泛清尊，山容變春妍。只應城中人，遙知弄雲煙。若見孤鴻來，可詠悠然篇。

九日攜諸生登西山〔四〕

九日秋服成，童冠從我遊。萬古清沂春，重結西山秋。白雲歸青岑，狂瀾落滄洲。永嘯長

〔一〕「賓主」，元至順本作「賓友」。
〔二〕「右軍」，元至順本作「右君」，疑誤。
〔三〕「招」，元至順本、明成化本作「超」。
〔四〕標題「九日」，元至順本作「九月」。首句「九日」，元至順本、明成化本作「九月」。

風來〔一〕，爽籟生嵓幽。清商失揺落，生氣浮林丘。門生顧我言，樂矣行歸休。風袂尚飄然，此意浩難收。

沙溝二詠

漱霞巖

丹霞凌日觀，餘津浩難收。蒼涼蘇病骨，醉暈浮嵓幽。萬象春意融，頹然得歸休。擾擾路傍子，無勞歌遠遊。

飛泉亭

崦嵫多露草〔二〕，秋空挹飛泉〔三〕。胸中玉芙蓉〔四〕，滿意清泠淵。火食困煩鬱，下顧心茫然。何當分一杯，灑落齊州煙。

〔一〕「長風來」，元至順本作「來長風」。
〔二〕「露草」，元至順本作「靈草」。
〔三〕「挹」，文津閣本、元至順本作「掩」。
〔四〕「芙蓉」，元至順本作「芙蕖」。

六華峯

入山采靈芝，濯足東澗濱。白雲不可招，丹霞有餘津。長風忽絶頂，悠哉凌翠氛。舉手問浮世，此子今何人？

寄宋生

西南吾楚澤，吞三江五湖。眼中此尤物，不可一日無。有客報渾一，胸次如還珠。望極不可到，逸興風飄裾。家人笑挽之，恐遂凌空虚。寄聲宦遊子〔一〕，歸與江山俱。閉門望雲濤，屋樑霜月孤〔二〕。西陵斷巴蜀，南雲渺蒼梧。徑圓一千里，杯酒納有餘。新詩想瀟灑，爽氣餘清臞。明朝函丈中，坐對江陵圖。

送劉校書回

祁陽堯故國，淳樸餘山川。每見祁陽人，心如對堯年。而況賢宗盟，久矣相周旋。今年護

〔一〕「宦遊」，元至順本在作「遊宦」。

〔二〕「霜」，原作「雙」，據元至順本改。

我歸，青山照華顛。處我既以禮，贈君可無言〔一〕。言動戒在戲，當誦東銘篇。

李伯堅宣慰荆南　并序

李公伯堅，幼以世家子入事北安王。來典保定，蓋為王守分地也。安靜樂易，屈己下士。郡嘗被水災，力請於朝，多所蠲復，郡人賴之。為郡五年，王朝京師，有司被王教，宜奏公宣慰一道。至元二十七年二月十五日，詔下，當往荆湖。保府諸公賦詩為贈，郡人劉某為之序〔二〕。

荆南壯哉郡，作鎮多英奇。三年廉相國，千古甘棠詩。聞公相國客，荆人恐來遲。公來何所望？望如相國慈。有子父乃顯，觀臣王可知。榮親與報主，勉力在此時。

凡物

凡物能振厲，即見生意融。慢氣或少施，衰颯不自充。志至有定位，敬勝多奇功。強哉復強哉，德業將日隆。

〔一〕「可無言」，原作「無可言」，據元至順本、明成化本、三賢集本、畿辅叢書本改。
〔二〕「劉某」，元至順本作「劉因」。

植榴

植榴將食實，三年不見花。日夕灌溉勞〔一〕，物情自可嗟。今朝兩相忘，靜緑清且佳。三歎詠此意〔二〕，不覺芳陰斜。

學東坡小圃五詠

枸杞

仙苗被城郭，聞之杞國人。始疑制名初，義與荊楊均。遠慚勾漏令，空望黄河濱。常山古靈潤，煙霞流餘津。青荑發丹乳，厚餉謝我神。世人厭肥膩，思與雅淡親。客來薦蔬茗，用以華吾貧。方書自有本，疑信未敢真。偶思青城山，山人壽且淳。手持羲皇書，念此區中民。

地黄

山行多上藥，地賤名亦辱〔三〕。村民誇善染，功能竟誰録。仙翁種藝法，隱處未成卜。旅居容

〔一〕「日夕」，明成化本考異：「一作日久」。
〔二〕「三」，原作「二」，據文津閣本、元至順本、明成化本、三賢集本、畿輔叢書本改。
〔三〕「名」，原作「民」，據諸本改。

小試，膏土早深斸〔一〕。頃筐如有秋，靈液光潤屋。俯鑑盆影中，華髮已成緑〔二〕。九醞謝清泉，鄰牆挹餘馥。朝陽發蒼涼，與世解醒毒〔三〕。元氣久蕭索，內熱紛相逐。黄鶴憑寄聲，山中酒方熟。

甘菊

金行發黄素，風露饒甘馨。政使非上藥，猶當充前庭。對花誦陶詩〔四〕，持詩問淵明。帝鄉不可期，安用制頹齡？忍饑啖松柏，直以奴僕輕。東坡豈忘言〔五〕，空腹嚼落英。采采還自笑，君今何所榮〔六〕？無病不服藥，邵子有深情。壽夭付天公，歐陽差失平。吾心在蠲疾，持此報兩生。

薯蕷

玉延事韜養，朽壤深以密。短楥受柔條〔七〕，葱鬱護風日。貧居乏肉味，勞力〔八〕苦羸疾。松

〔一〕「早」，原作「果」，據畿輔叢書本改。畿輔叢書本注：「一作杲」。元至順本作「課」。三賢集本作「杲」。
〔二〕「成」，元至順本、明成化本作「思」。
〔三〕「醒」，原作「醒」，據元至順本、畿輔叢書本改。
〔四〕「誦」，元至順本作「論」。
〔五〕「言」，元至順本作「此」。
〔六〕「榮」，元至順本作「營」。
〔七〕「楥」，畿輔叢書本據群芳譜改作「援」。
〔八〕「勞力」，元至順本作「勞生」。

聲泛緑畦，夢聞石鼎溢。初疑湯餅滑，乍見晴雲出。和飲宜杏酪，煎糜縷崖蜜。餉鄰報炊〔一〕芋，留客代煨栗。入藥疑自擇〔二〕，留種戒勿失。奇人分嘗〔三〕薄，計用今六七。靈物聞善化，慎勿輕呵叱。

黃精

黃精晚得名，丹家貴朱草〔四〕。籍藉仙經中，參朮避華藻。名高有物忌，榛莽幾摧倒。春風入溝畹，英翹忽已好。感子灌溉恩，糜身錫難老。豈無難老願，所願在探討。世變閱無窮，乾端見更造。此志理難遂，斂之寄襟抱。釋爾任重憂，歲晚共一飽。

〔一〕「炊」，原作「吹」，據元至順本、畿辅叢書本改。
〔二〕「擇」，原作「擐」，據畿辅叢書本改。
〔三〕「嘗」，元至順本作「常」。
〔四〕「朱」，元至順本、明成化本、三賢集本作「失」。疑誤。

卷十四　遺詩二〔一〕

七言古詩　三十二首

送徐生還鄂　并序

江夏徐生，東湖故家。庚申北渡，客燕趙十七年而宋亡，其子侄書來迎之而還。蓋前人所謂「黃鶴歸來，疑城郭之猶是；浮雲一去，惜人代之俱非」者也。諸公賦詩以道其行，命容城劉某序而倡云。

燕山送客歸南州，興來每恨無扁舟。君歸為我謝江漢，思君不見令人愁。千里風煙想瀟灑，一代英雄成古丘。當年才氣鸚鵡洲，拊掌笑殺黃鶴樓。黃鶴歸來哀江頭，江山依舊人悠悠。浮雲

〔一〕「遺詩二」三字原缺，據静修集·提要補。

萬古恣變滅，眼中擾擾何時休。紫陽仙人歌遠遊，飛蛟起滅三千秋〔一〕，為君揮手崑崙頭。紫陽謂晦翁。飛蛟起滅，見遠遊集注。〔二〕

蠡吾王翁畫像 并序

蠡吾王翁，世為農家，多蓄粟。金源貞祐初，宣宗南渡，河朔大饑，翁於是發之，全活者甚衆。時鄉豪在所皆自樹，慕義者咸欲推翁為首〔三〕，翁不許，挈家避地扶溝。餘二十年而汴亡，天下蕭然，蕩為丘墟，翁家獨無恙而歸。子孫讀書，不求禄仕。三世皆以壽終，殆不偶然也。翁之曾孫天輔，求予敘翁之行義於其畫像，謂庶幾能聞之名士大夫，而有以發潛德之幽光也。

北門翠屏雷破山，畢逋頭白五馬遷。乾坤運會到血肉，有欲脱之誰飛仙？河朔諸州尤可憐，有饑以來無此年〔四〕。鄉閭嗷嗷翁哺之〔五〕，翁囷有底心無邊。諸豪推倡彼亦義，亂世性命翁能全。

〔一〕「蛟」，元至順本作「蚊」。

〔二〕此注，元至順本闕。

〔三〕「翁」，原作「公」，據元至順本改。

〔四〕「以來」，原作「一來」，據文津閣本、元至順本、明成化本、畿辅叢書本改。

〔五〕「翁」，原作「公」，据元至順本改。下文「翁囷有底」、「翁能全」、「對翁像」中三「翁」字原亦作「公」，亦據元至順本改。按，諸本「翁」時而稱「公」，唯元至順本一概稱「翁」，與標題合，故從之。

教子讀書不求官，歸來素髮家山前。天理不隨陵谷變，坐看老樹生蒼煙。只今圖畫對翁像，回首兵塵一慨然。誰能生死太平日，白石共煮西山泉。

宋徽宗賜周準人馬圖

筆底金鞍有蕭爽，誰云不博降王長？汴梁門外若雲屯，畫本相看應自賞。十載青衣夢故都，經營慘澹欲何如？只除金粟呼風鳥，曾見昭陵鐵馬趨。

宋高宗題李唐秋江圖

秋江吞天雲拍水，濤借西風扶不起〔一〕。斷雲分雨入江村，回首龍沙幾千里。澹庵老筆搖江聲，髣髴阿唐慘澹情。千秋萬古青山恨，不見歸舟一葉橫。〔二〕

宋理宗緝熙殿硯

使君持送緝熙硯，捷音才到山中人。四十三年如電抹，此硯曾經秋復春。寂寞經筵勸講臣，

〔一〕「扶」，原作「抉」，據文津閣本、元至順本、明成化本改。三賢集本、畿輔叢書本作「挾」。

〔二〕本詩末，全元詩有如下按語：「按：本詩，據明汪砢玉珊瑚網卷二十九著錄，作者自署『澹庵劉靜修』。」

詩酒宫中樂事新。文章只數中天月〔一〕，萬卷何曾筆有神？

宋度宗熙明殿古墨

江南賜姓功臣李，吾州奚生墨工爾。江南赭盡吴山松，吾州老樹摇晴空。君王弄墨熙明殿，不覺江頭度白鴈。刼火猶解愛庭珪，吹送山家易水西。松風含哀生硯滴，似訴優遊解亡國。只今惟有哀江南〔二〕，寶氣不受鵝溪縑。早晚扁舟適吴越，為君揮灑天門雪。

金太子允恭墨竹

黑龍江頭氣鬱葱，武元射龍江水中。江聲怒號久不瀉，破墨揮灑餘神功。天人與竹皆真龍，墨竹以來凡馬空。人間只有墨君堂，何曾夢到瓊華宫？瑶光樓前月如練，倒影自有河山雄。金源大定始全盛，時以漢文當世宗。興陵為父明昌子，樂事孰與東宫同？文采不隨焦土盡，風節直與幽蘭崇。百年圖籍有蕭相，一代英雄惟〔三〕蔡公。策書紛紛少顔色，空山夜哭遺山翁。我亦飄

〔一〕「中天月」，原作「天中月」，據元至順本改。
〔二〕「惟」，原作「誰」，據畿辅叢書本改。
〔三〕「惟」，原作「誰」，據元至順本改。

零感白髮，哀歌對此吟雙蓬。秋聲瀟瀟來晚風，極目海角天無窮。黑龍江，見金史。幽蘭軒，義宗死所。汴亡，張蔡公以金實録歸，遺山嘗就公謄録。此軸亦公得于汴之中秘者。公之子仲仁持以求予詩，故終篇及之。

白鴈行

北風初起易水寒，北風再起吹江干。北風三起白鴈來〔一〕，寒氣直薄朱崖山。乾坤噫氣三百年，一風掃地無留殘〔二〕。萬里江湖想瀟灑，佇看春水鴈來還。

渡白溝

東北天高連海嶼，太行蟠蟠如怒虎〔三〕。一聲霜鴈界河秋，感慨孤懷幾千古。只知南北限長江，誰割鴻溝來此處？三關南下望風雲，萬里長風見高舉。萊公灑落近雄才，顯德千年亦英

〔一〕「起」，元至順本作「吹」。
〔二〕「殘」，原作「錢」，據元至順本改。
〔三〕「太」，原作「大」，據畿輔叢書本改。

主。謀臣使臣強解事〔一〕，枉著渠頭汙吾鼓〔二〕。十年鐵硯自庸奴，五載兒皇安足數！當時一失榆關路〔三〕，便覺燕雲非我土〔四〕。更從晚唐望沙陀，自此橫流穿一縷。誰知江北杜鵑來，正見江東青鳥去〔五〕。漁陽撾鼓鳴地中，鶥鴣飛滿梁園樹。黃雲白草西樓暮，木葉山頭幾風雨。只應漠漠黃龍府，比似愁岡更愁苦。天教遺壘說向人，凍雨頑雲結悽楚。古稱幽燕多義烈，嗚咽泉聲瀉餘怒。仰天大笑東風來，雲放殘陽指歸渡。

過易州登西樓

秋氣壓山山欲摧〔六〕，西樓正有詩人來。悲歌感慨聊一發，萬古抑鬱今崔嵬〔七〕。寧山為有瀛王

〔一〕「使臣」，元文類作「史君」，元至順本作「史臣」。
〔二〕「汙」，畿輔叢書本作「汗」。
〔三〕「榆」，元至順本、明成化本作「渝」。
〔四〕「燕雲」，元至順本作「煙雲」。
〔五〕「江東」，元文類、元至順本作「海東」。
〔六〕「氣」，元至順本作「色」。
〔七〕「萬古抑鬱今崔嵬」，明成化本考異：「一此句下有『疏煙冷雨為我盡，蕭蕭易水生懷』二句。」按，後句疑有闕文，「生懷」或當作「生幽懷」。

台，頑癡至今如死灰。幽燕勁氣老益壯，北山飛翠來吾杯。

登鎮州隆興寺閣〔一〕

太行鱗甲摇晴空，層樓一夕蟠白虹。天光物色驚改觀，少微今在青雲中。初疑平地立梯磴，清風西北天門通。又疑三山浮海至，載我欲去扶桑東。雯華寶樹忽當眼，拍肩愛此金仙翁。金仙一夢一千載，騰擲變化天無功〔二〕。萬象繞口恣噴吐，坐令四海皆盲聾。千池萬沼盡明月，長天一碧無遺蹤。我生玄感非象識，此眼此臂將安庸？海岳神光埋禹鼎，人間詭態何由窮。金天月窟爾鄉國，玉毫萬丈須彌峰。一杯徑欲呼與語，為我返駕隨西風。堂堂全趙思一豁，江山落落吾心胸。中原左界此重鎮，形勢仿佛餘兵衝。歌舞遺台土花碧，旗幟西山霜葉紅。乾坤割裂萬萬古，烏鳶螻蟻誰為雄？滹水悠悠自東注，落日渺渺明孤鴻。

〔一〕「隆」，元至順本、明成化本作「龍」。
〔二〕「擲」，疑當作「挪」。

乙亥十月往平定奔外舅郭判官喪早發土門宿故關書所見〔一〕

風煙全趙平如掌，失腳山城夢猶想〔二〕。土門一縷漢時天，萬古行人為誰仰。指似勍敵談笑中，為狀羸僕忍寒強。當年鼓角如可聞，急著清吟和林響。遠山宛欲來相迎，近山留人屹相嚮。或從井底忽登天，倚伏已能先想像。平生愛山真惡識，今日果為山所網。昨朝爽翠擁修眉，最恨高樓負清賞。壯懷鬱鬱悶欲絶，安得淩風恣吾往？天教石頂放一頭，駃若驊騮脱羈鞅〔三〕。山靈努力出奇供，只恐先生駕虛枉。萬壑霜松動悲嘯，極目雲煙埋莽蒼〔四〕。北門形勢護中原〔五〕，辦與奸雄增技癢〔六〕。太行横絶半九州，留在平原幾塵坱。何人為我起六丁？崒峩盡隳天宇朗〔七〕。千年再

〔一〕詩題中「奔外舅郭判官喪」七字原無，據元至順本補。
〔二〕「夢猶想」，元至順本作「猶夢想」。
〔三〕「駃」，元至順本、畿輔叢書本作「駛」。
〔四〕「極目雲烟埋蒼莽」，「埋」，元至順本、畿輔叢書本作「堆」。「莽蒼」二字原缺，據元至順本、三賢集本、畿輔叢書本補。文津閣本作「滄漭」。
〔五〕「勢」，元至順本、畿輔叢書本均作「勝」。
〔六〕「辦」，原作「辨」，據元至順本、三賢集本、畿輔叢書本改。
〔七〕「隳」，元至順本、三賢集本、畿輔叢書本均作「墮」。

挽神禹功〔一〕，恍若鴻濛開四象〔二〕。

范寬雪山

老寬胸次無墨汁，經營慘澹寒生鬢。秦川名山古壯哉，況復玉立千尺孤。安得晨光滿東壁？試看龍燭崑崙墟。赤塵鴻洞天為爐〔三〕，一丘一壑真吾廬，眼中人物誰冰壺？

灞陵圖

灞陵平生有詩境，黃閣何物為清風。鄭五自知非相才，獼猴枉畫凌煙中。作傭莫作詩家傭，百為淡苦誰汝供？古人星露尚有戒，況是風雪來無窮。襄江明日蒲萄暖，斜風細雨船頭轉。門前暮雪吾不知，坐上春風人未遠。

〔一〕「挽」，三賢集本、畿辅叢書本作「睹」。
〔二〕「鴻濛」，原作「鴻流」，據畿辅叢書本改。
〔三〕「鴻洞」，元至順本作「澒洞」。按，「鴻洞」「澒洞」皆「洪洞」之異體字。

趙生水墨虎

南山鬱鬱煙霧濛，北山落日薄幽叢。先生眼花臂猶健，聞虎有真心愈雄。聲弦寄自黄蘆東〔一〕，人言此是高堂中。仰天大笑出門去，時危慘澹來悲風。

仲誠家藏張蔡公石女剪制香奩絶巧持以求予詩

靜華墨君天下竒，陵川仙人為賦之。遺山野史誇慧女，萬古春風蝴蝶辭。豈知此巧復絶代，夜月靜拂天孫絲。夢雲絲雨有形外，郢斤庖刃無心時。蔡公凜凜褒鄂姿，諸郎畫戟清香詩。香奩秀發亦餘事，詩人饑眼省見稀。敲門青燈爛紅碧，布衾驚走惡睡兒。破屋猶疑翠鯨怒，短褐誰憐紫鳳移？東家健婦把鋤犂，西家處女負薪歸。哀哀正念誅求苦，對此無言空淚垂。

張元帥寶刀

土不産金人氣雄，真人握鐵開鴻濛。不知此刀何所得，風煙餘烈來霜鋒〔二〕。將軍聲名今蔡

〔一〕「自」，元至順本、三賢集本、畿輔叢書本作「目」，明成化本作「日」。
〔二〕「煙」，元至順本作「雲」。

公，酒酣過我歌彤弓。持刀對翁兩奇絶，眼中已覺江南空〔一〕。水波江聲浩無窮〔二〕，朝蠤夕淬天有工。回鶻健兒戲天巧〔三〕，前身鐵精非凡庸。紫煙熖熖天為紅，鑌紋秀發青芙蓉。寶鐶摇落初開封，四壁如著清水中〔四〕。天山積雪聚鋩鍔，寒色直欲朱崖通。摩挲神物三太息，此行善保千年功。

山行見馬耳峰

近山豪士少羈檢，酒澆不下胸崔嵬〔五〕。遠山靜女亦閑雅，尚恨少有傷春懷。亂山米聚爭拱揖〔六〕，武卒侍婢皆凡材。天知老眼不受塵，路轉忽睹雙峰開。雙峰何年聳雙耳，叱之不動煩風雷。今朝向我效神駿，翠色欲逐神鞭來。浮世浮名酒一杯，我欲駕此觀蓬萊。只愁日暮三山上〔七〕，黄塵回首令人哀

〔一〕「江南」，文津閣本、明成化本、三賢集本作「南江」，元至順本作「南海」。
〔二〕「水」，元至順本、明成化本作「木」。
〔三〕「戲」，元至順本作「覻」。
〔四〕「四壁」，元至順本作「四座」。
〔五〕「胸」，文津閣本作「鬱」。
〔六〕「亂山米聚爭拱揖」，米，原作「來」；揖，原作「楫」。二字據文津閣本、元至順本、三賢集本、畿辅叢書本改。
〔七〕「愁」，元至順本作「恐」。

雪翠軒觀太寧谷〔一〕

吾家雪翠天下白，銀河無聲月無色〔二〕。天關不閉寒崢嶸，箕尾晶英凍將坼〔三〕。帝遣六丁下取將，勅賜銘軒換金碧。初如紫霄蟠青雲〔四〕，飛下人間作堅壁。漸如扶桑六龍出，萬縷丹霞吹海立。何人辨此女媧氏〔五〕，補天重煉蒼蒼石。陽能兼陰今可知，祝融若并玄冥國〔六〕。正教蕪穢洗欲空，誰為千年棟樑惜！殺機如火出至微，熠熠寧知有今夕。軒中高卧劉更生，願借余光照方冊。方冊有道出黃虞，今古煌煌天與極。火耕明日千萬斛，酒甕已聞春雨滴。不妨一飲盡群山〔七〕，醉暈春生半天赤。

〔一〕詩題，「太寧谷」，元至順本、明成化本、三賢集本、畿辅叢書本作「太寧火」。
〔二〕「聲」，元至順本作「風」。
〔三〕「箕尾晶英凍將坼」，「坼」，原作「折」，據三賢集本、畿辅叢書本改，文津閣本、元至順本作「拆」。「將」，元至順本作「欲」。
〔四〕「霄」，元至順本、明成化本作「雹」，三賢集本、畿辅叢書本作「霧」。
〔五〕「辨此」，元至順本作「辦作」，三賢集本、畿辅叢書本作「辦此」。
〔六〕「并」，全元文作「拜」。
〔七〕「群」，元至順本作「郡」。

雪浪石

邵家水陸說影象，一物自可涵無垠。滄浪仙人歌感應，石中固有此理存。老坡胸中如此幾，磈磊須得銀河噴。嘲嵩唾華天不嗔，武夷赫怒張吾軍。偶從北海得生氣，竹石也愛風姿新。我來正當秋雨霽，一杯冥漠玄都門。小璫好事如先臣，坐令平地石生根。渠家兒戲解亡國〔一〕，作詩一笑君應聞。

煙霞觀雲巢松

盤柯盤屈今幾時？龍攣虎跛森英姿。道人眼中無可怪，一巢見餉吾何疑。我所思兮潁與箕，秋聲蕭蕭吹送之。清風一枝雲一席〔二〕，松中之樂天不知。靈台方寸有君節，虛籟萬古弦吾詩。歲晚相期君與我，笑拊吾髯盡此巵。

〔一〕「亡」，原作「忘」，據元至順本、畿辅叢書本改。
〔二〕「枝」，畿辅叢書本作「披」。

瘍醫劉茂之詩卷〔一〕

煉心如石補天缺，煉心如泥補地裂。白蓋正飽丹鳳饑，心能竹實亦能鐵。乾坤瘡痍今幾年？誰家藥籠金石堅？千金此方不一試，雲山注目秋風前。

明河秋夕圖

明河澹澹縱復横，行雲悠悠度疏星。鳳媒不來烏夜驚。瓊枝玉佩遲所託，畫中隱隱聞機聲。秋來秋去今猶古，此恨不隨天宇青。崑崙西頭風浪平，辨我一舟蓮葉輕〔二〕。浩歌中流擊明月，九原喚起嚴君平。人間此水何時清？

美人

美人娟娟秋水隔，煙霧深沉蒙玉質。目逐晴波去不歸，遥山只有行雲碧。碧雲日暮心悠哉，窗前一夜梅花開。平生自信心如鐵，一寸相思一寸灰。

〔一〕詩題中「劉茂之」三字原無，據元至順本補。

〔二〕「辨」，元至順本、畿輔叢書本均作「辦」。

玉簪

春色醉人人未醒〔一〕，獨憐月露秋零丁〔二〕。昭陽日影巧相避，寸心未減寒泠泠〔三〕。只應得我一顧足，為君小醉秋風亭。蓮兄君子菊弟隱，何物處君君意肯〔四〕？玉簪玉簪誰與簪，蒼苔疏雨秋欲深。

荊南送橘

江淮草木少生意，今日佳果來何奇！枯苗一溉自此見，入手即有甘棠詩。眼中風露瀟湘姿，渺我幽林千樹思。只恐江聲撼吾枕，相看坐對寒更遲〔五〕。

〔一〕「春色醉人人未醒」，明成化本考異：「一作紛紛紅紫春未醒。」

〔二〕「獨」，元至順本作「誰」。

〔三〕「寸心未減寒泠泠」，明成化本考異：「一此句下有『露芝春動九竅醒，天人雙眼青未青』二句。」

〔四〕「物」，元至順本作「地」。

〔五〕「坐對」，原作「對坐」，據文津閣本、元至順本、明成化本、三賢集本、畿辅叢書本改。

食筍

夢回齒頰風瀟騷，幽姿不許霜松高。南來蒼玉不盈束，已覺飲興翻雲濤。詩家胸次自宜此，尚嫌煙火須烹炰。想像南風吹萬竹，籜龍正恐稱冤號。石盆養魚心自苦，仰羨鸜鵒雲間巢〔一〕。眼中歲旱土不膏，長鑱復慮山無毛〔二〕。退食歸來北窗夢，山巔朱鳳聲嗷嗷。

王君奉命賑濟彰德過予求詩

十年監官窮到骨，一簿武邑如登天。巧宦紛紛日九遷，白髮青衫獨可憐。昨朝讀君阜民篇，善察物情亦已賢。南郡饑民想更苦，以君賑濟非偶然。驛傳星馳乃爾急，何暇載酒揚雄玄。茅容問稼當有語，野夫憂國願豐年。

〔一〕「鸜鵒」，元至順本、畿辅叢書本作「鸜鴿」。
〔二〕「復」，原作「後」，據畿辅叢書本改。

送寇長卿同知岳州

聞君得官岳樓去，我夢已落江湖濱。天下先憂付公等，江山之樂當平分〔一〕。荆湖一城百戰得，存撫安得人人君。岳陽父老宜相賀，君是荆州舊幕賓。廉荆州治稱第一。

三月三日許天祥置酒東城

都門氣習豪翩翩，此君尊俎今宛然。春色今年遲半月，留待怱怱過寒節。臨流雅唱尋舊盟，青眼青天對今夕。横橋綺服麗人天，蒼苔坐我羲皇前。花枝華髮兩如許，天意時晴一杯舉〔二〕。安石起舞元龍歌，蒼生我竟如渠何？

飲仲誠椰瓢

君家瓠落無所容，江湖誰辨平生胸？海南佳氣久鬱塞，灎瀩似喜今相逢。前年對酒面發紅，今年對酒氣如虹。江山萬古騷人國，跬步便與華胥通。河間古儒病我拘，聞我一飲喜氣濃。平生

〔一〕「平」，原作「年」，據元至順本、明成化本、三賢集本、畿輔叢書本改。

〔二〕「晴」，元至順本、明成化本作「情」。

得意南湖張，此意頗與河間同。太古窪尊老無底，一朝傾倒何由供？醉鄉千年有此客，鳥歌蝶舞春濛濛。醉翁之意不在酒，宛如琴意非絲桐。太和風境無酩酊，洛陽樓閣高玲瓏。泠然仙馭一杯水，眼中渺渺無極翁。西家伯倫聵且聾，東家醉死王無功。酒中醒境渠未識，冰壺秋月崑崙峰。舉杯喚月來胸中，人間白日浮雲空〔一〕。五嶺山高雲幾重，朱崖滅沒南飛鴻。玄鶴翩翩渺何許，操瓢徑訪眉山公〔二〕。「河間」，謂趙君玉〔三〕。「南湖」，謂仲實。「泠然仙馭一杯水」，見潘延之和茂叔憶濂溪詩。「洛陽樓閣」，用堯夫空中樓閣事。

南溪行

老人耕牧南溪南，南溪草淺牛所貪。大孫攜書小攜酒，青蓑為席樹為庵。以書教孫仍自讀，隔溪遙聽聲譊譊。牛眠樹陰孫勸酒，老人未醉意已酣。老人氣高軀幹小，面狹於髯森若杉。年周甲子辰又浹，世故十率八九諳。早歲精勤傳世業，口誦太素手弄甘〔四〕。以藝發身寧久屈，安車徵

〔一〕「人間白日浮雲空」，明成化本考異：「一此句下有『我醉欲眠卿且去，擾擾黑頭何等蟲』二句。」
〔二〕「公」，元至順本作「翁」。
〔三〕「趙君玉」，「君」字原缺，據元至順本補。
〔四〕「甘」，元至順本作「苷」。

起詔使監。入為天子侍從臣，龍沙萬里嘗陪驂。鼎湖白雲望不極，招之歸來山有嵐。身出夢關涉覺境，人間萬有皆空函。侍從之名不復記，老人自署南溪銜。呼兒來前雙玉立，曰「我愛汝擇所堪。自我中年學讀書，方寸若有神明鑒。活人之功豈不美，一有不中中或慚。青囊秘封不再展，塵跡從此乃一芟。讀書力田兩交進，困有所收心有函〔一〕。開此樂國自我始，繼而大之在汝男。我今已成齊變魯，汝等當為青出藍。東北一舍容城翁，今年卧病家山巖。其室雖邇人甚遠，汝糧自裹簦汝擔。」雪中欵段來扣門，僕夫汗流扶酒甔。侑尊有物隨土產，厥包雜進鴨與鵪。飲劇談發不自禁，四鄰驚走來窺探。先生靜默如土鐘，扣之愈大聲愈韽〔二〕。今朝音吐瀉河漢，老人者誰開其緘。斥之令去不復語，興亡萬古手與談。空鈎意釣不在棋，澹然相對如禪龕。老人思家不可留，二兒扶歸杖几參。臘醅開時魚可膾，相約載酒遊溪潭。

〔一〕「函」，元至順本作「涵」。

〔二〕「韽」字原缺，據文津閣本、元至順本、三賢集本、畿辅叢書本補。

雜言〔一〕 二首

先天漆硯詩 并序

予近得漆硯二，劉丈茂之所惠者，象壁水〔二〕，而先天八卦周焉。予遂名以別之，且賦詩以答茂之云〔三〕。

揚雄久寂寞，載酒誰相過？今夕是何夕，燭花吐焰浮煙蘿。天開氣機動，起舞獨婆娑。晨光滿壁佳氣集，客來怪我衰顏酡。袖中隱隱天根雷，欲出不出神所訶。硯漆未為貴，形古天森羅。夜月碧落影，秋風寰海波。茫茫兩儀根，日月東西柯。環中方寸地，樂境涵天和。弄丸恣遊戲，觀物供研磨。平生犀韋編，退筆如山阿。成都墨池自尚玄，劉歆醬瓿空作魔。今朝得此天所戲，令人一歎三摩挲。扶摇子，安樂窩，老氣鬱鬱卻日戈。鞭霆裂月未消歇〔四〕，百年光景空

〔一〕「言」，原作「詩」，疑系筆誤，據劉因集目錄改。
〔二〕「壁」，全元詩作「璧」，疑誤。諸本均作「壁」。
〔三〕「云」字，明成化本闕。
〔四〕「裂」，原作「烈」，畿辅叢書本據元好問詩正作「裂」，據改。

蹉跎。冥漠神光恍猶在〔一〕，松風入墨如吟哦。東南澤國尾閭瀉，西北仰看青山多。青山天齊石可磨，安得六丁為我隳嵯峨！我欲萬年老筆回江河〔二〕。先生興來不奈何，為君醉草太古滄浪歌。

示孫諧

龍山古壯哉！鬱鬱盤煙嵐。一讀元子詩，泠然玉泉甘。江山勝境要佳客，而我不到懷應慚〔三〕。雷家髯翁虎耽耽，劉氏遺愛存河南〔四〕。百年喬木動秋色，籃輿誰與供奇探？崑山出美玉，楚國多楩楠。孫郎復貴種，良璞須深函。勾萌慎培養，雲霄看嵓嵓。野夫老矣一何拙，平生只有歸休堪。傳經訪道可無愧，為我早辦龍山庵。

〔一〕「光」，元至順本作「交」。
〔二〕「年」，元至順本、明成化本作「牛」。
〔三〕「懷應慚」，元至順本作「應懷慚」。
〔四〕「遺愛存」，元至順本作「性理窮」。

卷十五　遺詩三〔一〕

五言律詩　三十六首

書堂旅夜

丈室不自掃，寸心徒爾豪。世途仍險阻，風物故蕭騷。皓月霜洗淨，明河天放高。空庭一片石，獨坐首頻搔。

過唐水望堯山〔二〕

神化大無外，名山能幾峰。威顏渾咫尺，天日尚雍容。蒲阪堪饑死，重華有舊蹤。三謨讀

〔一〕「遺詩三」三字原缺，據静修集·提要補。
〔二〕「唐」，三賢集本、畿辅叢書本作「堂」。

未老，於此卜巢松。

過奉先〔一〕

閏遼承宋統，此志亦雄哉！置縣名猶在，因山勢已摧。百年元魏史，千古汝南哀。華表鶴應有，悲風海上來。

雜詩　二首

聞昔飛狐口，奇兵入擣虛。人才九州外，天道百年餘。草木皆成騎，衣冠盡化魚。遺民心膽破，諱說戰爭初。

關嶺通山後，風謠採路傍。地寒人好壽，草淺畜宜羊。用水如奴婢，從川貯米糧。西風如有約，乘興即吾鄉。

〔一〕「奉先」，原作「奉化先」，「化」字，據元文類、元至順本、畿辅叢書本删。文津閣本作「奉化縣」。按，奉先縣，金明昌二年以萬寧縣改治，治所即今北京市房山區。（據中國歷史地名大辭典）

野興

莽莽榛蕪路，蚩蚩魚肉民。乾坤幾逐鹿，今古一傷麟。眼底人間世，胸中物外春。江山滿花柳，無負百年身。

秋日

山人久不出，今朝天氣清。秋光濃可掬，草色翠相迎。捫虱暮山碧，敲門新筍生。歸來重回首，佳處未忘情。

山中憶故人

故人南郡去，消息久無聞。瑤草正堪種，白雲誰共分？屋梁驚落月，鵬翼賦垂雲。歲暮一尊酒，高歌如見君。

夢採松脂及甘菊

棲遲負松菊，夢寐得甘馨。隱逸喜同臭，流膏味獨青〔一〕。人誰借三徑？天欲制頹齡。毛骨清猶在，枕邊霜露零〔二〕。

種杞

法出千金要，畦容一席分。灌苗身已健，采實夢先勤。白棘憑誰辨？靈厖只自聞〔三〕。知音九節杖，惟有華山雲。

戲答人送鹿皮冠

麋鹿山林性，文章冠冕材。頭顱如有此，巖穴更悠哉！老筆天機在，空梁月色來。桃椎應似我，人世莫驚猜。

〔一〕「膏」，原作「高」，據元至順本、畿輔叢書本改。
〔二〕「枕」，畿輔叢書本作「桃」。
〔三〕「厖」，畿輔叢書本作「尨」，文津閣本作「龐」。三賢集本作「寵」，誤。

觀藥爐自戲　二首〔一〕

無病不服藥，康節語也。此懷清更嘉。歐陽或有道，韓子豈無瑕。羸疾嗟予久，名方信彼誇。回頭謝雞犬，何日是仙家？「退之服硫黄，一疾訖不痊」，樂天詩也。「赤松共遊也不惡，誰能忍饑啖仙藥？已將壽夭付天公，彼徒辛苦吾差樂」，東坡序歐陽子語也。

地髓服仙草，黄精失採花。徵求遍親友，炊爨罄樵車。屢敗從人笑，偶成容我誇。側聞僮僕語，辛苦是仙家。

閲竇氏名方

人從大節論，士尚絶無求。獻可有先見，老泉多遠憂。方書空物齊，耆舊盡山丘。矯首候斜日，窗中倦鳥投。

〔一〕「二首」二字原缺，據内容及文津閣本補。

眼醫詩卷

火景元中暗，月光徒外明。每當天抹漆，未便目無睛。暗自何年有？明從底處生？若知當告我，心事在蟾精。

褚母節孝詩卷

寂寞吾鄉國，才難婦愈賢。題評慚我後，旌表聽人先。艱苦初心盡，安榮老境偏。幽潛天有待，留看百來年。

張監院過

有客敲門久，山人與鶴歸。論文翻草本，換酒當蓑衣。暫會還成別，相歡且莫違。明朝誦佳句，北望謾依依〔一〕。

〔一〕「北」，元至順本作「此」。

寄彦通

吾子今應健，山人老已癡。迷藏高著眼，興廢大觀棋〔一〕。感遇渾非昔，忘懷若有思。弦歌吾舊隱，寂寞暮春時。

送友生

無人慰幽獨，之子罷登臨。野鶴籠中態，翔鴻天外音。吾儒關世運，晚節見初心。有問山間事，白雲今更深。

盧學士按察江東

不廢芻蕘賤，狂言試一聽。品題停月旦，言動律東銘。飲少得真樂，吟多損性靈。青燈四書外，澹泊養遐齡。

〔一〕「大」，全元詩作「太」。疑誤。

郭判官按察廣右

謝病三公掾，分司五嶺南。桂山天下秀〔一〕，憲府百僚參。夜泊防風浪，晨征避瘴嵐。遥知慈母念，先汝過湘潭。

張察院分司臨安

餘杭古佳麗，御史重分司。甘旨足為養，江山能助詩。梅花春早晚，潮候月盈虧。糾察先從此〔二〕，陰陽恐失宜。

送仲常遊北岳〔三〕

大茂玄都闕〔四〕，空山拱萬靈〔五〕。風霆凜神化，河海盡襟形。昴畢空留影，幽并未了青。追封

〔一〕「桂」，原作「柱」，據元至順本、明成化本、三賢集本、畿辅叢書本改。

〔二〕「察」，元至順本作「按」。

〔三〕本詩元至順本編入五言古詩，詩題中「仲常」前有「郝」字。

〔四〕「大」，元至順本作「太」。按，大茂山，即恒山，古稱北嶽，在今河北曲陽西北。作「大茂」是。

〔五〕「空」，原作「它」，據三賢集本、畿辅叢書本改。

王制變〔一〕，僭祀世塵腥。禮樂心雖切，煙霞骨有銘。長懷七十戶，為我謝仙扃。

送郝李常赴正陽幕

上黨清涼界，超然慕白雲。名家得之子，勝境若平分〔二〕。鼓角生新壯，詩書失舊勤。江淮古形勢，有樂在從軍。

送成都術士

邵子不言命，相逢盡此觴。風煙雙白鬢，身世一青囊。玉壘浮雲變，峨眉落日蒼。西遊吾有意，先為謝嚴揚。

宣慰孫公慶七十詩 并序

至元二十七年冬，與處士張君、察院張君、提舉郭君、都事張君飲教授趙君所。工匠提舉孫謙繼至，察院曰：「是家，古世官也，將甲氏四世矣。今其翁正議公階，是為宣慰使，

〔一〕「封」，原作「風」，據元至順本、畿輔叢書本改。
〔二〕「若」，原作「苦」，據文津閣本、明成化本改。

歷事四朝，登秩二品，有子若孫，皆佩金紫。開歲七十，尚躍馬不衰。惟爵與齒，實一鄉之望。凡所與遊，禮宜往慶。在吾輩，慶宜有詩。」於是約各為詩一首，言韻古律不拘。既成，俾諸孫捧觴，歌以獻壽。公宜每篇為盡一觴，不辭。十二月二十九日樵庵序。

為仁存世職，得壽見陰功。家產千金厚，官銜二品隆。子孫皆貴顯，飲啖尚豪雄。五福誰全備，吾鄉有此公。

何太夫人壽　二首

近親猶致敬，結友合升堂。薄俗隨遷變，淳風墮渺茫。吾人今復古〔一〕，此日得稱觴。高詠靈椿句，燕山暮色蒼。

去歲稱觴後，今朝重過庭。將軍不好武，宅相舊明經。拙宦供行樂，忠臣見典刑〔二〕。北堂多竹石，歲晚亦青青。

〔一〕「今」，元至順本作「當」。

〔二〕「刑」，原作「型」，據元至順本、明成化本、三賢集本、畿辅叢書本改。

示張源

堂高餘慶在，道重魯齋傳。洗眼名家後，驚心大學年。白頭負風鑒，青佩見時賢。明日鹿門隱，須君拜我前。

哀涂生

去歲登高句，霜楓秋幾多。東籬成惡讖，西郭動悲歌。天道憐渠在，吾文奈爾何！送君紅樹下，風葉尚吟哦。生且死，求予銘為不朽計。「東籬」事見擊壤集。

烏古論顯之母夫人挽章〔一〕

冠帔金源舊，門闌戚里榮。鶴悲人世短，銅泣露盤輕。往事驚波去，新墳宿草生。烏啼原上樹，霜月有餘清。

〔一〕「烏古論顯」，原作「烏庫哩顯」，據元至順本、明成化本、三賢集本、畿輔叢書本改。

侍其提學哀挽

初遠過庭訓，擇鄰得子賢。春風渾一月，恩制欲三年。步武思猶在，頭顱愧所憐。念親仍感舊，欲語淚如泉。

名醫張國綱挽卷

良醫不出户，真隱要逃名。宿草今如此，春風宛若生。一囊三世藥，兩子萬籯金〔一〕。平昔憂多病，懷賢倍有情。

劉仲文挽章　并序

仲文名郁，祁州蒲陰人〔二〕。少從事亳府軍〔三〕，謝病歸，杜門不出，以春秋左氏學為

〔一〕「籯金」，畿辅叢書本作「金籯」。
〔二〕「祁」，原作「析」，據三賢集本、畿辅叢書本改。按，祁州、蒲陰，皆今河北安國縣舊稱。
〔三〕「亳」，元至順本、明成化本、三賢集本作「毫」。

業〔一〕。所居里名黃臺，因以為號。後仕京師，為將仕郎。年六十餘，命酌賦詩而終。子元〔二〕，今為太常奉禮郎。

楚塞十年役，黃臺一室春。從軍有何樂，學道不知貧。生子為名士，居鄉稱善人。死生無所恨，今古一邱塵。

感事

間氣來西極，逢時稱世賢。學隨人望盡，家要後生傳。魏野赤松句，堯夫樂社篇〔三〕。卜鄰曾有願〔四〕，聞訃重淒然。

贈答涂生

三年不窺牖，城府有山深。於道無少得，多君肯見臨。一杯上池飲，千古水仙音。為子終

〔一〕「左氏學」，明成化本考異：「學，一作傳。」
〔二〕「元」，元至順本、明成化本作「允」。全元文作「光」。
〔三〕「樂社」，三賢集本、畿辅叢書本作「洛社」。
〔四〕「曾有願」三字原缺，據三賢集本、畿辅叢書本補。文津閣本作「猶未得」。

宵話，相期勞寸心。

七言律詩　三十二首

晨坐

共笑龕中坐已癡，環堂燈火誦聲遲。人才興替世所係，瓶水溫涼天可知。差健每因多病後，一寒偏怯欲明時。三年馬隊成何事？采菊南山舊有期。

與客會飲野亭

遙岑一碧淡相依，野態行雲意共遲。多病留侯寧復偉，長身諸葛但如癡。相思千里尊酒盡，永嘯一聲山鳥悲〔一〕。風袖翩翩似何處〔二〕？青林西北雨來時。

〔一〕「山鳥悲」，山，原作「小」，據元至順本、明成化本改。悲，原作「愁」，據元至順本本、三賢集本、畿辅叢書本改。
〔二〕「似」，元至順本作「此」。

過涂橋

老岸石欄曙色分，只疑身是入山雲。十年往事不回顧，百里清泉如可聞。人世誰教有長路？坤靈終亦化塵氛。興亡更遣陂塘在，幾欲悲歌酒未醺。

白溝

寶符藏山自可攻，兒孫誰是出羣雄？幽燕不照中天月，豐沛空歌海内風。趙普元無四方志，澶淵堪笑百年功。白溝移向江淮去，止罪宣和恐未公〔一〕。

過東安趙宋先塋

五季風煙慘晝霾，渠兒有志亦雄哉！累朝禪策皆虚器，千古黄袍又厲階。文物漢唐今已盡，史編南北更堪哀。荒墳一品知何處？猶遣石麟草半埋。

〔一〕「公」，元至順本作「平」。

過東安

干戈天亦厭紛紛，豪聖千年共幾君？太祖無心亦徒說，吾兒有志更誰云？悲歌莫管千秋後，王氣應無一品墳。今古區區等如此，五陵哀雁入秋雲。

登武遂城〔一〕

神州英氣鬱高寒，臂斷爭教不再連。千古傷心有開運，幾人臨死問幽燕？平生卧榻今如此，百萬私錢亦可憐。咫尺白溝已南北，區區銅馬為誰堅？

登中山城〔二〕

黃金一夕冷如鑌，劉項蕭然恐未真。世事惡盈應有數，天心撥亂豈無人？陵遷谷變橫流地，卵覆巢傾死節臣。毛髦諸孫生氣在，九原精爽凜猶新。予曾伯祖奉議府君，貞祐初死節中山，而舉族沒焉。

〔一〕詩題，登武遂城，元至順本作「登武遂北城」。
〔二〕詩題，登中山城，元至順本作「登中山北城」。

望易京

亂山西下鬱岧嶢，還我燕南避世謡。天作高秋何索漠，雲生故壘自飄蕭。誰教神器歸羣盜，只見金人泣本朝〔一〕。莫怪風雷有餘怒，田疇英烈未全消。

七月九日往雄州

秋聲浩蕩動晴雲，感慨悲歌氣尚存。灑落規模餘顯德，承平文物記金源。生存華屋今焦土，忠孝遺風自一門。白髮相逢幾人在？蒼煙喬木易黄昏。

武陽故臺

仁義徒令此舌存，輸環初不捄紛紛。天公欲為秦漢計，野色更無燕趙分。滿眼兵塵餘故壘，一聲樵唱入秋雲。擬乘碣石觀滄海，易水東流去不聞。

〔一〕「金」，原作「今」，據元至順本、明成化本、三賢集本、畿辅叢書本改。

鄉先生漢韓太傅嬰墓

章句區區老益堅，百年軻死已無傳。四詩今併毛公廢，三策聊存董相賢。祀典曾聞鄉社在，荒墳重為里人憐。弦歌燕趙今誰見？高詠周南獨慨然。

定興文廟枯杏復花其尹求詩

縣，吾奉議府君故治〔一〕

手澤天教檜蘖存〔二〕，窮鄉枯朽亦沾恩。敢將吾道論榮悴，且喜甘棠見子孫。但使儒林有根柢，會看寒谷變春溫。題詩當作諸公唱，百里東州又故園。

宿華陽臺　二首

石徑盤盤擁亂霞，雲間雞犬是誰家？空山月出人境失，高樹露涼秋氣加。蜀道青天休種杞，武陵流水漫尋花。太行東北三千里，盡借晴嵐染鬢華。

〔一〕「縣吾」二字原倒，據文津閣本、明成化本、三賢集本、畿辅叢書本改。元至順本作「縣君」。

〔二〕「蘖」，原作「葉」，據元至順本、明成化本、畿辅叢書本改。全元文作「蘖」，疑爲誤排。

又

夙志經綸尚未乖，消人閒去只蓬萊。龍門正要書堂在，天柱誰分户帖來。雲外久遲黄鶴至，夢中曾採紫芝回。秋風何日飛來得，重勉移家載酒醅〔一〕。

飲聞雞臺

出門人事厭紛紛，春色三分已二分。十步離山九回顧，一杯到手百無聞。蒼茫天地有如此，磊落古今何獨君。欲向荒臺問遺跡，水明沙浦只行雲。

宿鄉僧致公房

倦客歸來借夕眠，偶因相敬識君賢。常思有酒邀陶令〔二〕，每愧無衣謝大顛〔三〕。謂暢墨名聊泛應，論周陰助豈誠然。平生親切冠巾語，欲發還休亦可憐。

〔一〕「勉」，明成化本、全元詩、三賢集本作「免」。
〔二〕「思」，文津閣本、元至順本、明成化本、三賢集本、畿辅叢書本作「勤」。「邀」，元至順本作「沽」。
〔三〕「大顛」，明成化本、全元詩作「太巔」。

九月晦日過鎮州宿趙征士皇極道庵

慘酷姦訛禍世親，翁張那復見真淳〔一〕？藏來龜六終留殼，調中狙三已自塵。符藥真能度衰俗〔二〕，樵漁卻恐有幽人〔三〕。摩挲石刻皆名筆，庭下寒花不似春。道庵取象龜藏六〔四〕

宿趙山人房有懷

書劍南遊氣吐蜺，歸來華髮首難低。江山應識千年鶴，豪傑空慚半夜雞。物外有天藏太古，人間無地種丹荑〔五〕。相思日暮一杯酒，望斷碧雲何處棲？

宿龍宮

擬欲題詩贈白雲，且傾濁酒洗塵氛。閒將談笑論當世，卻喜稱呼是隱君。天柱舊曾分户帖，

〔一〕「那復」，元至順本作「無復」。
〔二〕「衰」，原作「襄」，據元至順本、三賢集本、畿辅叢書本改。
〔三〕「樵漁」，元至順本作「漁樵」。
〔四〕「道庵取象龜藏六」，元至順本、三賢集本、畿辅叢書本無「道」「龜」二字，作「庵取象藏六」。
〔五〕「無」，元至順本作「何」。

神林今又有移文。夜深長鋏悲歌罷，此曲山靈恐未聞。

玉乳峯

亂山如擁欲爭先，惟許孤峰入馬鞭。舊見劍光曾犯斗，誰教箭筈亦通天？只應絶頂千年石，中有齊州九點煙。安得淩風乘此去，東遊滄海看桑田。

洪元宫　明日擬到天城

樹邊平野接晴霞，脚底清江走白沙。方外道人留客住，門前塵世倩山遮。自慚爛賞無多暇，更有行窩第二家〔一〕。煙雨兩坡皆古木〔二〕，興來便作上天槎。

唐張忠孝山亭故基〔三〕

斷碑藩鎮記當時，杯酒談兵少牧之。山色何曾間今昔，人才初不限華夷。水波風起心猶壯，

〔一〕「二」，三賢集本、畿辅叢書本作「一」。
〔二〕「坡」，元至順本作「陂」。
〔三〕「基」，元至順本作「墓」。疑誤。

木杪秋生鬢已知。莫更候雲臺上望，武陽禾黍亦離離。

雙清空堂遺址〔一〕

心遠由來地自偏，若分心跡已非賢。結廬人境元無害，跨鶴揚州更兩全。石頂經龕有隨處，山中學館竟何年？馬頭果要為初祖，擬問西巖借一廛。

張氏西園

水府生煙晚更蒼，翠陰含雨暗生涼。人間豈有赤松子，天上應無綠野堂。一日平原驚客散，千年郭隗又臺荒。誰教老樹夕陽在，留與憑欄遺興長。

賈氏溪堂

澮澮春波遠更宜，丘山華屋總成非。來今往古年華在，厚地高天人力微。世上紅塵無此客，杯中明月有清暉。燕南盛事君須記，曾為東湖盡醉歸。

〔一〕 詩題，雙清空堂遺址，元至順本無「空」字；遺址，原作「遺趾」，據元至順本改。

憩謁山寺

石田霜落晚簫騷，一徑禪扃亦自高。九萬里風安稅駕，三千世界等秋毫。山哀自苦天相罩〔一〕，秋老不禁詩太豪〔二〕。西望雙龍有高隱，結庵終擬近林皋。

會飲北山

相逢相飲莫相違〔三〕，往事紛紛何足悲。別後幾經滄海淺，歸來豈止昔人非？此山變滅終如我，後會登臨知與誰？今古區區等如此，不須辛苦歎斜暉。

暮春山遊

萬山傍繞翠爭新，兩澗平分月有鄰。木抄柴關如看畫，松陰苔徑欲凝塵。浮雲柳絮人間世，流水桃花物外春。杯酒狂歌極浩蕩，野煙晴樹望中勻。

〔一〕「自」，元至順本作「似」。
〔二〕「太」，元至順本作「大」。
〔三〕「逢」，原作「逄」，據文津閣本、元至順本、明成化本、三賢集本、畿辅叢書本改。

春日遊山

川氣迎晴澮作春，泉聲招客浩如神。隨時俯仰有魚鳥，乘興往來無主賓。碧水白鷗心共往，浮雲蒼狗態誰真？平生經濟程夫子，年少看山意已親〔一〕。「不是吾儒本經濟，等閒爭肯出山來」，明道少作也。

西山雅會

山色舊無今日濃，雅期新得與君同。胸懷霽月千年後，尊酒春風一月中〔二〕。靜裏乾坤無彼此，眼中花柳各青紅〔三〕。高情久已忘琴了，誰管殘陽送去鴻！

水北道館

會從氣朗看春朝，始信蘭亭水石遙。物外壺公能避世，山中巢父不知堯。波間明月隨吾取，松上白雲如見招。曉策重來有成約，無妨談易對漁樵。

〔一〕「親」，原作「新」，據文津閣本、元至順本、明成化本、三賢集本、畿輔叢書本改。

〔二〕「酒」，元至順本作「俎」。

〔三〕「中」，元至順本作「前」。

卷十六　遺詩四〔一〕

七言律詩　五十七首〔二〕

有懷

百年身世付秋毫，萬里雲霄有羽毛。樓上詩成山欲動，眼中人去氣誰豪？崔嵬自可兄呼石，憔悴直須僕命騷。尊酒論文復何日？西風迢遞暮鴻高。

〔一〕「遺詩四」三字原缺，據静修集·提要補。
〔二〕「五十七首」，原作「五十九首」，據實改。

九日客至

有人車馬訪柴桑，怪見寒花滿意黃。莫對西山談世事〔一〕，試將華髮照滄浪。淵明不與白蓮社，程子猶憐緑野堂。他日燕南話耆舊，此回風味亦難忘。

除夕

莫道春風室罄懸，試看孤影伴頽然。浮雲往事空千變，清鏡明朝又一年。頭上無繩系白日，胸中有石補青天。幾時能了西山約，六角黃牛二頃田。

秋夜

已喜山深稱野情，每慚無物慰諸生。人貪日課不時睡〔二〕，雞為誦音長早鳴。病後端居信張詠，靜中未發有延平。誰知今日絶弦意？卻恐人間知此聲。

〔一〕「西」，元至順本作「青」。
〔二〕「人」，元至順本作「書」。

又

坐困沉思强起行，虚庭凉露下無聲。為爾寂寂人莫笑，不肯碌碌君何成？萬古興亡天亦老，百年身世夜難明。情知不為學仙去，也欲蓬瀛寄此生。

新曆〔一〕

山家曆日年年有，林鳥園花報四時。建戌預求尋藥月，逢辰要及種瓜期。胸中堯典二三冊，夢里豳風第一詩。餘韻千年宛如在，晴窗捲卷不勝悲。

偶成

自覺筋骸老漸頑，曾經豎脊度危關〔二〕。清霜烈日留身後，秀氣春風拂座間〔三〕。自有頹波知砥

〔一〕詩題及首句中之「曆」字，原作「歷」，據諸本改。
〔二〕「豎」，原作「堅」，據三賢集本、畿辅叢書本改。
〔三〕「拂」，原作「滿」，本詩續集卷一重出，作「拂」。畿辅叢書本亦作「拂」。因據改。

柱〔一〕，莫教秋色避南山。雲鵬稅駕今無地，羨殺江鷗盡日閑〔二〕。

放歌

莫道人生能幾何，金銀宮闕亦無多。垂楊流水輕風裏，碧落銀河暮雨過。天地此身真逆旅，雲山到處是行窩。九原喚起堯夫老〔三〕，我舉一杯君試歌。

野興

得意江山入酒尊，乾坤英氣未沉淪。莫思世事兼身事，不薄今人愛古人。明月清風無盡藏，野花啼鳥一般春。客來惟說煙霞好，只恐先生醉後嗔。

秋郊

行過青林徑欲還，誰家茅屋在林間？雲初湧出半含雨，風漸吹開微露山。世味嘗來知懶貴，

〔一〕「自」，原作「後」，本詩續集卷一重出，作「自」。畿辅叢書本亦作「自」。因據改。「知」，畿辅叢書本作「如」。

〔二〕「盡」，明成化本作「儘」。

〔三〕「夫」，原誤作「天」，據元至順本、明成化本、三賢集本、畿辅叢書本改。

物華老盡覺秋閑。天教勝境為詩敵，未許幽人穩閉關。

西湖

水竇深藏十畝煙，賣書真欲買魚船〔一〕。數椽破屋已自足，四海虚名良可憐。醉後不知清露下，興來擬共白鷗眠。濂溪謾有當年志，老去而今只愛蓮。

對菊

迂疏不辨一身謀〔二〕，鬢髮空添四海憂。畫本流民今復見，詩家逃屋為誰留？黄茅安得千間廈，白布空歌萬里裘。政有南風曲中意，可能獨醉菊花秋。

憫旱

農父看雲淚亦乾，靈湫誰信欲生煙。萬金良藥汗猶出，一寸丹心天可旋。未便無餐思樂

〔一〕「真」，元至順本作「直」。
〔二〕「辨」，原作「辦」，據三賢集本、畿輔叢書本改。

土〔一〕，不禁憂國願豐年。為瞻河漢中宵起〔二〕，獨對殘燈理斷編。

城樓詩雨

雨入江樓勢欲吞，雷轟何止語難聞。未憂彼岸將為壑，只恐吾山盡化雲。風伯為誰能卻敵？物華依舊歎如焚。百年人事今如此，猛拍欄干怨夕曛〔三〕。

溪光亭看雨

萬山齊擁白煙來，木杪先聲失怒雷。海岳奔崩換毛骨，乾坤收斂入胚胎。龍公所蘊有如此，塵世一清何壯哉！坐看神功空束手，夕陽華髮對蒼苔。

積雨

萬象何為入杳冥？懸知物外自高明。前年憂旱有今歲，半月閉門如一生。捧日謾勞中夜夢，

〔一〕「餐」，原作「飡」。「飡」乃「餐」之異體字。元至順本作「食」，文津閣本作「滄」。

〔二〕「瞻」，元至順本作「占」。

〔三〕「干」，原作「杆」，據元至順本、明成化本、畿輔叢書本改。

補天誰識寸心誠？陰雲政使高千丈，坐愛魚頭恐未平〔一〕。

秋霖

春旱泥倉恐謾傳，誰從積雨得豐年〔二〕？麻衣有垢供秋蘚，土銼無文換曉煙〔三〕。果為松薪禁明月，真教斥鹵變桑田。胸中幾許晴霓在，四海霖霪獨慨然。

次韻憫雨

己酉豐凶不偶然〔四〕，今年千里土生煙。夢遊樂國每嫌覺，望見仙雲猶酷憐〔五〕。畢竟蛟龍思得雨，何勞蟣虱謾呼天。山人萬慮消磨盡，惟有憂農阻靜便。

〔一〕「愛」，元至順本、明成化本作「受」。
〔二〕「積」，原作「得」，據元至順本、三賢集本、畿輔叢書本改。
〔三〕「文」，畿辅叢書本作「灰」。
〔四〕「豐凶」，元至順本作「凶豐」。
〔五〕「望」字原缺，據元至順本、三賢集本、畿辅叢書本補。文津閣本作「眼」。

癸酉大雨次人韻

黑風吹海入天瓢，誰信銀河直下潮？渾沌只疑還太古，規模應欲復唐堯。衣冠半夜方孤坐，塵溷千年共一漂。且喜開簾見白日，不須隴畝問秋苗。

海南鳥

越鳥羣飛朔漠濱，氣機千古見真純。紇干風景今如此，故國園林亦暮春。精衛有情銜太華，杜鵑無血到天津。聲聲解墮金銅淚，未信吳兒是木人。

白海青　一名玉爪駿

扶餘玉爪舊曾聞，青鳥猶沾海氣昏。掌上風標有如此，眼中神駿更憐君。平蕪未灑頭鵝血〔一〕，春水誰開獵騎門？過雁昏鴉莫回首，霜拳高興在空雲。

〔一〕「平」，明成化本、三賢集本作「苹」。

爆栗

山家愛客夜留連，奮發驚聞一栗先。鑿竅誰言無渾沌？弄丸今喜得天全。香甘合用金甌選，冷淡那容玉版禪。回首燕秦幾陵谷，眼中繁富竟何年。近世山家避栗稅，往往伐去。

醉梨

白雪春香洗未殘，玄霜誰遣凍成團〔一〕。漆封圓顆盤增滑，蜜和濃漿齒避寒。緑蟻從今忘病渴，金花無地着餘酸。快人風味依然在，莫作尋常軟熟看。

飲江漢白

高亭飲興動江山，為捲灘聲入坐間。糟麯真能釀滄海，魚龍直恐盡神姦〔二〕。襄流謾説葡萄暖，仙國曾分玉液慳。聞道兵塵埋楚甸，一杯誰與洗愁顔？

〔一〕「遣」，元至順本作「遺」。
〔二〕「直」，明成化本作「宜」。

薔薇酒

顏色酴醿茉莉香，琉璃到手會須嘗。一杯滄海泡成幻，萬古花庵醉有鄉。涼冷併收天水碧，輕浮猶帶女真黄〔一〕。錦囊盡貯春風在，别是仙家不老方。〔二〕服食家有餌薔薇法。

黄精地黄合釀甚佳名以地仙酒〔三〕

仙家名品對嵳峩，誰信幽人用物多。酒面白雲招我在，杯中華髮奈君何！西山秀氣斸欲盡，易水寒聲釀亦和。未望天行至千歲〔四〕，舉觴當和紫陽歌。「雲卧天行，非予敢議。守一處和〔五〕，千二百歲。」晦翁調息箴也。〔六〕

〔一〕「浮」，元至順本作「醇」，明成化本作「淳」。

〔二〕明成化本考異：「未云句，一云：不妨盡吸春風了，且放乾坤入錦囊。」按，文字疑有訛誤，薔薇酒中并無以「未云」开頭的詩，「未云句一云」，或應作「末句一作」。

〔三〕詩題中「甚佳」二字，元至順本闕。

〔四〕「至千歲」，元至順本、明成化本作「望千歲」。

〔五〕「守」，畿辅叢書本作「貯」。三賢集本作「守」。

〔六〕本注，全元詩標點作：「『雲卧天行非予敢，議守一處和千二。』百歲晦翁調息箴也。」似欠妥。

玉柱雙清香

二氣元從太極分，浮雲起滅見來真〔一〕。白虹貫日豪華散，底柱中流意象新。方寸有靈涵大塊，頭顱無物隔蒼旻。藍田萬頃煙生玉〔二〕，未辨晴窗半穗春〔三〕。「心無外，體無間。」吾薰爐銘也。

玉簪

花中冰雪避秋陽，月底陰陰鎖暗香。玉瘦每憂和露滴，心清惟恨有絲長。且留宛轉圍沉水，莫遣聯翩入粉囊。只許幽人太相似，蒼苔疏雨北窗涼。

反垂柳短吟

偃蹇高松雪漫飛，最憐憔悴緑楊枝。青絲曾識鶯聲軟，黄葉俄驚馬足遲。有分只偷春色早，無心要結歲寒知。不應再得東風力，更與行人管别離。

〔一〕「雲」，原作「風」，據文津閣本、元至順本、三賢集本、畿辅叢書本改。
〔二〕「頃」，元至順本作「里」。
〔三〕「辨」，原誤作「辦」，據三賢集本、畿辅叢書本改。

次韻劉尚書尊號禮成

萬姓瞻天仰泰階，老人星見五雲開。混同直擬千年論，積累元從百世來〔一〕。含哺豈能逃帝力〔二〕，有根無不待春雷。舉頭日近長安遠，葵藿傾心即壽杯。

答或者以所注孫子見示 二首

學術兵農豈盡無，規模如此亦區區。權書不免增多口，霸論誰教混一塗？親手申韓如果有，許身管樂未全誣。千秋萬古中庸在，留與橫渠作後圖。晁公武讀書志有橫渠少年注尉繚子一卷〔三〕。

誰遣歐陽筆有神？微詞端不赦堯臣。樵夫見笑寧無愧，童子羞稱亦可人。但得躬耕全性命，猶勝偏霸在風塵。蒭蕘一語宜深聽，樓上元龍且莫嗔。

〔一〕「元從」，原作「無從」，據元至順本、明成化本改。
〔二〕「帝力」，元至順本作「帝利」。
〔三〕「晁」，元至順本、明成化本作「邵」。按，作「邵」誤。晁公武著有郡齋讀書志，為著名目錄書。

次韻答范陽郭生

默坐誰窺樂境深？無弦初不用知音。曲肱睡起亦何事，弄月歸來徒自吟。多媿寄書勤訪道，未嫌傾蓋即論心。西山百里平如案，欲認東州煙雨侵。

次韻答趙君玉

萬古西山翠不休〔一〕，一庵今在白雲頭。開軒招月淡相對，倚杖聽泉清可收。已喜凌空有高興，豈知卧病阻同遊。南湖燈火十年夢，舊好何時得重修？來詩有「千嵓萬壑春風動，安得凌空訪靜修」之句，故及之。

傳彦和壽予詩以韻答〔二〕

遯世今成壁立山，傷時時復井生瀾〔三〕。希夷老不留張詠，康節初曾笑謝安。歲月妒人雙鬢

〔一〕「休」，元至順本作「收」。
〔二〕詩題，傳，明成化本作「傅」，疑誤。
〔三〕「井」，畿辅叢書本作「幷」。

老，江山分我一杯歡。因君喚起扁舟興，擬畫臨流白帽閒〔一〕。

次韻答王之才見寄

瀟瀟霜葉打窗疏，耿耿寒燈伴獨居。鄉議謾評康節僻，後賢方識子雲書。詩成已破三緘戒，臂穩因思九折初。明日相望在何處？青山佳處即吾廬。

次韻答張夢符〔二〕

瘽然一榻卧成痕，多病人疏自古云。執别三年猶念我，開緘千里若逢君。家聲舊仰遼東鶴，才望今稱冀北群。每憶琴尊前日雅，幾回搔首賦停雲。

寄張之傑

便擬庭闈捧檄過，直須隨俗苦揚波。一瓢有樂誰云細？三釜無歡亦謾多。戰國遺風餘管樂，

〔一〕「閒」，明成化本作「間」。
〔二〕詩題，元至順本「張夢符」後有「侍郎」二字。

南朝清議尚王何。見人時樣知吾拙，獨誦滄浪太古歌。〔一〕

寄彦通

青芻白飯思悠然〔二〕，燈火山亭暮雨前。不意相思渾百里，直教一别動經年。久甘分席樵夫下，敢望過門長者先。自是煙霞愛招客，可無佳句助清妍。

示彩麟

相思擬話百年情，燈火直須幾徹明〔三〕。繼志未論班氏史，隆師何用鄭公名。人間忠孝寧無責，學術淵源先有盟。欲寄君詩仍感泣，野夫能有幾門生？

〔一〕明成化本考異：「一作：『捧檄虚名得幾何，也隨流□（□疑作「水」）苦揚波。六朝名士談寂寞，七國書生讀揣摩。菽水盡歡三鼎重，乾坤無愧一瓢多』。下二句同。」

〔二〕「悠」，元至順本作「依」。

〔三〕「幾徹」，三賢集本、畿辅叢書本作「徹夜」。

示有寄

南鄰新膾北鄰醅，莫忘蓮湖舊釣臺。根底自宜留故土〔一〕，熖中真見有寒灰。短長無就相形看，消息當從既往推。遙想西城共登眺，水光山色亦悠哉。

付阿山誦

十畝荒田不自耕，半空樓觀幾時成？人因遇困方言命，我為求奇反喪名。此去要知燈是火，向來空指鴈為羹。新詩銘在山童口，百過高歌告乃兄。

送董巨濟尋親

花繞東鄰竹馬鞭，春隨西舍板輿肩。白雲尚在棲遲地，彩服俄驚喜懼年。樵爨定知生處樂，兒孫多向老來憐。阿翁別後還家夢，比擬思親恐未偏。

〔一〕「底」，元至順本作「柢」。

送人官浙西

江海十年幾戰酣，劫灰飛盡到耕蠶。亂離文物想猶在，凋敝徵科恐未堪〔一〕。眼底興亡即今古，胸中形勝欠東南。因君漸有扁舟興，佇待清風洗瘴嵐。

送人官吴中

天徹藩籬要混通，古來佳麗數吴中。送君如對秋風起，恨我不隨江水東。五瘴何妨鄉土異〔二〕，孤雲須念母心同。畫圖留取風煙看，莫趁并刀一剪空。

張仲賢宣慰淮東過予山中臨别贈詩庸見定交之意云

昨夜相逢終夕話，今朝送别百年情。世緣盡付禪心在，官況並隨詩境清。此日救焚猶有望，他年勇退豈無盟。知君苦愛希夷老，莫厭山深不寄聲。

〔一〕「敝」，原作「弊」，據畿辅叢書本改。

〔二〕「何妨」，文津閣本、元至順本、三賢集本、畿辅叢書本作「可妨」，明成化本作「可防」。

郭太守提舉松江

蔡公聲望動江東，應識頭顱肖外翁。陵谷初經新化日，蓴鱸不似舊秋風。看雲正要忘憂計，避瘴無如寡欲功。萬里吳淞憑寄語〔一〕，幷刀明日試胸中。

贈韓道人

積學輸君氣稟真〔二〕，胸中鵬賦自凌雲。靈砂换骨知何物，道籙降心亦謾云。銅泣露盤經幾見，鶴言華表竟誰聞？風流大父承平事，賴有當年李少君。韓及識予先大父，今百三歲矣。

贈司馬道人〔三〕

仙界清涼亦陸沉，風流儒素渺難尋。白雲自解留佳客，青帔端能爍壯心。知己未論鵬鳥

〔一〕「淞」，原作「松」，依畿辅叢書本據杜詩改正。

〔二〕「君」，元至順本作「翁」。

〔三〕詩題中，「道人」，元至順本、明成化本、畿辅叢書本均作「道士」。

賦〔一〕，移人先聽水仙琴。野夫近有南來興〔二〕，乞我庵前十畝陰。司馬氏，陵川名家。陵川或謂清涼境界。

贈趙文八十詩　并序

趙文字澤民，金義宗初年，應律科中天下第一〔三〕，授商州知法，尋除左部檢法，遷新息令。北渡客順天，中統初擢為左三部司正，致仕景州判官。為人樂易寡默，嘗與先人同應真定宣撫司辟召，故予以父執事之。今年八十餘，里人好事者榮其壽，諸公為賦詩，而求予倡焉。

律學專門自可疑，更從報施論心期。干戈留在三章法，松菊歸來兩鬢絲。再世通家惟此老〔四〕，百年涉世亦吾師。平生辨作者英序，慚愧胸中壽域碑。

〔一〕「鵬」，全元詩作「鵬」。但其所據之劉文靖公集此字亦作「鵬」。
〔二〕「夫」，元至順本作「人」。
〔三〕「應律科中天下第一」，原作「應科中天律下第一」，據元至順本、畿辅叢書本改。
〔四〕「再世」，元至順本作「再拜」。

都山劉丈九十詩卷

感事還悲負米身，此生無復九齡親。干戈誰共知年喜？天地猶全愛日真〔一〕。只擬商顔亦秦土，豈期唐水尚堯民？胸中壽域平生在，開卷題詩覺有神。

訾相士詩卷

形聲感物即天成，善惡因心有相生。人事百年隨反覆，天容一日幾陰晴。僕夫茗椀何妨共，廝役王門未可輕。不向訾家洲上醉，胸中風鑒恐難平。

題贈郄道人詩卷〔二〕

開卷煙霞著莫人，紫芝瑤草憶芳尊〔三〕。法筵古禮存三代，野服遺風見一痕。唐水堯山猶樂國，葛洪張果有仙村。何時輦母東鄰了？老婦烹茶自應門。

〔一〕「猶」，元至順本、明成化本作「獨」。

〔二〕「郄」，三賢集本、畿辅叢書本作「郗」。

〔三〕「憶」，元至順本作「一」。

哭申也

悲來思汝不可置，揮淚問予何所悲？青欲出藍今遽爾，白能受采復誰期？粥杯屢進知君篤，藥裹親嘗豈我欺？從此塵編只獨理〔一〕，不堪燈火夜涼時。

哭王之才編修

草草離觴記去年，誰知此別是終天？傳雖成癖今安用，史未為榮應自憐。四座高談宛猶在，一經白首竟無傳〔二〕。交朋日與來書少，不過西州亦泫然。

千户喬侯挽詩卷〔三〕

拱木秋聲尚凜然，平生鄉國愧幽燕。千家聚落郎山砦〔四〕，四海牢籠敕勒天〔五〕。龍虎風雲空一

〔一〕「塵」，元至順本作「陳」。
〔二〕「首」，元至順本作「髮」。
〔三〕詩題中「挽詩卷」，元至順本作「挽卷」。
〔四〕「郎」，原作「即」，據文津閣本、元至順本、三賢集本、畿輔叢書本改。
〔五〕「勒」，元至順本作「勤」，疑誤。

夢，關河形勢記當年。重侯累將應須念，創立艱難亦可憐。

孫沁州哀挽

驚看哀誄為君傷，一面十年不易忘。秦府舊稱天下選，燕人元有北方強。平生豪氣餘邱土，寤寐神交只月梁。聞説條陳有遺草，承家洗眼看髯郎。

卷十七　遺詩五[一]

五言絶句　十五首

偶成

夢回聞雨聲，忽覺是風葉。問予何以知？仰見梁間月。

偶書　二首

累累山下塚，渺渺嶺頭雲。歲晚不歸去，笙鶴應望君。

昨日宋人苗，今日牛山木。寄語芒芒人，管取牛羊牧。

〔一〕「遺詩五」，三字原缺，據静修集·提要補。

明珠穴

山從何時裂〔一〕？珠去誰當還？餘光爛猶在，照我方寸間。

盆池

有月湛秋影〔二〕，無風生小波。澄心一相對，今夜興如何？

溪橋步月圖

山中有幽人，獨步溪橋月。莫問興如何，披圖亦清絶。

出花

下石緑珠井，炙面昭君村。坐令宜花地，亦復愁移根。

〔一〕「時」，原作「處」，據元至順本、明成化本、三賢集本、畿辅叢書本改。
〔二〕「湛」，原作「漸」，據元至順本、明成化本、三賢集本、畿辅叢書本改。

史處士挽章

平昔未相識，幾回曾寄聲。今朝聞謝世，便有故人情。

春露亭書

老樹含春容，寒泉動幽響。念彼山中人，風露恣清賞。

觀石佛有感

明月雲如洗〔一〕，白露春自生〔二〕。石邊有枯木，風至亦知鳴。

呂洞賓畫像

微茫洞庭曉，瀟灑崑崙秋。海蟾生碧天，相從何處遊？

〔一〕「雲」，明成化本、三賢集本作「露」。
〔二〕「白露」，明成化本、三賢集本作「白雲」。

絶句

溪童出門望，鷗鷺滿空下。江水淡無情，盡是忘機者。

鴈圖

夢回煙水寒，鴻鴈驚不起。道人心久閒〔一〕，相忘有如此。

商方爵

商爵既云古，那堪形更奇。不宜燕市酒，雅稱野夫詩。

算盤

不作甕商舞，休停餅氏歌。執籌仍蔽簏，辛苦欲如何？

〔一〕「久」，原作「又」，據元至順本、明成化本、三賢集本、畿辅叢書本改。

七言絶句　七十一首

顔曾　二首

陽光浩蕩斂秋容，陰景深沉暖漸融。萬古顔曾留意象，洪爐春滿聖門風。

剪冰成雪舊知冰，摶雪成冰見未曾。到底春風同一貫，要從此地識顔曾。顔愚，德；曾魯，質。

雜詩　五首

老兔雛雞自有春，壺冰澈底照來真〔一〕。驢鳴畢竟渠皆聽，解識天機得幾人？

水華庭草思悠然，風月濂溪有正傳。二十四年程主簿〔二〕，已知隨柳過前川。

天教觀物作閒人〔三〕，不是偷安故隱淪。要識邵家風月興，一般花鳥華山春。

寒氣常侵一半春，詩家道體説來真。不教曉入雄雞口，誰喚南窗打睡人？

〔一〕「壺冰」，元至順本作「冰壺」。

〔二〕「二十四年程主簿」，二十四，明成化本考異：「四，一作一」。程主簿，原作「成主簿」，據元至順本、明成化本改。

〔三〕「天教觀物作閒人」，明成化本考異：「一作：聖門豪客避風塵。」

湯鼎石壇老眼親，陰陽誰見屈中伸。年來併識顏家樂〔一〕，十月天教薺麥春。

癸酉新居雜詩　九首

一

一時賓主記從容，萬古風流在洛中。未敢空中望康節，且從實地學溫公。

二

邢恕無端尚可優，朱王那肯復蘇讐。程門萬古春風在，百草千花得自由。

三

野店襴衫蓋世雄，徂徠几杖列兒童。平生自恨無師友，千古空聞圯下風。

四

一語希文鑄大儒，太山纔了又橫渠。紛紛諸子燈前寢，未管春風朽木蘇。

五

樂事相關禽對語，生香不斷樹交春。程家若要觀生意，卻恐鳶鳥畫不真。

〔一〕「併」，畿輔叢書本作「不」。

六

野色更無山隔斷，天光直與水相通。不須中夜深思省，臥我高樓霽雨中。

七

牛山昨日恨相忘，今日齊苗苦未長。會待明年新雨足，功夫留着護牛羊〔一〕。

八

投詩廁裏紛紛口，置筆藩間苦苦心。千古高風一瓢飲，不從文字得知音。

九

仲舒不草漢三策，韓愈欲成唐一經。三百年來麟未泣，不知編簡向誰青？

道境

道境相看滿面春，平生心事數來真。南山正在悠然處，未肯回頭錯應人。

〔一〕「夫」，畿辅叢書本作「未」。

漫題

乾坤未覺化機停，世態難逃醉裏醒〔一〕。共見白雲又蒼狗，豈知蜾蠃即螟蛉！

漫記　四首

一

天幕高懸兩部蛙，水光山色照黄家。忘情未便真忘得，憶竹栽蘆強自誇。

二

我自無行便是藏，更將何物要韜光。東皋幸有牛溪在，卻向長安説醉鄉。

三

百錢破釜發長歎，一局贏棋為解顔。擾擾自無安腳處〔二〕，幾人打透利名關？「透得利名關，便是小歇處。」見趙顯卿手簡。

〔一〕「難」，元至順本作「能」。

〔二〕「安腳處」，明成化本考異：「一作心歇處。」

四

應物何嘗累我真，禪家怖死強忘身〔一〕。昨朝一讀雍行録，卻笑當年墮甑人。

感興　七首

一

江山心境儘風神，弧矢襟期記此身。說與求田問舍叟〔二〕，遨遊何必故鄉春。

二

優遊千古禍成胎，冷雨疏煙撥不開。卻喜夷吾成霸業，又思漢武亦英材。

三

天理胸中霽欲流，黄浮眉宇酒浮甌。生香似見花交樹，引得遊蜂舞不休。

四

霜落江湖水太清，巖巖山色欲秋爭。爭如一覺南窗睡，門外春風草自榮。

〔一〕「怖」，三賢集本、畿辅叢書本作「怖」。

〔二〕「問舍」，原作「田舍」，據三賢集本、畿辅叢書本改。

五

功名藉口為蒼生，唐漢英風未易輕。千載興亡舒卷了，區區勳業亦何成？

六

斷簡殘編絶賞音，誰從百鍊見真金？龍門千古遺歌後，更覺良工獨苦心。

七

按劍無人誅武后，斲搘終恨貸朱梁。一林爽氣迎秋隼〔二〕，何處雲山是致堂？

書事 五首

一

當年一線魏瓠穿，直到横流破國年。草滿金陵誰種下？天津橋畔聽啼鵑。

二

卧榻而今又屬誰？江南回首見旌旗。路人遥指降王道，好似周家七歲兒。

〔二〕「一林爽氣迎秋隼」，林，原作「杯」，據畿辅叢書本改。隼，畿辅叢書本作「集」。

三

朱張遺學有經綸，不是清談誤世人。白首歸來會同館，儒冠爭看宋師臣。

四

風節南朝苦不伸，泝流直要到崑崙。世宗一死千年欠，此是黄河最上津〔一〕。

五

唱徹芙蓉花正開，新聲又聽採茶哀。秋風葉落踏歌起，已覺江南席捲來。

試筆

眼花不見羲之俗，口快爭言杜甫村。擬欲鑿山藏此筆〔二〕，高情千古約重論。

讀史

中才隨世就功名，恰似焦桐爨下鳴。到底中郎惟兩耳，人間多少不平聲！

〔一〕「津」，元至順本、明成化本作「源」。
〔二〕「擬」，元至順本作「我」。

讀史漫題〔一〕

眼底權奸漢室空，伯喈文舉亦才雄。王畿廟號關何事？亦在區區論建中〔二〕。

梁甫吟

功名且就漢庭多，畢竟曹瞞累我何！汶上千年英氣在，有人梁甫正高歌。

寫真詩卷　三首

龍祠嶽廟盡冠巾〔三〕，雨露何關土木身。不是二程窮物理，誰從一髮辨天真？

彼此相懸一髮邊，聖賢廟貌幾千年。周郊自有圜丘在，莫道金人便是天。

共說雲雷起畫龍，聲容誰道影堂空？含糊若信俗儒論，已落三家僭禮中。

〔一〕「謾題」，元至順本作「漫記」。

〔二〕「亦」，元至順本作「卻」。

〔三〕「嶽」，原作「岳」，據元文類、元至順本改。

曾點扇頭　二首

晉楚英雄管晏才，當時真眼尚誰開？狂生攜著魯兒子，獨向舞雩風下來。

獨向舞雩風下來，坐忘門外欲生苔。歸時過着顔家巷，說與城南花正開。〔一〕

燕居圖

伊川門外雪盈尺，茂叔窗前草不除。要識唐虞垂拱意〔二〕，春風元在仲尼居。〔三〕

堯民圖

皋夔遺像凜猶存，更比凌煙意氣真。但使尊前有如此，不慚只作許東鄰。

〔一〕明成化本考異：「一此下又有二首：『說與城南花正開，春衣飄渺約重來。當時有我相逢着，拍手東風笑一廻。拍手東風笑一廻，忘機魚鳥不驚猜。聖門風月無多地，都把天機洩露來。』」

〔二〕「要識」，明成化本考異：「一作共識。」

〔三〕明成化本考異：「末二句，一作：『若要四時元氣看，春風常在仲尼居。』」

許由棄瓢圖

人間洪水正橫波〔一〕，堂上南風入浩歌〔二〕。兩耳區區無著處，一瓢孰與萬幾多。

夷皓

萬古人心自有堯，直教夷皓怨難消。憑誰移去安歸歎？換作康衢擊壤謡。

龜蓮圖

龜約蓮香上翠盤，四靈長向畫中看。題詩記我千年恨，風月無聲洛水寒。

〔一〕「洪水正橫波」，元至順本作「極目盡洪波」。
〔二〕「堂上」，元至順本作「誰引」。

書李渤聯德高蹈圖〔一〕 五首

一

方寸無窮皦皦天，豈惟毛髮要歸全？臨終一聽曾元語，愈歎黔婁有婦賢。

二

天意行藏我自知，區區猿鶴亦何為？室無萊婦君休恨，免使狂歌誚仲尼。

三

江湖魏闕有心期，莫怪先生起太遲。寄謝移書韓博士，山妻元不解啼饑。

四

諸生課罷弄煙霞，紡績乘閒為煮茶。白鹿高風有誰繼？草堂貧女晦庵家。

五

萬里江鷗不易馴，百年我愛隱居秦。歸來匹婦休相笑〔二〕，老眼真能混世塵。

〔一〕「書」，原作「畫」，據元至順本改。

〔二〕「匹」，明成化本作「四」。誤。

幽人圖　二首

無媒路逕草蕭蕭〔一〕，山鬼翛篁夢轉遙。手撚幽香意何遠，為誰終日面𡾰嶤？

澗響無心和考槃〔二〕，雲容有意近長安。〔三〕野猿窺破中宵夢，卻恐山靈不易謾。

高卧圖

萬里青山卧平地，世間何物是元龍？無人説與劉玄德〔四〕，君在青山第幾重。

華山圖

水墨驚看太華蒼，夢中十載果難忘。三峰雖乞希夷了，應許劉郎典睡鄉。

〔一〕「路逕」，元至順本作「逕路」。

〔二〕「槃」，元至順本作「盤」。

〔三〕明成化本考異：「澗響二句，一作：『索價高歌強考槃，自言猶勝近長安。』」

〔四〕「説與」，明成化本作「語與」，但其考異：「疑當作說與。」

孫尚書家山水卷　三首

扁舟老樹傍蒼崖，好似今秋雪嶺廻。試問黃塵山下渡，幾人曾為看山來？

諸公久矣笑吾貪，是處雲山欲結庵。只有皇卿解貲助，畫山須畫靜修龕。謂皇甫安國。

畫圖題品代移文〔一〕，寄謝神州老使君〔二〕。欲乞龍山恐孤絶，南州隆慮且平分。

郭氏家山圖

鹿門煙影接隆中，翁媼通家社酒紅。只有山童最神駿，舊曾床下拜龐公。

雲山晚景圖

天機濃淡出巖姿，夢境風雲入壯思。畫裏青山照白髪，行藏渾似倚樓時。

〔一〕「品」，叢書集成本作「命」。疑系誤排。

〔二〕「州」，元至順本作「川」。

春雲出谷橫披

筆底天機幾許深，雲容直欲見無心。苦心只許時人會〔一〕，不為題詩亦未尋。

秋山平遠圖

南山千古一悠然，誤落關仝筆意邊。急著新詩欲收領，已從慘澹失天全。

郭熙山水卷

嵓姿秋意淡無弦，煙影天機滅沒邊。更看山翁掩書坐〔二〕，只應人境兩翛然。

李伯時馬

足不能行氣自馳，天機深處幾人知？世間無物能形此，除我南窗几坐時。

〔一〕「時」，元至順本、畿輔叢書本作「詩」。
〔二〕「看」，元至順本作「着」。

祖愚庵家藏畫冊二　二首

敗荷野鴨

畫裏瀟湘自愛秋〔一〕，詩家野鴨謾多愁〔二〕。試看翠減紅銷處〔三〕，好稱江清月冷舟。

風柳牧牛

遠意昇平畫不勝，牛邊煙樹渺層層。前頭恐有桃林路，百喚溪童不解膺。

題宋理宗詩卷後〔四〕

己未天王自出師，眼前興廢想當時。臨江灑酒男兒事，誰向深宮正賦詩？

〔一〕「愛」，原作「要」，據畿辅叢書本改。
〔二〕「詩家」，畿辅叢書本作「誰家」。
〔三〕「銷」，畿辅叢書本作「消」。
〔四〕「宋」字原缺，據文津閣本、三賢集本、畿辅叢書本補。

里社圖　二首

賦薄徭輕復有秋，天恩帝力為誰優？老盆醉殺村夫子，盡道今年好社頭。

亂後疲民氣未蘇，荒煙破屋半榛蕪。平生心事羲皇上，回首相看是畫圖。

卷十八　遺詩六〔一〕

七言絕句　六十一首

新居

萬事休關百病身，書囊藥裹最相親。年來愛與漁樵話，恐有無心失位人。

偶書

平生積學連城璧，萬古虛名衆口金。午睡覺來門巷靜，雨晴風細鵓笙鳴〔二〕。

〔一〕「遺詩六」，三字原缺，據静修集·提要補。
〔二〕「鳴」，畿輔叢書本作「吟」。

晝睡

世事悠悠莫謾驚，直消鼻息幾雷鳴。高松似會幽人意，也學齁齁枕上聲。

睡起

晚醉城南不記回，虚簷高枕藉蒼苔。酒醒涼意瀟瀟在，應是前山送雨來。

客來

老懶相逢口倦開，山城無酒慰徘徊。家僮使慣知人意，豫設棋枰待客來。

對棋

直釣風流又素琴〔一〕，也應似我對棋心。道人本是忘機者，信手拈來意自深。

〔一〕「又」，原作「人」，據文津閣本、元至順本、明成化本、三賢集本、畿辅叢書本改。

題樹上

才脱蓑衣曬網回〔一〕，芒鞋隨意趁蒼苔。忽聞人語還私笑，林外誰呼學士來？

名吾山亭

平生心事與山親，不忍稱呼作此君。亭自屬君山屬我，四時風景要平分。

憶飲山亭

但得酒同張野飲，猶勝事對阮生論。他年乞我園亭住〔二〕，便喚西疇下瀼村。

書田舍壁

里胥初過期無事，營幙遲來望有年。鄰舍借醅留客宿，土床分席枕瓜眠。

〔一〕「才」，原作「不」，據元至順本、明成化本改。
〔二〕「乞」，明成化本作「厄」，疑誤。

絶句

今朝客為求文至，昨日鄰嫌借米移。木枕質錢多舊帖，看囊不必要新詩。

山家

孟氏養親惟小園，董生有吏索租錢。留詩自愧非韓杜，聊記林宗識子賢。

山行遇雨

無邊暮雨暗山前〔一〕，天意人情豈偶然。衡岳自能哀吏部，嵩高元不識伊川。

喜雨書事　四首

一

拍手兒童笑不休，笑君前日為誰憂。天公自有甘霖在，未管渠儂浪白頭。

〔一〕「山前」，元至順本作「前山」。

二

一笑黄河一度清，自緣無物盡歡情。今朝久旱雨三尺，消得山人酒滿傾。

三

坐占庭蟻戰餘酣，一飽無功益自慚。但見人人厭粱肉，野夫方覺薺苗甘。

四

為驗陰晴看漏星，要知疏密候簷聲。夜來還卻當時睡，不脱蓑衣直到明。

即事

雲白天青浩不收，雨晴山色欲無秋。淡煙衰草關何事〔一〕，落日江波空自愁。

登樓絶句

倚遍欄干十二樓，卷舒風景入兵籌。南山自古為勍敵，秋色終當讓一頭。

〔一〕「何」，明成化本作「河」。

山寺早起

松窗一夜遠潮生，斷送幽人睡失明。夢覺不知春已去，半簾紅雨落無聲。

萬壽宮館舍

來時殘雪點征衣，落盡庭花尚未歸。夢裏不知身尚病〔一〕，春衫歸路馬如飛。

答問目「執其兩端」章

不是黃河且勿論，只從河水覓通津。西至崑崙東至海，從頭一一認來真。

次人韻　二首

花落歸根恐未真，又從碩果強尋春。玄都觀裏桃千樹，誰是前身與後身？

桃花結子更生孫，千樹玄都作好春。若遇禪家說生死，桃根拈與爨頭薪〔二〕。

〔一〕「尚」，元至順本作「是」。

〔二〕「薪」，原作「新」，據元至順本改。

狂生

放曠無端更自神，豪誇欺世語誰真？如何老阮無情甚，不願兒郎作大人。

蠢齋

莫倚蠢愚遂自疏，保身須要畏刑書。頭邊既有儒冠在，誰為齋名赦得渠？

勉齋〔一〕

萬徑千蹊各自分〔二〕，北轅適越亦徒勤。勉齋究竟將何勉，不認途真恐誤君。

〔一〕關於本詩，明成化本考異云：「一本有序云：『勉，特勤力之稱焉，顧所勉何事耳。非所勉而勉焉，則不若其不勉之為愈也。』云云。」

〔二〕「蹊」，元至順本作「歧」。

疏齋 二首〔一〕

漫浪隨時聽自更〔二〕，要從僻凡到無名〔三〕。疏齋未便常為主，月旦明朝有後評。

眼前萬事先天圖，人力那容巧有餘？看盡四傍文理密，環中空闊卻如初。

寒食

執綏猶恐墮危傾，感帨尤患損靜貞〔四〕。欲看人間家道正，重門深閉過清明。

夜坐即席分賦燈花瓶笙〔五〕 二首〔六〕

眉間正有喜千丈，眼底才消燈一華。我自無憂安得喜，不須開向野人家。

〔一〕「二首」二字原缺，據文津閣本、元至順本、畿輔叢書本補。

〔二〕「聽」，原作「取」，據元至順本、明成化本、三賢集本、畿輔叢書本改。

〔三〕「凡」字原缺，據文津閣本、三賢集本、畿輔叢書本補。元至順本、明成化本作「汎」。

〔四〕「尤患」，原作「尨還」，據畿輔叢書本改。明成化本、三賢集本作「尤還」。

〔五〕「笙」，原作「聲」，據畿輔叢書本改。

〔六〕「二首」二字原缺，據內容補。

萬丈潮頭落晚江，一缾收拾入秋窗。宮商不在人間世，鼻息雷鳴未肯降。

紙帳

閒中今古道中身，靜裏乾坤夢裏神。放下蒲團閒打坐，紙簾和月一壺春。

謝處士載月圖

扁舟西子五湖過，謝客西風兩鬢皤。一種清江明月底〔一〕，憑君試問夜如何？

昭君扇頭　二首

武皇重色思傾國，趙氏承恩亦亂宮。自售懸知非靜女，漢家當論畫師功。

不忍紛紛醜女顰，百年孤憤漢宮春。一身去國名千古，多少名臣學婦人。

〔一〕「江」，畿辅叢書本作「風」。

僧惠崇柳岸遊鵝圖

河堤煙草柳陰匀，舒雁群遊意自馴。此是吾鄉舊風景，畫中相見亦情親。

題孫氏永慕圖　畫其家山，先壠所在。〔一〕

遊宦恐忘邱壠念，披圖如對白雲孤。平生畫卷看多少，最愛孫家永慕圖。

陶母剪髮横披

剪髮英明子可知，披圖三歎淚雙垂。阿娘襟量如陶母，爭信癡兒到老癡。

跋遺山墨蹟

晚生恨不識遺山，每誦歌詩必慨然。遺墨數篇君惜取，注家參校有他年〔二〕。

〔一〕「壠」，元至順本作「隴」。首句中「邱壠」亦作「邱隴」。按，「隴」通「壠」。

〔二〕注，原作「汪」，據諸本改。

王君願縱私屬詩卷

共賦人形覆載間，忍教牛馬與同欄。人情比比王褒約，毁券如君亦自難。〔一〕

朱孝子割股詩卷　二首〔二〕

救本戕肢亦可憐，粉身爭忍欲崩天。詩書明日良心在，應對瘡痕一泫然。

便律韓文恐太偏，狂童十歲亦堪憐。偶從德色耰鋤看，重為朱郎賦此篇。〔三〕

陳雄州止善堂詩卷

久被邦君撫養慈，野人無路識風姿。願將明日甘棠詠，用續諸公止善詩。

〔一〕本詩末，明成化本考異：「一本又有一首云：『萬里兵塵得此身，全家生聚復欣欣。生男便以王為字，莫遣兒孫忘使君。』」

〔二〕「二首」二字原缺，據文津閣本、元至順本、畿辅叢書本補。

〔三〕關於本詩，明成化本考異云：「後一首一作：『刺血無妨美壽□，割肌今又見朱郎。題評莫□韓文在，十歲狂童重可傷。』」

王治中請蠲免回

都南連歲水為災，輸挽區區亦可哀。驚見流民行復止，傳聞昨日治中來。

賀廉侯舉次兒子

相國當年病且貧，乘除天理暗中存。青青後樂堂前樹，又見廉泉第二孫。

長卿兒子阿延百晬　二首

老年生子吾何願〔一〕，所願常推欲及人。但願無災保家外，一生長作太平民。

和子新年亦解狂〔二〕，詩中名姓莫相忘。通家會有西山約，合喜膺門共父長〔三〕。

〔一〕「何願」，原作「所願」，據文津閣本、元至順本、三賢集本、畿辅叢書本改。

〔二〕「新年」，元至順本作「新詩」。

〔三〕「合」，元至順本、明成化本作「各」。

答友人見寄

兩首新詩寄草堂，一詩曾許卜鄰牆。白雲已領歸來約，只恐山靈不解忘。

寄毛得義

白沙翠竹北比鄰，夢想南湖老聘君。遥憶郡樓風景好，幾時同看暮山雲。

寄楊晉州　字伯榮〔一〕　二首

曾是吾鄉舊幕官，秋風碧水記紅蓮。而今卻憶當時事，回首驚看二十年。

南州選舉數三楊，中統衣冠半在亡。明日朝廷訪耆舊，不應白首尚為郎。

郝生知林州

到處雲山是我詩，不愁無物慰相思。只從隆慮煙霞色，領取幽人笑傲姿。

〔一〕「字伯榮」三字原無，據元至順本補。

送琴客還池州　五首〔一〕

一

江左衣冠自昔聞，紫陽遺學竟誰真？抱琴為向山中聽，林下寒棲恐有人。

二

謫仙胸次九芙蓉，又落人間劫火中。浦思山哀天不管，為弦五曲和松風〔二〕。

三

過手春風不見痕，曲中悲壯宛猶聞。明朝無限空山夜，月白風清覺少君。

四

人物翩翩美少年，不應心事只揮弦。書中名理琴中趣〔三〕，更有歸鴻目外天。

〔一〕「五首」二字原缺，據元至順本、畿辅叢書本補。
〔二〕「五」，元至順本、明成化本、三賢集本、畿辅叢書本作「吾」。
〔三〕「名」，元至順本作「明」。

五

日暮江東有所思，未須千里寄吾詩。但看西北浮雲盡，是我倚樓閒望時。〔一〕

送新安田尹

扁舟屢訪南溪老，驚見田侯拜下風。一遇蓋公能北面，愛君心與故人同〔二〕。

朱君挽章

送葬曾求薤露辭，一家風樹衆人悲。十年不廢當時念，篤孝如君亦我師。

李臨城哀挽　字仲溫〔三〕

趙郡經過二十春，臨城名姓舊曾聞。驚看哀誄傷存殁，悵望恒山日暮雲。

〔一〕本詩末，明成化本考異：「一本又有一首云：『北海尊罍覺未空，哀弦初不廢南風。到家父老如相問，為說中原自古雄。』」

〔二〕「故」，元至順本、明成化本、三賢集本、畿辅叢書本作「古」。

〔三〕「字」字原缺，據元至順本補。

樂府 十一首

水調歌頭 同諸公飲王氏飲山亭，索賦長短句，效晦翁體〔一〕

一諾與金重，一笑對河清。風花不遇真賞，終古未全平。前日青春歸去，今日尊前笑語，春意滿西城。華鳥喜相對〔二〕，賓主眼俱明。 平生事，千古意，兩忘情。我醉眠卿且去〔三〕，扶我有門生。窗下煙江白鳥，窗外浮雲蒼狗，未肯便寒盟。從此洛陽社，莫厭小車行〔四〕。

念奴嬌 憶仲良

中原形勢，東南壯〔五〕，夢裏譙城秋色。萬水千山，收拾就，一片空梁落月。煙雨松楸，風塵淚眼，滴盡青青血。平生不信，人間更有離別。 舊約把臂燕南，乘槎天上，曾對河山說。前

〔一〕「王氏」，元至順本、全金元詞作「王丈利夫」。
〔二〕「華」，元至順本、全金元詞作「花」。
〔三〕「我醉眠卿且去」，元至順本作「醉眠卿且去我」。
〔四〕「莫厭」，明成化本考異：「一作休厭。」
〔五〕「東南壯」，全金元詞作「壯東南」，並注：「從百家詞本靜修詞改。」

日後期今日近，悵望轉添愁絶。雙闕紅雲，三江白浪，應負肝腸鐵。舊遊新恨，一時都付長鋏。

喜遷鶯　乙亥元日

春風滿面。是胸中春意，與春相見。不醉陶然，無人也笑，況是一年清宴。寧兒挽鬚學語，㜸婦舉杯重勸。道惟願，貧常圓聚，老常康健。□□□□□〔一〕二十七年，世事經千變。今是昨非，春風花柳〔二〕，消盡冰霜殘怨。門外曉寒猶淺，門上垂簾休捲。燈花軟，酒香濃，趁歌聲〔三〕，試輕輕嚥。

南鄉子　題外舅郭氏留耕堂壁上〔四〕

方寸足留耕，大勝良田萬頃平。陰理不隨陵谷變，分明。霜落西山滿意青。　千載董生行，雞犬昇平畫不成。終日相看天與我，高情。身外浮雲自古輕。

〔一〕全金元詞此處空五格，並注：「原無空五格，茲從彊村叢書本樵庵樂府補。」
〔二〕「風」，原作「思」，據全金元詞從百家詞本樵庵詞改。明成化本誤作「恩」。
〔三〕「聲」，原作「舞」，據明成化本、全金元詞改。全金元詞注云：「從彊村叢書本樵庵樂府改。」
〔四〕「舅」，原作「甥」，據全金元詞從百家詞本樵庵詞改。

南鄉子　張彥通壽

窗下絡車聲，窗外兒童課六經〔一〕。自種墻東新菜美〔二〕，青青。隨分杯盤老幼情。　千古董生行，雞犬昇平晝不成。應笑東家劉孝子〔三〕，無能。縱飲狂歌不治生。

菩薩蠻　為王丈利夫壽〔四〕

吾鄉先友今誰健，西鄰王老時相見。每見憶先公，音容在眼中。　今朝故人子，為壽無多事。惟願歲長豐，年年社酒同。

朝中措　廉公惠正議舉兒子〔五〕

金張家世費貂蟬，七葉侍中冠。若就詩家攀例，生兒合喚添官。　憑誰寄語，廉泉父老，

〔一〕「外」，元明清詞選作「畔」。
〔二〕「美」，明成化本、全金元詞、元明清詞選作「莢」，文津閣本作「恰」。
〔三〕「東家劉孝子」，明成化本、全金元詞作「劉家劉老子」。
〔四〕「為王丈利夫壽」，原作「王利夫壽」，據元至順本、全金元詞改。
〔五〕元至順本作「賀廉侯舉兒子」。

斗酒相歡。今歲孫枝新長，甘棠消息平安。

臨江仙　賀廉侯舉次兒子〔一〕

四海荆州吾所愛，虎賁誰似中郎。子孫今擬喚甘棠〔二〕。添官前有例，簪笏看堆床。　明日乃公歸舊隱，後園喬木蒼蒼。青衫竹馬雁成行。當年廉孟子，應有讀書堂。

臨江仙　送王從事〔三〕

行色匆匆緣底事，山陽梅信相催。梅花香底有新醅。南州今樂土，得意即銜杯。　君見太行憑寄語，雲間蒼壁崔嵬。平生遮眼厭黄埃。高樓吾有興，無惜送青來。

西江月　送張大經

留在平生落落，休嗟世事滔滔。青雲底柱本來高，立向頹波更好。　一片花飛春減，可堪

〔一〕「賀」字原缺，據元至順本、全金元詞補。
〔二〕「子」，元至順本、全金元詞作「小」。
〔三〕「王」，元至順本作「二二」。

萬點紅飄。江花江月可憐宵，莫賦招魂便了。

西江月　贈趙提學酒

買得雞泉新釀，病中無客同斟。遣人持送旅窩深，呼取毛翁共飲。　少個散花天女，維摩憔悴難禁。安排走馬杏花陰，咫尺春風似錦。

卷十九　拾遺一

五言古詩　八首〔一〕

郭翁詩　并序

翁名恩，本相人。少為輪扁業，亂後流寓保定。年今近九十矣。早與其兄相失，後聞其居河南，老無所依，翁乃三往迎之。及至，奉事惟謹，與同寢處。翁家貧，素無僕御。其兄卧病，翁親為浣滌厠牏。其兄臨終，嘗以遺骸歸祔為托，而翁亦極力以成其志。郡中諸老人與翁年相若、游相好者，數數為予道翁行事如此。予感歎不已，為作是詩。

佳木交清陰，欣然動人意。況聞翁之風，能不有生氣。此翁少有兄，干戈鄉縣異。哀鳴念

〔一〕「五言古詩八首」六字原缺，據底本目錄補。

羈孤，相思勞夢寐。自誓畢此生，復爾歡聚遂。千里三往還〔一〕，竟扶藍輿至。夜雨一方床，春風滿天地。家無十歲僮，百役一身寄。效兒浣廁牏，代婦理中饋。生忘悍獨憂，死免道路棄。關河隔故邱，走送徇歸志。大義今已全，初心始無愧。翁本不識書，所知惟藝事。作詩美翁賢，亦以警士類。

友善堂詩送文子周使江西

我昔客鎮州，東鄰友善堂。一别今十年，主人髮如霜。百年翰林銘，許與聲琅琅。愧昔知君淺，喜今窺汪洋。暫會復遠别，江山懷豫章。舉目見良朋，胸中非故鄉。但憂兵亂餘，民氣恐不揚。人生貴樹立，事業在此方。

李從事北上

在昔為趙客，君方掾鎮州。前年從事保，我為鄉人留。今聞當上計，適值將南遊。區區四五年，足跡無少休。窮達雖云異，飄泊同羈愁。

〔一〕「還」，元至順本作「返」。

𠀉家園藥畦

極覽力不任，近尋情亦親。勤人良可愧，生物庸非仁。氛雜没畦隔，洗去如遊塵。激流不知小，因風亦生鱗。羊乳生氣少，靈厐渺無聞〔一〕。牛妳〔二〕頗肥澤，老馬或當神。薯區才數本，臈粥思及鄰。庭前席許地，可望濟病身。茫茫天宇間，此意難重陳。

種芋

借地劚深區，西鄰計已成。雖無范陽種，尚愛君子名。糞壤豆萁爛，南風緑雲平。欲知子有孫，當驗葉與莖。饑腸日有望，歲晚分杯羹。未築學圃亭〔三〕，先著種芋經。欲持已試驗，盡令鄉曲行〔四〕。

〔一〕「厐」，畿辅叢書本據蘇軾詩改作「尨」。三賢集本作「龎」。按，厖、尨、龎，皆「龐」之異體字或通假字。
〔二〕「妳」，三賢集本、畿辅叢書本作「嬭」，元至順本作「奶」。按，妳、嬭，皆「奶」之異體字。文津閣本作「羊」。
〔三〕「未」，元至順本作「朱」。疑誤。
〔四〕「鄉曲」，元至順本、三賢集本、畿辅叢書本作「鄉社」。

蜀葵

蜀葵落秋子，已能成小叢。如何同枝花，隱隱纔含紅。一氣有先後，萬物誰窮通？伊誰歎遲暮，來此尊酒同。

重遊北溪　分韻得暉字

蒼黄淡野色，草樹含清暉。林居隱葱蒨，晴嵐散霏微。歸雲有真意，鳴禽發天機。勝處必深會，輕觴豈虛揮！山泉來何從，北望空依依。

呈保定諸公

燕垂趙際間，人物熒珪璋。諸侯舊賓客，一郡宗賢良。士窮叫知己，人渴思義漿。諸公且勿嗔，賤子伸餘狂。騆幼有大志，早遊翰墨場。八齡書草字，觀者如堵墻。九齡與太玄，十二能文章。遨遊墳、索圃〔一〕，期登顔孔堂。遠攀鮑謝駕，徑入曹劉鄉。詩探蘇李髓，賦薰班馬香。

〔一〕「索」，原作「素」，據三賢集本、畿辅叢書本改。

銜官賓屈宋，伯仲齒盧王。斯文元李徒，我當拜其旁〔一〕。呼我劉昌谷，許我參翱翔。眼高四海士，兒子空奔忙。俗物付脱略，壯節持堅剛。前年脱穎士，峨峨勢方颺。欲求伸汨没，今反墮渺茫。少小嬰憂患，痛切摧肝腸。零丁嘆孤苦，片影吊愴惶。溺身朱墨窟，人事如冰霜。高才日陵替，壯志時悲傷。駑駘欺赤驥，鴟鴞笑鳳凰。妾婦妬逸才，浪嘴讒舌長。紛然生謗議，鋒起不可當〔二〕。不忍六尺軀，縮項俄深藏。諸公富高義，刮垢摩我光。去留從所適，爽氣生西廊〔三〕。

七言古詩　八首

送王之才赴史館編修

太古熙熙存太質，誰為結繩陷膠漆。三墳、五典生厲階，一派前道千流出。商周灝噩數千年，刪定塵編纔半壁。自從盲叟好浮誇，天遣阿遷奪其筆。歷代煩文愈是非，鑿碎名山藏不得。

〔一〕「當」，明成化本作「嘗」。
〔二〕「起」，明成化本、三賢集本、畿辅叢書本作「豈」，文津閣本作「鋭」。
〔三〕「廊」，原作「郎」，據文津閣本、明成化本、三賢集本、畿辅叢書本改。

偉哉君實集大成，爾後不聞麟再泣。遼金二史無人修〔一〕，略主英臣少顔色。策書未削徒紛紛，常恨天孫惜刀尺。公軾史癖今史槃，姦魂夜哭崔浩直。善惡磊磊軒天地，筆頭休放波濤息。賤子蕪絕寂寞濱，耕牧河山拾古跡。悲愁忍效虞卿窮，蒼黄敢召台州謫。中原人物有權衡，玉堂誰擅才學識？山東麟鳳半青雲，燕南獨占天荒隙。公能一奮天下文，袖手旁觀甘自適。

同仲實南湖賞蓮醉中走筆

溢江湛寒風露涼〔二〕，安得置我濂溪堂。香塵縹緲芙蓉裳，百年得此南湖張。舉杯人勝境亦勝〔三〕，有蓮以來無此香。蓮香隨酒來詩腸，得句驚起幽禽翔。幽禽隨人作滯態〔四〕，意欲和我風雩狂。人間一味清到骨，兩足暫付吾滄浪。螟蛉蜾蠃卿且去，醉眠太華雲間蒼〔五〕。

〔一〕此句，文津閣本作「遼金迭起無良史」，明成化本、三賢集本、畿辅叢書本作「遼金邪魅無人誅」。

〔二〕「湛」，元至順本、畿辅叢書本作「紺」，明成化本、三賢集本作「泔」。

〔三〕「境」，元至順本作「景」。

〔四〕「滯」，元至順本、明成化本、三賢集本、畿辅叢書本作「殢」。按，殢音替，又讀泥去聲。

〔五〕「眠」，原作「眼」，據元至順本、明成化本、畿辅叢書本改。

明遠堂賞蓮醉賦

畫堂香遠凝清秋，宛如坐我南湖舟。主人愛客情亦重，謂我無語花應羞。荷香繞筆詩自健，滿紙已覺清江流。平生老氣回萬牛，為君傾倒元龍樓。舉杯喚起謝安石，我醉不省蒼生憂。

元章論書帖

書家豪猛見世變，寥寥鐘鼎今幾塵？古人胸次無滯跡，意外蕭散餘天真。愛書愛畫即欲死，狂絶俗絶無此人。臭穢功名皆一戲，渠言誇矣君勿聞。

阿寅百晬

南湖風鑒不多可，詩中驚見阿寅名。朝來抱來聚星亭，神涵秋色啼古聲。都山張氏世有賢，斷崖近得唐碑銘。乃翁寂寞老窮經，阿敬健筆敵中勍。循環無間豈終晦〔一〕，開物有期須一鳴。老夫自任河汾教，先與虛席待此生。

〔一〕「無」，原作「元」，據文津閣本、元至順本改。

友人送枳朮丸

心胸未識黄昏湯，無食何用求檳榔？書生但苦湯餅睡，巴椒慘慘無鼠腸。舊聞易水仙翁術，緑荷包飯圓枳朮。南州故人持送我，但欠黄雲數千斛。笑撫青囊時一鼓，健啖何由酬此腹？

記夢

天風吹雲送仙槎〔一〕，蒼麟道前牽紫霞。鳳凰呈舞月妃和，飄飄來自金母家。金母臨行有奇贈，玉簫璚管聲清佳。囑我醒時無洩露，恐世知子生喧譁。明朝夢覺莫驚怪，異香冉冉浮窗紗。

又

眼中雲物徒紛紜，我一掉頭殊不聞。天風瀟瀟燈半滅，忽爾雲間見雙闕。欲吐不吐三萬言，雄雞已落長庚前。窗前阿魯讀魯論〔二〕，到植其杖而芸田。

〔一〕「仙」，明成化本、三賢集本、畿辅叢書本作「星」。

〔二〕「魯論」，明成化本作「論讀」。

雜言

早發高黑口號　二首

蒼月瘦，黑風酸，枯梢老竅號空山。東方未動天發黑，迷途客子廻征鞍。冰髯壓唇帽簷側，耳輪霜醉鼻尖寒。中原年少燕南道，功名未了黃塵老。黃塵老，馬上神州依舊好。

送國醫許潤甫還燕　來保定奔母喪

燕趙豪傑窟，馬遷曾此求交遊。即今勁氣壓河朔，人物傑出嶄然雄九州。燕南子許子，胸盤星斗橫高秋。窮則良醫達良相，古人須向今人求。萬里黃雲馬上家，歸來淚滿銀貂裘。民病未蘇國支梧，勿以一身戚，而忘天下憂。古來奇士重義氣，把臂一語肝膽投。君能搜我胸中磊落之奇才〔一〕，我亦為君寫我抑鬱之幽懷〔二〕。

〔一〕「搜」，明成化本、全元詩作「拔」。

〔二〕「抑鬱」二字原缺，據文津閣本、明成化本、三賢集本、畿辅叢書本補。

五言律詩　二十九首

旅夜

欹枕寂無寐，沉思坐不禁。靜中天地我，閒裏去來今。磊磊平生事，休休今夜心。何方有邊戍，雲外急清砧。

虞帝廟

四顧莽何際，威靈儼若臨。山川尚淳樸，天地自高深。鳳鳥千年嘆，簫韶三月音。玄功久無復〔一〕，徒抱致君心。

登保府市閣

十載雞泉隱，今朝市閣晴。民謠混諸國，里號帶軍營。瀛海依依見，堯山隱隱横。懷今與

〔一〕「玄」，原作「元」，據文津閣本、三賢集本、畿辅叢書本改。

思古〔一〕，獨立若為情。

憶金坡道院

平昔多遊覽，茲遊不易忘。溝涂春脈脈，松石晚蒼蒼。有客愛山谷，無家名草堂。金坡從此號，聊著永相望。

寒夜

肝膽了無寐，襟懷誰與同？更長頭可白，燭暗火逾紅。硯滴冰生瘿，星流氣吐虹。林鴉先我起，鳴噪竟何功？

移甘菊

移晚戒前歲，植根先此秋。親嘗杖屨遍，嚴課僕童憂。小蘂終年計，新荑一飽謀。區區歎莎棘，陸子謾多愁。

〔一〕「今」，元至順本作「仙」。

采野苣

糞壤自肥膩，靈苗絶世紛。炊餘香更美，甘出苦難分。宜酪法新得，輕身方久聞。野人聊自享，未敢獻吾君。

食菰白

採食陂塘利，分甘野老心。杯盤收浩渺，蘋藻避清深。命婢即能識，招鄰亦見臨。吾鄉希此味，咀嚼有吳音。

酒令

觴至欲何語，令嚴當謹聞。茅容唯問稼，李白只論文。且喜無多客，毋辭過半醺。故人知此老，舉白解浮君。

篘尊　宋秘監索賦

南國有奇竹，天然成酒尊。來因交趾使，價重秘書門。含蓄中誰似，堅貞節尚存。盤桓古人意〔一〕，觀象可忘言。

鸎鵡

風雨房櫳暗，猶疑隴樹昏。無愁緣得食，有夢想高翻。巧語難自脱，深憐未是恩。人情多好異，渠豈不能言？

宋道人八十詩卷

往事枕中記，新編柱下言。知音有銅狄，逸史訪金源。春露沾濡際，秋陽想像存。初逢疑夢寐，垂淚拜桓溫。宋貌絶肖先子。

鄉人王母九十

九十青瞳母，寒溫白髮孫。桑田閲滄海，冠帔記金源。案上春風橘，階前雪色萱。移家就鄰舍，種杞易陽村。

〔一〕「盤桓」，元至順本作「盤盂」。

寄答祖丈

先友從遊地，雍容几杖尊。秋風太古觀，春日樂郊園。妙理欲自得，高情誰與論？別離空六載，期待負知言〔一〕。

楊子忠總管福州〔二〕

燕趙多豪傑，楊侯氣自奇。風流猶世胄，開爽亦天資。尊俎論交地，江山送別時。閩中有佳政，聊用慰相思。

送尹宰

百里衡山縣，千年陸宰名。鄰封今見此，鄉校可無評。俎豆欲成趣，弦歌漸有聲。淶陽吾舊隱，聞去亦關情。

〔一〕「言」，明成化本作「音」。
〔二〕「楊」，元至順本作「惕」。疑誤。

送成判官

釋菜成鄉約，從君此例新。歡遊渾幾日，離索又殘春。相愛求詩切，臨行枉駕頻。幾年人事絶，送子為情親。

送成從事

易水河梁夢，回頭已十春。相逢驚我老，送别向君頻。求贈攀前例，將詩認故人〔一〕。故山松菊在，歸去未全貧。

寄子東太守

一夕西山客，十年往事非。黄塵驚我老，青眼似君稀。别浦秋容靜，離亭草色微。殷勤重寄謝，後會不應違。

〔一〕「詩」，原作「時」，據文津閣本、元至順本、明成化本、三賢集本、畿輔叢書本改。

送東海相士

青鏡雲千變，紅顔酒一巵。忘言三日雅，觀化百年期。烈火誰當救？神遊亦自奇。海山如見問，聊舉送君詩。

感范女

房望吳中范，衣冠相國孫。風流猶李白，樵爨已陳雲。感事哀龍種，慕名重虎賁。乾坤厭更迭，誰與救紛紛？

哭張之傑〔一〕

義許同生死，奪君何遽然！無人共清夜，有淚葬黄泉。苦疾求予禱，遺孤托我憐。傷心墓頭字，旌孝看他年。予題其墓道為「張孝子墓」。〔二〕

〔一〕「傑」，原作「才」，據元至順本、明成化本、三賢集本、畿辅叢書本改。

〔二〕「為」，明成化本作「我」，疑誤。

哀郭勸農

才命不相偶，如君良可嗟。半生在人下，一死更天涯。三歲同君里，前年過我家。相望已塵跡〔一〕，零落舊煙霞。

頤齋張先生挽卷　與先奉直府君同住金太學

耆舊晨星盡，公亡益可嗟。先人曾共學，稚子與通家。白日明心素，青山點鬢華。封龍餘爽氣，誰與酹煙霞？

贈答學者

士論清修品，天然孝友資。從遊無少補，離別有深思。貧說長年在，文驚近日奇。吾言不足重，愛子欲何為？

〔一〕「望」，畿輔叢書本作「忘」。

西市藥隱

之子隱於藥，四休今不孤。藏名那論價，得號尚嫌壺。知足隨處樂，忘機一事無。東鄰開小徑，茗碗不須呼。

獨立

恒嶽精英大，直衝昴畢星。初疑元氣白，橫界太虛青。欲與河漢共，不隨霜露零。相看一杯酒，連夜立中庭。

嘉甫從親王鎮懷孟

茲遊真可樂，兔苑更枌榆。孝悌燕南選，文章郝氏徒。早年多急難，晚節足歡娛。寄語賢兒侄，詩書是遠圖。

集杜句贈王運同彥才

霄漢瞻佳士，公侯出異人。家聲同令聞，文雅見天倫。元朔巡天步，危樓望北辰。燕王買駿骨，黄閣畫麒麟。妙譽期元宰，蒼生倚大臣。蛟龍得雲雨，鵰鶚離風塵。治國明公在，雄圖歷數屯。世儒多汩沒，賢俊贊經綸。開闢乾坤正，調和鼎鼐新。弼諧方一展，風俗盡還淳。經濟宜公等，泥塗任此身。尊榮瞻地絕，感激畏天真。交態遭輕薄，浮生有屈伸。嗟予意轗軻，撫跡獨酸辛。留滯才難盡，蒼茫興有神。形容真潦倒，世業豈沉淪。倚著如秦贅，逢迎念席珍。壯心久零落，敗績自逡巡。載感賈生慟，難甘原憲貧。邵平元入漢，王粲不歸秦。回首驅流俗〔一〕，生涯脱要津。稻粱求未足〔二〕，台衮更誰親？碧海真難涉，蒼鷹愁易馴。君能微感激，何處不依仁。

〔一〕「俗」，明成化本、畿辅丛书本作「落」。
〔二〕「粱」，原誤作「梁」，據文津閣本改。

卷二十　拾遺二

七言律詩　三十九首（原作四十一首，二首已載卷十六）

渡白溝

薊門霜落水天愁，匹馬衝寒渡白溝。燕趙山河分上鎮，遼金風物異中州。黃雲古戍孤城晚，落日西風一雁秋。四海知名半凋落，天涯孤劍獨誰投？

遂城道中

鐵城秋色接西垣，遠客還鄉易斷魂。霸業可憐燕太子，戰樓誰吊漢公孫？冷煙衰草千家塚，流水斜陽一點村。慰眼西風猶有物，太行依舊壓中原。

鎮州望抱犢山

亂山西去獨崢嶸，合在仙經第幾名？物外高閑真有意，亂來險固亦堪驚。太行穠秀霜洗盡，全趙規模天鑿成。珍重幽人留顧盼，封龍英爽未全平。

避暑玉溪山〔一〕

風露撩人儘力清，也應知我到禪扃。秋聲滿谷有生氣，山意帶煙成遠形。皎月欲升天失色，白雲初出樹留青。他年若訪經行處，合有先生避暑亭。

溪光亭小憇

尋涼隨水到溪亭〔二〕，十里緑陰慚鳥聲。自惜形骸恒世故〔三〕，豈知風露已秋清。白雲似與山爭

〔一〕「暑」，明成化本作「水」。
〔二〕「涼」，原作「源」，據文津閣本、元至順本、明成化本、三賢集本、畿辅叢書本改。
〔三〕「形骸」，元至順本作「筋骸」，明成化本作「形體」。

秀，落日放教川盡平。六月農家猶赤地〔一〕，登臨舒嘯若為情。

留題山房

靈風縹緲竹花飛，怪石參差樹影齊。壺里有天藏日月，杯中無海飲虹蜺。松生太古鶴應識〔二〕，路入白雲山盡低。萬里黃塵一回首〔三〕，微茫煙水意淒迷。

水門庵

池煙林影澹無姿，物外高寒兩石磯。雲水流行寧有跡，乾坤俯仰自相依。波涵晴景動猶靜，鳥戀幽人去復歸。回首塵緣吾未了，靈風且莫故吹衣。

井陘淮陰侯廟

君臣尚詐日生疑，誰與乾坤息戰鼙？未論戰功羞伍噲，試看觀變要王齊。良能用漢氣無敵，

〔一〕「猶」，原作「獨」，據元至順本、畿辅叢書本改。

〔二〕「太」，元至順本作「天」。

〔三〕「塵」，原作「雲」，據元至順本、明成化本、三賢集本改。

蕭可制韓才自低。枉為虛名誤忠節，五陵煙樹亦淒迷。

登高有感

疏煙晴曉散輕寒，秋色滿林霜意閑〔一〕。今古消沉幾白日，乾坤灑落一青山。半生心苦頭先老。兩姊墳荒淚未還。瞬息西風解千里，登高聊為送餘潸〔二〕。

樓上

樓觀參差接大荒，五雲分我白雲鄉。卧之地上太行小，來自帝傍春夢長。灝露明河氣蕭瑟，黄塵落日煙蒼茫。清風簾外問何客〔三〕，玄鶴飛鳴天一方。

春遊

巧穩林亭無四鄰，背山向水得天真。風光正及二三月，童子同來六七人。十日得閑須小醉，

〔一〕「意」，元至順本作「氣」。
〔二〕「登」，元至順本作「憑」。
〔三〕「客」，元至順本作「容」，疑誤。

一年最好是深春。鳥聲似向花枝說〔一〕，曾見無懷有此民。

新秋

俗物何曾擾病懷〔二〕，憐渠孤憤若為開。人生如此亦安用，野鶴翩然去不回。萬古青天留月在，幾聲白鴈送秋來。西城無限峰巒好，擬對一峰傾一杯。

秋夕

西風吹掩讀殘書，慨想平生時相呼。度日悠悠良可惜，軒天磊磊未應無。才名莫要驚人甚，覈論終當與禍俱。長嘯一聲秋意滿，無邊霜葉下庭蕪。

夜坐有懷寄故人

幾葉疏桐萬斛秋，四山清露一窗幽。高情千古謝安石，壯志平生馬少遊。有錯真成六州鐵，欲還空說大刀頭。悠悠且付天公在，未必蒼生待爾憂。

〔一〕「似」，原作「自」，據文津閣本、明成化本、畿辅叢書本改。

〔二〕「何曾」，元至順本、明成化本作「何嘗」。

秋望

天從朝雨霽來寬，日到平蕪盡處還。嘆老自非緣白髮，愛閑原不為青山。〔一〕洛陽懷古真豪聖，李白學仙亦強顔。何處送花有仙掌？不妨招我暮雲間。

秋日有感〔二〕

自覺規模日蹙然，初心道德負中年。仰觀俯察無多地，往古來今共此天。出處不論三代後，删修直探六經前。南山正在忘言處，目送歸鴻手絕弦。

癡坐

野人癡坐静無邊，愚弄從渠兒戲然。或智或愚能幾里，一鳴一止又千年。俗流在眼何妨病，細故經心信未賢。究竟誰能離此世？孤山絕頂送華顛。

〔一〕「嘆老自非緣白髮，愛閑元不為青山」二句，又見卷四（丁亥集四）南樓。
〔二〕卷四（丁亥集四）有一詩與此詩同題、同體，惟文字有異同。參見七〇頁。畿辅叢書本将二詩視作一詩之異文。

盆池

青蛙昨夜雨來鳴〔一〕，斗水那容掉尾鯨！白髮鷩魚應百我，扁舟捉月記三生。荷風拂面秋先覺，苔露生波晚更清。我欲江東鑒湖老，天河早為洗南兵。

虎甲

氣勢江淮一旦空，故教金甲虎生風。崢嶸鐵騎千夫勇，凜冽寒威百獸雄。不信貔貅禦萬竈，豈知狐兔動幽叢。聖朝千古征南錄，亦有孫君治造功。

黑馬酒〔二〕

仙酪誰誇有太玄，漢家挏馬亦空傳〔三〕。香來乳面人如醉，力盡皮囊味始全。千尺銀駞開曉

〔一〕「雨」，文津閣本作「競」，明成化本、三賢集本作「聖」，畿辅叢書本作「聚」。

〔二〕劉因集卷四（丁亥集四）馬酒與此詩大同小異。畿辅叢書本於本詩後注：一作「漢家挏馬豈無傳……南風到此便淒然。」即卷四之馬酒。蓋將此二詩視作一詩之異文。

〔三〕「挏」，畿辅叢書本注：「原作銅，據前漢書・禮樂志改正。」

宴，一杯璚露灑秋天。山中喚起陶弘景，轟飲高歌敕勒川。

賦孫仲誠席上四杯　仲誠命題，彥通舉韻〔一〕

螺〔二〕

隴鳥回頭意若何，刳腸欲我鑑紅螺。微茫山意詩痕在〔三〕，灔澦江聲飲興多〔四〕，聖處已分糟與蟹，醉來惟見酒成波。千年醒殺江魚腹，應恨生身在汨羅〔五〕。一作：注瓦傾銀竟若何，紅珠元稱捲金螺。微茫山意詩痕在，灔澦江聲飲興多。聖處已分糟與蟹〔六〕，醉來微見酒成波。千年醒殺魚蝦腹，切莫乘流問汨羅。〔七〕

〔一〕元至順本此標題作：「席上分賦二杯二首」。該本僅有「螺」「桃」二首，無「荷」「橙」二首。「仲誠命題彥通舉韻」八字，元至順本亦無。

〔二〕原詩題在詩文後，作「右螺」。為統一體例，便於識別，兹將詩題置於詩文前。下三首同。

〔三〕「山意」，元至順本作「山色」。

〔四〕「江聲」，元至順本作「灘聲」。

〔五〕「在」，元至順本作「向」。

〔六〕「與」，原作「共」，據文津閣本、三賢集本、畿辅叢書本改。

〔七〕此注，元至順本無。

荷

碧筩和露捲晴霞〔一〕，錦浪隨鯨落晚沙。風趁歌聲來弄業，酒知人意要浮花。胸中壁立三峰玉，醉裏神遊太一家〔二〕。明日清霜看紅翠，人生容易鬢成華。一作：江鄉雲錦爛晴霞，海浪鯨魚落晚沙。煙影横橋淡留月，露香芳酒淺浮花。風流玉井三峰夢，浩蕩蓮舟太一家。明日秋霜減紅翠，人生休遣鬢成華。

桃

後蜀紀劉先祚進桃核杯〔三〕，云得之華山陳摶。邵康節謝人惠希夷尊詩，有「仙掌峯巒峭不收，希夷去後遂無儔。能斟時事高抬手，尊酌人情畧撥頭」之句。

希夷尊俎永相望〔四〕，混沌鑿開見此觴。金橘有天容逸老，青田無地避餘香。雲中招隱留仙掌〔五〕，物外尋真得醉鄉。試向峨眉問啼鳥〔六〕，人間紅雨幾斜陽？一作：希夷尊俎永相忘，混沌鑿開見此觴。霜橘有天容逸老，金橙無地避餘香。人間王母留仙種，物外秦人有醉鄉。試看累累花下塚，莫教紅雨怨

〔一〕「筩」，「筒」的異體字。
〔二〕「太一」，明成化本、畿辅叢書本作「太乙」。
〔三〕「先」，元至順本作「光」。
〔四〕「望」，元至順本作「忘」。
〔五〕「隱」，元至順本作「飲」。
〔六〕「向」，原作「看」，據元至順本、畿辅叢書本改。

斜陽。〔一〕

橙

瀟湘千樹暮林平，風露詩腸快一傾。蜜戀金絲仍可意，香分緑蟻最關情。洞庭春色元無恙，南國幽姿謾濁清〔二〕。誰辨酒船千萬斛〔三〕？棹歌和月捲江聲。一作：瀟湘千樹暮雲平，風露詩腸快一傾。蜜戀金絲仍可意，香尋翠袖亦多情。江陵春色元無恙，楚澤幽蘭恐未清。惟有酒船三萬斛，南飛齊和凱歌聲。

以韻即席課諸生東齋諸物　七首〔四〕

遠山筆架痕字

何物能支筆萬鈞？桉頭依約遠山痕〔五〕。燈横煙影隱猶見，秋入霜毫勢欲吞。掌上三峰看太華，人間一髮是中原。中書未免從高閣，不向林泉怨少恩。

〔一〕此注，元至順本無。
〔二〕「濁」，明成化本、畿辅叢書本作「獨」。
〔三〕「辨」，畿辅叢書本作「辦」。
〔四〕本詩標題，「以韻」前原有「刪録」二字，畿辅叢書本無，據刪。「七首」，其中二首已刊於卷十六（分别題為醉梨玉簪），此卷實有五首。
〔五〕「桉」，明成化本、三賢集本作「按」。

折疊簡牌篘字

誰將霜縹漆霜篘？幾葉齊分梵夾勻。眼底有無真亦僞，掌中舒卷屈猶伸。墨雲難染秋天闊，碧玉還思曉露新。他日不須焚諫草，一方何處覓緇磷？

梅杖枝字

鐵石心腸冰玉姿，掌中潛得歲寒枝。天教一握藏春密，風覓餘香就手吹。雪月冷懷隨步履，溪山高興入支頤。玉堂若要扶持用，説與東君也不知。

竹癭知字

為憐鶴髮久雙垂，秀出龍孫第一枝。鑿破誰言混沌死，彈來未有歲寒知。天材臃腫吾當取，時樣莊嚴彼亦宜。風月不妨時角出，青霜難傍老頭皮〔一〕。

醉梨寒字

玉簪香字　二首並見遺詩第四卷。（見卷十六「醉梨」「玉簪」）

秋蓮空字

瘦影亭亭不自容，淡香杳杳欲誰通？不堪翠減紅銷際，更在江清月冷中。擬欲青房全晚節，

〔一〕「青霜」，明成化本作「清雲」。「傍」，三賢集本作「旁」。

豈知白露已秋風。盛衰老眼依然在，莫放扁舟酒易空。

西瓜

一片秋風落漢城，人間無復渴塵生。鑿開混沌星辰出，碾碎璚瑤風露清。胸次冰霜惟我在，口邊糖蜜向誰傾？爛腸莫道遮藏得，黑子紅心到底明。

又

一團天露暗藏春，多少人間渴死人。面上風光儘冰雪〔一〕，胸中文彩爛星辰。弄丸我是希夷老，鑿竅誰窺混沌真？沃沃君心甘剖腹，乾坤一闢要清新。

貧士

貧士出門多掣肘，聞君幾次謾徘徊。不思學館三年舊，肯為山翁百里來。久倚通家略賓主，新知不飲罷尊罍。殷勤莫厭通宵話，聽說天明即欲廻。

〔一〕「光」，文津閣本、三賢集本、畿輔叢書本作「標」。

故人見訪山中

客子畏人常簡出，病來庭户益荒蕪。多時略闕通書問，遠路遥慚送藥須。掃地預占燈燼喜，敲門遥認草亭孤。故人知我無供給，故著看山慰野夫

次韻答河間趙君玉見寄

出門紛擾互相尋〔一〕，常使幽人懶病深。前月借書來水北，去年采藥到城陰。黄精已倩徐生斸，蒼术新教石老尋。只有煙霞肯賖借，無人曾送買山金。

憶郝伯常

一檄期分兩國憂，長纓不到越王頭。玉虹醉吸金陵月，玄鶴孤遊赤壁秋。漠北蘇卿重回首，天南王粲幾登樓。飛書寄與平南將，早放樓船下益州。

〔一〕「尋」，元至順本作「侵」。

淶陽李文九十壽〔一〕

九十餘年何限事，向人惟指鬢毛霜。偶因飲酒驚遲醉，不信看書託健忘。還拜嗔扶緣敬客，近遊多步為居鄉。自慚犢子顛狂在，世故艱難未備嘗。

壽田處士

慷慨燕南烈丈夫，半城和氣溢閻閭，仕途盡看鼠為虎，若輩卻教龍作魚。勤苦十年經子史，風流千古畫詩書。交遊剩有明公在，未許丹青作敝廬〔二〕。

何太夫人生日

夜夜東鄰有香火，高門自得百年心〔三〕。蟠桃結實世誰見，隆棟駭人根自深。經卷病餘猶早起，絲車老去亦親臨。久知吾友閒居意，惟願慈顏事不侵。

〔一〕詩題，「壽」，明成化本作「詩」。
〔二〕「敝」，明成化本作「弊」。
〔三〕「自」，元至順本、明成化本、三賢集本作「因」。

書懷〔一〕

出門已坐十年遲，擇地寧容一物棲。敝帚萬金空自許，青雲平地欲誰梯？長庚只合陪殘月，衆楚安能立一齊？醉裏商歌動寥廓，飛鴻淡淡夕陽低。

〔一〕本詩，元至順本、三賢集本、畿輔叢書本均缺。明成化本有正文，但缺詩題。

卷二十一　拾遺三

七言絶句　五十三首

偶讀漫記　二首

恍惚天花散亂風〔一〕，向前一蹴是虚空。麒麟正要黄金鎖，收入簞瓢博約中〔二〕。

真樂攻心不奈何，南華風景偶經過。憐君日暮不歸去，直到倚門猶自歌。

偶書

車輪有角世無用，馬足若方人可尋。萬沼千池隨分在，只除明月解同心。

〔一〕「花」，元至順本作「光」。
〔二〕「收入」，原作「收拾」，據元至順本、明成化本、三賢集本、畿辅叢書本改。

天命

天命無私義理公，此身承奉有餘恭。人心可信難盡合，親令何由敢勇從？

雜詩

一語喚醒瑞巖老，千言不昧草庵歌〔一〕。閒人為向忙人說，佛法原來本不多。

理西齋成

朔風裂地雪漫空，辦向西齋作蟄蟲〔二〕。有客敲門憑寄語〔三〕，高談方對紫陽翁。

早起

饑鼠號多似訴愁，破囊空慣已無羞。閒來點檢幽居事，鵾鳩聲中又一秋。

〔一〕「言」，原作「年」，據元至順本、明成化本、三賢集本、畿辅叢書本改。

〔二〕「辦」，畿辅叢書本作「便」。

〔三〕「敲門憑寄」四字原缺，據元至順本、明成化本、三賢集本、畿辅叢書本補。

宿山村

石邊流水自縈紆，樹杪閒雲恣卷舒。長怪西山無爽氣，只應少我一茆廬〔一〕。

宿洪崖觀

雲山不受壯心降，無限西風撼客窗。應是夜深知月出，卻收風雨入清江〔二〕。

大覺寺作

西山詩社久知聞，鞍馬曾經亦可人。須信此邦文教在，能招錫杖近冠巾。

〔一〕「應」，原作「因」，據諸本改。
〔二〕「收」，原作「教」，據諸本改。

中山道中

不許花開一日先，征鞍過處及芳妍。只應春暖山翁出〔一〕，野店溪桃悵望邊〔二〕。

大暑絶句

青天只恐還煉石〔三〕，白日何曾赦覆盆。未挽銀河下塵世，先攜赤縣上崑崙〔四〕。

雪嶺遇雨

天為西遊餉我晴，野花啼鳥效平生〔五〕。今朝雪嶺初逢雨，應是郎山戴帽迎。土人諺云：「郎山戴帽〔六〕，十日無道。」

〔一〕「暖」，元至順本作「隨」。
〔二〕「店」，元至順本作「杏」。
〔三〕「天」，原作「山」，據元至順本、明成化本、三賢集本、畿辅叢書本改。
〔四〕「先」，元至順本、明成化本、三賢集本、畿辅叢書本作「欲」。
〔五〕「啼」，元至順本作「林」。
〔六〕「郎山戴帽」，兩「戴」字原作「帶」，據元至順本改。

北窗看雪

背山樓起人呼俗，踏雪詩成奴罵狂。不俗不狂高枕上，爛銀堆裏數峯蒼。

賀正

秋禾夏麥總收成，徭役稀疏賦税輕。北疃南莊俱有酒，倒騎牛背繞村行。

人日

紛紛世事倒狂瀾，鄉學如何又起端。六七頑童舞雩下，不知何物是探官？

春夜

千紅百紫一般香，霧閣雲窗日影長。一刻千金買春夜，幽人應也笑君狂。

春夜不寐

衆人昏睡我獨坐〔一〕，細看乾坤鏡裏春。倘使一時俱閉目，知更數鼓是何人？

故園寒食二絶

家家有酒老人醉，拜掃歸來壯士耕。縞袂荆簪門巷寂，太平風物故鄉情。

一抔新土寄餘哀，故老相邀信步來。行到水西村盡處，桃花無數未全開。

中秋無月

鎮日晴明此夜陰，如何天意異人心？一聲長笛浮雲盡〔二〕，快意金杯莫淺斟。

〔一〕「昏」，明成化本、三賢集本、畿辅叢書本作「皆」。

〔二〕「笛」，元至順本作「嘯」。

霜落

霜落清江一夜秋〔一〕，覺來明月滿江樓。酒醒人散夜將半，花上鳥啼空自愁。

山泉

寒溜泠泠爾許清，米狂誤拜石為兄。拔山卷地今誰手？夜夜南窗聽此聲。

鼓城龍湫

池龍聞說卧南州，一禱曾分一郡憂。四海蒼生望霖雨，千年誰更傅巖求？

煑茶

細聲蚯蚓發銀瓶，已覺春雷齒頰生。舉似玉川應有語，無弦琴亦是沽名。

〔一〕「夜」，元至順本作「葉」。

聞角

人間無物比悠揚，誰道一聲隨夜長〔一〕。餘哀到曉無尋處，吹作南湖十里霜。

見梅

朔漠梅花到眼中，一枝無限是春風。江湖煙雨三千里，誰識乾坤造化工？

落花

光景花中自一天，精神楚楚照芳筵。朝開暮落君休笑，還似人間幾百年。

啼鳥

幾日春陰幾日晴，喚來山鳥話平生。杜鵑解道淵明語，只少鷓鴣相和鳴。

〔一〕「道」，元至順本作「遣」。

次人望雨韻

五月良田種不成。蓬蒿無雨亦青青。袖中惟有天瓢在〔一〕，自是今年夢易醒。

豆粥

雪甕冰虀滿筋黄，砂瓶豆粥透鄰香。此中真味無人識，熬煞羊羔乳酪漿。

戲題李渤聯德高蹈圖後〔二〕十一首〔三〕

一

黑色黄頭渠醜女，綸巾羽扇我周郎。已辭魯肅三千里〔四〕，莫望成都八百桑。

〔一〕「惟」，原作「淮」，據文津閣本、畿辅叢書本改。
〔二〕詩題，明成化本、三賢集本、畿辅叢書本無「後」字。
〔三〕本組詩第四、七首，與卷十七書李渤聯德高蹈圖五首組詩之第一、三首，文句有的略同。但亦非完全重複。
〔四〕「里」，明成化本、三賢集本、畿辅叢書本作「米」。

二

鹿門安敢笑隆中，耕耨傳家兩地窮〔一〕。愛煞阿山頗神駿，看教他日拜龐公。

三

牙牙女巽似偏剛，教女如羊尚恐狼。若使此剛能有用，文姬卻不辱中郎。

四

莫道梨蒸法太偏〔二〕，孔門三法見家傳。燈前一聽阿聲語，愈覺黔婁有婦賢。

五

扊扅吹罷補麻衣〔三〕，習取禁寒抗老饑。幸自伯鸞無識者，對人不必案齊眉。

六

北窗高卧辭周粟，婁氏能貧傳亦誇。畫裹不推陶靖節〔四〕，恐因白璧有微瑕。

〔一〕「家」，原作「來」，據文津閣本、明成化本、三賢集本、畿辅叢書本改。

〔二〕「梨」，明成化本、三賢集本作「藜」。

〔三〕「吹」，明成化本、三賢集本、畿辅叢書本作「炊」。按，「扊扅」本義為門閂，古代有百里奚之妻以扊扅炊飯且作歌的故事。（見顏氏家訓·書證所引古樂府歌）因此「扊扅」又為歌名。這裡當指歌名，似作「吹」（意為吹奏）為是。

〔四〕「推」，文津閣本、明成化本、三賢集本、畿辅叢書本作「深」。

七

求人諛鬼果何為？黐憶謀親入仕時。寄謝韓公莫相挽，山妻元不解啼饑。

八

倫理天生有自然，莫言家累損清閒〔一〕。何人會我圖中意？說似陽城與魯山。

九

文藁無勞爾謾焚，但將勤孝立吾門。君看珠翠紅油壁，爭信阿良日乞墦。

十

高詠清江月近人，一家燈火夜相親。多齋自任傍人笑，已把靈台付鬼神。

十一

渠心當與畫圖期，莫問圖中我似誰。天意與人論出處，我家行止不關伊。

秋煙疊嶂圖

不傳者死不亡存，滅沒天機尚有痕。曾向煙霏見真態，依然猶是畫家魂。

〔一〕「損」，原作「換」，據明成化本、三賢集本、畿輔叢書本改。

畫猿

萬古西山只月明〔一〕，畫中依約曉猿鳴。幽人未去須深聽〔二〕，一出世間無此聲。

梅雀扇頭

月影波光澹有春，秋風草草最愁人。憑君欲寄調羹信，恐被枝頭凍雀嗔。

題崔氏雪竹海棠二軒

崔氏溪亭竹樹新，分題為我報詩人。而今別有春風在，玉立諸孫鶴髮親。

邯鄲欹枕圖

不見當年夢虎公，無端幻術眩愚聾。區區政有仙凡異，未便壺中勝枕中。

〔一〕「西」，元至順本作「空」。

〔二〕「須深聽」，原作「深須聽」，據元至順本、明成化本、三賢集本、畿辅叢書本改。

田孝子詩卷　二首

比屋春風夢寐前，門閭旌孝見今年。山林未覺渾無望，試手田家第一篇。
佛法天倫亦泛然，雲溪獨愛此兒賢。詩成未盡南陔興，不是田家第二篇。

雨中聞雲溪不在〔一〕

燈火幽窗擬對談，十年不到二龍潭。白雲吹作山前雨〔二〕，應報高僧不在庵。

贈狂道士

得意雲山是處過，逢人對酒即高歌。世人休笑狂夫惡，卻恐狂夫笑汝多。

〔一〕「聞」，原作「問」，據元至順本、明成化本、三賢集本、畿辅叢書本改。
〔二〕「吹」，元至順本作「欲」。

卷二十二　拾遺四

雜著　七首（含賦一首）

希聖解〔一〕

歲丁卯，〔二〕是月既望〔三〕，秋容新沐，明河皎潔，天高氣清〔四〕，萬動俱息。於是易川劉子乃起坐中庭，有酒一尊，飲之無味；有琴一張，弦之無聲；有書一編，周子所傳，是謂易通，微妙難詮。仰而求之，高入青天；即而探之，深入黃泉。余乃取而讀之星月之下，至「士希賢，賢希聖，

〔一〕明成化本、全元文於標題下有「少作」二字。全元文又注：「至元四年。」

〔二〕原文「丁卯」下空格，並注：「闕」。按，此處或為表月份之詞。

〔三〕「既望」，文津閣本、明成化本、三賢集本、畿辅叢書本、全元文闕「既」字。

〔四〕「清」，明成化本作「晶」。

聖希天」，余不覺而嘆曰：「迂哉言！蕩蕩乎浩浩乎天，高明神睿，孰可希焉？欺我後人，迂哉此言！」於是乎吟清風，弄明月，扣大塊，飲太和，誦太古滄浪之詞，仰天而噓，喟而歌曰：「湛爾太虛兮，性命之所居兮。皓爾太素兮，元氣之所寓兮。羲軒遼兮，吾誰歸兮？孔昊邈兮，吾將疇依兮？」諷詠不已，坐而假寐〔一〕。良久而起，忽見中庭勃勃然有佳氣，如聞足音，拾級而視之〔二〕，三老丈也。其一人襟懷灑落，如光風霽月；其一人有風月情懷，江湖性氣；其一人有淳古君子之風。三人同行。謹迎揖，延之上座，乃再拜下風，進侍於前，請其姓字，與其所安止。一曰：「吾稟太極之真、二五之精而生，位太極而君天下，今老矣，無所成，退居浯溪，拙翁者也。」一曰：「吾借太極之面，假太極之形，先天而生。太初氏，吾母。皇極君，吾兄。欲名之而無名，閑居西洛，無名公者也。」一曰：「天地之帥，吾其性；天地之塞，吾其體。乾，吾父；坤，吾母。吾其子焉，藐然中處，寓居西土，誠明中子者也。」余聞而疑之，神耶？人耶？出此言耶！且喜且懼，且驚且怖，乃上手而言曰：「駟也〔三〕，庸俗鄙陋，後學晚生，未嘗接縉紳先生之談論，睹大人君子之儀形。庭無人跡，門無車聲，窮窗屏息，終日冥冥者，蓋有年矣。吾三先

〔一〕「寐」，明成化本作「寢」。
〔二〕「拾級」，原作「拾機」，據三賢集本、畿辅叢書本改。
〔三〕「駟」，原作「因」，據三賢集本、畿辅叢書本改。按，此文作於十八歲時，作「駟」為是。

生之言如是高大，何不遊乎神明之域，與天為友，與造物為徒，胡為乎來哉？」無名公曰：「子向者招我以太虛之歌，引我以滄浪之詞，吾不子拒，今予赴之，子何忘之？毋乃昧乎天理，蔽於人欲耶？」誠明中子曰：「子，吾同胞之弟，吾不忍子英才而墮於不肖之地〔一〕。吾欲子育而成之，子何棄我而忘之耶？」拙翁先生沉默不言，久之乃曰：「士希賢，賢希聖，聖希天。小子疑吾言乎？」吾應之曰：「聖可希乎？」曰：「可。」「有要乎？」曰：「有。」「請聞焉。」曰：「一為要。」「一者何？」曰：「無欲。」「孰無欲？」曰：「天下之人，皆可無欲。」「然則天下之人皆可為聖人？」曰：「然。」「若是，則弟子之惑滋甚，而不可解矣〔二〕。」先生曰：「子坐，吾與爾言，子其聞之。天地之間，理一而已。爰其厥中，散為萬事。終焉而合，復為一理。天地，人也；人，天地也。聖賢，我也；我，聖賢也。人之所鍾，乃全而通；物之所得，乃偏而塞。偏而塞者，固不可移；全而通者，苟能通之，何所不至矣。聖希乎天，至則天，不至則大聖。賢希乎聖，過則聖，不至則大賢。士希乎賢，不至則猶不失乎令名。此聖之所以為聖，賢之所以為賢也。子受天地之中，稟健順五常之氣。子之性，聖之質；子之學，聖之功。子猶聖也，聖猶子也。子其自攻，而反以

〔一〕「墮於」，原作「墮子」，據文津閣本、三賢集本、畿辅叢書本改。
〔二〕「不可解矣」，「解」字前原衍「不」字，據文津閣本、三賢集本、畿辅叢書本刪。

我為迂。子迂乎？先生迂乎〔一〕？苟子脩而靜之，勉而安之，踐其形，盡其性，由思入睿，自明而誠，子希聖乎？聖希子乎？子其自棄，而反以我為欺，子欺先生乎？先生欺子乎？」予於是叩首而謝曰：「駟也昧道懵學〔二〕，倥侗顓蒙，坐井觀天，戴盆仰日，捫舌之罪，豈敢避之？然而辱令教命，剔開茅塞，洞見天君，駟雖不敏，鑽仰之勞，豈敢負先生之知乎？」無名公、誠明中子拊吾背曰：「吾子勉之！他日聞天地間有一清才者，必子也夫！」余辭而不敢當。三先生不久留，余亦驚悟。醒然視之，不見其處。

吊荆軻文　并序〔三〕

歲丙寅十月，步自鎮州，歷保定，將歸北雄，息肩於易水之上。草枯木落〔四〕，寒風颯起。登高四顧，慷慨懷古，人莫測也。「風蕭蕭兮易水寒」，此非高漸離之歌乎？荆軻與太子

〔一〕「先生」，明成化本作「先主」，誤。

〔二〕「駟」，原作「因」，據畿辅叢書本改。

〔三〕「并序」二字原缺，據畿辅叢書本補。全元文於標題下注：「至元三年十月。」

〔四〕「木」，原作「水」，據畿辅叢書本改。

瀝泣共訣〔一〕，拉血相親〔二〕，就征車而不顧，望行塵之時起，非此地乎？方其把臂成交，豪飲燕市，烈氣動天，白虹貫日，亦一時之奇人也。至若怒秦王，滅燕國〔三〕，奇謀不成，飲恨而死，獨非天意乎？嗚呼！軻乎！吾想夫子之憤惋，千載不散〔四〕，遊魂於此矣。古稱「燕趙多感慨悲歌之士」，余不忍負此言也，故投文以吊焉。其辭曰：

稷文祚絕兮，天驕強嬴。六王猖狂兮，係首咸京。席捲天下兮，勢若縛嬰。英雄膽落而求死兮，膏鑊鋸之餘腥。脫身於商網兮，寄命儒坑。嗚呼吾子，將何為哉？此時何時兮〔五〕，不匿影而逃形？慚一時之豢養兮，遺千古之盜名。逞匹夫之暴勇兮，激萬乘之雄兵。挾尺八之匕首兮，排九鼎之威靈。死而傷勇兮，雖死何成？嗚呼吾子！何其愚也〔六〕！相彼白帝之嗣兮，豈燕秦之鬼囚？阿房未灰兮〔七〕，驪山未秋。走鹿未罷兮，素羅未遊。子亦何人兮，敢與天仇？嗚呼太

〔一〕「共」，明成化本、三賢集本、全元文作「其」。
〔二〕「拉」，原作「刎」，依畿辅叢書本據江淹别賦改作「拉」。
〔三〕「燕」字原缺，據畿辅叢書本補。
〔四〕「不散」，原作「不敢」，據文津閣本、三賢集本、畿辅叢書本改。
〔五〕「何時兮」，原作「何以」，據三賢集本、畿辅叢書本改。
〔六〕「何」字原缺，據三賢集本、畿辅叢書本補。
〔七〕「阿房」前原衍「其」字，據三賢集本、畿辅叢書本刪。

子兮，豈無良謀？招賢養士兮，信義是求。胡爲㗊獨驕搏於菟兮，不顧吞噬之憂？召公之廟不祀兮，將誰之尤？損燕士之奇節兮，吾為子羞。感霸業之遂墟兮，悼昭王之不留。仰蒼天之茫茫兮，寫我心之悠悠。

苦寒賦

嚴氣積，玄律窮。北斗知春，迴指於東。惟功成而不去，孰頊冥之可容？乃鬱彼孽暴，激彼威鋒。凝愁雲而蔽日，怒寒風而攪空。奪陽春之生氣，使天地闃然寂然，如未判之鴻濛。於時燭龍絕光，熒惑失次。陽烏斷足，火鳥縮翅。畢方高飛而遠翔，癡牛毛寒而縮蝟。炎帝為之收威，祝融為之屏氣。羲和倚日以潛身，盤古開天而失視。天吳死於朝陽之谷，倏忽滅於海南之地。若乃焦溪涸，熱海澄。沸潭止，溫泉冰。水井凍〔一〕，陽谷凝。炎洲地冽，裸壤毛繒。熒臺煙滅，瘴水生凌。而我生於此時，奚凜冽之可勝！或有從軍永訣，去國長違。霜鋒寶劍，鐵襯單衣。積雪沒脛，悲風激懷。夜渡劍河，曉上輪臺。陰山雪漫，瀚海冰厚〔二〕。當此苦寒，十死者九。又若寒門久客，貧閭故居。不爨不燭，無衣無襦。鼻酸氣失，墮指洌膚。火如紅金，薪如桂

〔一〕「凍」，明成化本作「煉」，誤。
〔二〕「冰」，原作「水」，據明成化本、三賢集本、畿辅叢書本改。

枝。兒號妻哭，痛盡傷悲。抱膝而苦〔一〕，竟死何裨？噫嘻嗚呼！天歟！地歟！神歟！彼頊冥之不去，我生死其何辜。嗚呼噫嘻！蓋嘗聞之，無寒不溫，無貞不元，時之革化，由是而門。吁炎吹冷〔二〕，元氣所存。貞極不元，寒極不溫。乖序錯命，罪半東君。於是易川牛馬走，地上蟣虱臣，再拜東方發狂語，脣凍舌澀難具陳。告我東君，胡甚不仁！嗟生類而欲盡，君奚為而不春？匪我語汝，其孰汝親？匪君顧我，孰活我人？我藉汝力，汝假我神。挽天地之和氣〔三〕，黜頊冥於玄根〔四〕。汲東海之泥以接地軸，煉泰山之石以補天輪。以廣廈萬間，庇吾民之凍骨；以布袤千丈，吊四海之冰魂。使飂飂赤子，鼓舞於春風，熙熙然樂其天真。胡為弛綱維而退避，獨廉讓而謙尊？我徒問汝，汝且不言。於是乎乃歸，墐其户而葺其楹，襲其被而重其衣。不尤乎神，不怨乎天。束手容足，以順乎時之自然。

〔一〕「苦」，明成化本作「若」，誤。
〔二〕「吁」，原作「嘘」，據明成化本、三賢集本、畿辅叢書本改。
〔三〕「挽」字原缺，據明成化本、三賢集本、畿辅叢書本補。
〔四〕「頊冥」下原衍「挽」字，據明成化本、三賢集本、畿辅叢書本删。

讀藥書漫記　二條〔一〕

人秉是氣以為五臟百骸之身者，形實相孚，而氣亦流通。其聲色氣味之接乎人之口鼻耳目者，雖若泛然，然其在我而同其類者，固已脗焉而相合；異其類者，固已拂然而相戾〔二〕。雖其人之身，亦不得而自知也〔三〕。如飲藥者，以枯木腐骨蕩為齏粉，相錯合以飲之，而亦各隨其氣類而之焉，蓋其源一也。故先儒謂：木，味酸〔四〕。木根立地中，似骨，故骨以酸養之。金，味辛。金之纏合異物，似筋，故筋以辛養之。鹹，水也，似脈。苦，火也，似氣。甘，土也，似肉。其形固已與類矣，而其氣安得不與之流通也？推而言之，其吉凶之於善惡，亦類也。

天生此一世人，而一世事固能辦也。蓋亦足乎己而無待於外也。嶺南多毒，而有金蛇、白藥以治毒；湖南多氣，而有薑、橘、茱萸以治氣。魚、鱉、螺、蜆治濕氣，而生於水；麝香、羚羊治石毒，而生於山。蓋不能有以勝彼之氣，則不能生於其氣之中。而物之與是氣俱生者，夫固

〔一〕　標題中，「漫記」，元至順本作「雜記」。
〔二〕　「拂」，元至順本、全元文作「怫」。
〔三〕　「自知」，原作「相知」，據元至順本、明成化本、三賢集本、畿辅叢書本改。
〔四〕　「木味酸」，元至順本作「酸木味」。

必使有用於是氣也。猶朱子謂：「天將降亂，必生弭亂之人以擬其後〔一〕。」以此觀之，世固無無用之人，人固無不可處之世也。

書示瘍醫

周禮·瘍醫：「凡療瘍，以五毒攻之，以五氣養之，以五藥療之，以五味節之。」五毒，疑即醫師所聚毒藥，凡五藥之有毒者，非謂一方五藥而可以盡攻諸瘍也。攻與療，所以去其疾也。養與節，所以扶其本也。蓋攻則必養之，療則必節之。攻視療加急，養視節加密，理勢然也。鄭氏釋五毒，以黄堥置石膽、丹砂、雄黄、礜石〔二〕、慈石其中，燒之三日三夜，其煙上著，以雞羽取之以祝創，惡肉破骨則盡出。宋楊文公見楊嵎驗之，果如鄭所云。此蓋古方五毒藥之一爾。若即以是為五毒，則不惟聖人之言不如是之狹而執，兼與下文五氣、五藥、五味之言亦不類矣。予又恐以楊之偶中，而致人之不中也。賈氏疏又以五藥為五毒，則鄭既失經之意，而賈又失鄭之意也。東坡嘗論，學儒不但費紙，而正俚語之非。唐庚論陶隱居注本草與易之説，非知言者。蓋儒

〔一〕「擬」，原作「持」，據元至順本、明成化本、三賢集本、畿辅叢書本改。
〔二〕「礜」，全元文誤作「礬」。

術之大無對，非可與醫並言者也。然衆技校之，則李明之嘗言〔一〕，蘇沈良方猶唐宋類詩。蓋言不能詩者之集詩，猶不知方者之集方也。一詩之不善，誠不過費紙而已；一方之不善，則其禍有不可勝言矣。友人為醫者求予書其醫瘍也，故云。

武遂楊翁遺事〔二〕

翁與予外家通譜牒一世矣，昭穆則舅父也。八十歲餘，每一過予，輒自喜數日，而謂有所得也。好聞邵氏惡盈語，每告之一二，必手録而藏之。嘗謂予曰：「予視世俗，惟予與山西一石丈者，其所為頗當吾子意，宜吾子之不見合於人也。」略能道予家數世事，每援之以為其朋友子孫之戒。臨終，遺其子孫者無他語，惟及予，戒其諸孫〔三〕，令從予學而已。翁舊嘗與予言：「昔自西山來武遂，涉百里途。一日，意甚速，訪捷徑於人，視所嘗往來當早至〔四〕。中途，遇人奪騎

〔一〕「嘗」，全元文作「常」，似誤。
〔二〕全元文於標題下注：「至元十六年正月十六日。」
〔三〕「諸」，元至順本、全元文作「子」。
〔四〕「嘗」，文津閣本、元至順本、全元文作「常」。

補驛傳〔一〕，乃遠避之〔二〕，乃反迂于所常往來者。尔後思之，事莫不然。遂不敢求捷。」又云：「某人者擁高官以南，予謂其人不免，後果如予言。蓋治行時，予見謀利之具以知之。」又云：「昔年二十餘，遇保州鈔騎，身已十餘創，即伏而死矣，其一人復抽刀，由背及腹刺至地而去。是時，豈意復生於天地之間六十年餘也？以此知生死非人所能為也。」又云：「保州屠城，惟匠者免。予冒入匠中，如予者亦甚衆。或欲精擇事能否〔三〕，其一人默語之曰：『能挾鋸即匠也。』拔人於生，擠人於死，惟所擇。事遂已。而凡冒入匠中者，皆賴以生。當時恨不知其人之姓名。」若此等語，每語次必一二及之。予亦樂聞，而不厭其言之屢也。性喜飲，醉即微笑。好談佛書，亦頗能知其微處。嗚呼！親舊日益盡，予日益孤，感念知己，不覺涕零。遂書此示其子孫，使知翁之言行如是，且令不忘予家之好云〔四〕。翁字吉甫，忘其名。至元十六年正月十六日，書於吟風亭。

〔一〕「驛」，文津閣本、元至順本、明成化本、全元文作「馹」。按，馹音日，指驛傳用的車。這裏說「奪騎」，指馬匹，似作「驛」為是。

〔二〕「遠」，元至順本、明成化本、全元文作「走」。

〔三〕「事能否」，元至順本、明成化本、三賢集本、全元文無「事」字。

〔四〕「且」，原作「其」，據三賢集本、畿輔叢書本改。

敘節婦賈韓氏事〔一〕

韓氏，中山治中賈公之子增順妻也。其先，真定獲鹿人。父某，金末嘗代上黨張公為潞州帥，後歸國，移鎮彰德西道。會有告其與金恒山武公通問訊者〔二〕，遂系獄行唐。當天下草昧，非強宗豪族，不能自保其室家，況當衰謝罪累之餘，其強凌豪奪，孰復能禦之者？時韓氏年已十五，姿色復過人，獨能以禮適名族，其風節已可想見矣。年二十七〔三〕，增順死，賈之族黨有欲嫁之者，韓氏以死拒之。其兄知沁州事某，憐其少寡，欲迎歸之。韓氏恐其將嫁己也，凡五往復，終不許。及年四十，則曰：「吾老矣，吾兄必不強我也。」方一往焉。韓氏出衣纓，復移天於大家，其生長見聞，宜不知勤儉勞苦為何物也。及增順死，家無以為生，童稚嗷嗷待哺於前，韓氏即斥去脂澤，其服飾，雖山野農家之所不堪者，韓氏處之若素也。復慨然以勤力自任，每日以麻二束自課，剝而績之，盡焉而後寢。其事舅姑，接夫子，御妾媵，待親戚，則又鄉閭以為模範者。其壻郭賡屢為予言之，始為敘其大略，庶有如安定胡翼之者，聞將著之賢惠錄云。

〔一〕標題原作「敘節婦賈韓」，「氏事」二字據三賢集本、畿辅叢書本補。
〔二〕「恒山」，元至順本作「烜」。
〔三〕「年二十七」，元至順本闕「年」字。

卷二十三　拾遺五

書　八首〔一〕

答田尚書書〔二〕

某再拜復：禮意懇到，至於再三，雖不敢當，亦所不敢拒者。然勢有不能者三，今不免一一焉。近有人自鄉中來，水幾嚙先墓。尚賴相去甚近，時得展省〔三〕，而謀所以遷避之方，必三歲而後可庶幾焉。一也。家堂垂老，有所生女子在趙州，亦欲時一相見。若遠去，則往復極不易矣。二也。外舅郭判官，平生受知最重，今在平定卧疾，十月間已一往省視，臨别垂淚云：「比

〔一〕「八首」二字原缺，據劉因集目錄補。
〔二〕「答田尚書書」，末「書」字，文津閣本、明成化本、三賢集本、畿辅叢書本無。
〔三〕「得」，元至順本、全元文作「有」。

死，幸得一相見。」近其子書來云：「變腫而利。」醫者云：「利，不利於是證也。」拙婦聞之，殆難為懷。欲遂俱往視之，則山路崎嶇，往復千里，而勢有不能。殆不免某復作一行也。三也。有此三者，而遂舍之。將以教人而先失此，雖公亦所不與也。可往則一來即往，誠不敢虛謁以要人之再三。公若不亮察，雖百往復，亦止此而已矣。某再拜。田侯請疏附此。竊以深聖人日夜之思，不如學也；制桐子善惡之命，時維師哉。凡期進業之精，必就有道而正（原作「士」，據明成化本改）。伏惟夢吉先生，兩儀間氣，四海英才。初學語則自（明成化本作「字」）識於之無，及講書則徑（明成化本作「經」）明其旨趣。料總角之時，必至於聳壑；甫弱冠之日，俄駭其能文。河傾萬卷之儲，筆掃千軍之陣。士類知畏，公論有歸。道積厥躬，白璧抵連城之價；聲聞于外，良金難衆口（原作「日」，據明成化本改）之銷。某有豚犬輩，性止中庸，席虛善誘。敢望加諸陶鑄之力，庶可達於成就之途。各習聖經，動循天理。蓋素志實在於是，舍先生將安之乎？敬遣某人，持疏上請。早賜俞音，幸毋多讓。謹疏。〔一〕

〔一〕「附田侯請疏」，原缺，據元至順本補。

答何尚書〔一〕

某再拜復：辱書〔二〕，禮意甚厚，實非所敢當也。然易之風土，素所慕愛；而公之才器，則又所願交而未得者也。又平生嘗苦無書讀，每思欲館於藏書之家而肆其檢閱。而今之藏書，復孰有如公之多者？是三者，蓋十年之所欲求而不得者，今一朝不求而併得之。且公出貴家，而能不忘子孫教養之計，求之古人，亦不多見，而某又何暇辭？但事緒卒不能絶，六七月之交當再議之〔三〕。某再拜。何侯請疏附此。竊以景星鳳凰，爭覩治平之瑞；秋陽江漢，亦資濯暴之功。是知莘野天民，不拒互党童子。伏推夢吉先生，天資頴悟，風操崛奇。馳聲瑣闥之間，晦跡衡門之下。沉潛抱負，志學期於聖賢；發見輝光，詩文復於騷雅。冀藏器待時之日，溥（原作「傳」，據明成化本改）傳道解惑之心。故仰瀆於仞牆，願俯垂于金諾〔四〕。燕山改色，載瞻伊洛之風；易水增明，顒俟河汾之教。輒伸卑懇，傾聽來音。謹疏。〔五〕

〔一〕「答何尚書」，元至順本作「答何尚書書」。
〔二〕「書」原作「疏」，據畿辅叢書本改。
〔三〕「議」，原作「識」，據元至順本、畿辅叢書本改。
〔四〕「諾」，原作「諾」，據明成化本改。
〔五〕「附何侯請疏」，原缺，據元至順本補。

與王經略〔一〕

八月二十八日，劉某再拜：以生平知己，有五年之別，且還自數千里外，欵段下澤，奉候起居，角巾私第〔二〕，從容觴詠，為數日留，以道前日西山連榻、南州並轡之好，實初心也。故自四月初，始聞有歸意，訪問迄今無虚月。及至，則腹痛連綿不止，而不能徑往。南望依依，徒增悵恨。仲實來，仍聞執事脚氣作，不知近日復何如？謹專人奉問，續當親往。時際秋嚴〔三〕，惟順時以道自愛。不宣。某再拜經略恩公執事。

答張推官〔四〕

某頓首啟：自僕與仲實交〔五〕，嘗竊聞家世昆季之美，而執事恬退之節，樂易之風，雖未之

〔一〕「與王經略」，元至順本作「與王經略書」。
〔二〕「巾」，元至順本作「中」，誤。
〔三〕「時際」，文津閣本作「日間」，元至順本、畿辅叢書本作「未間」。三賢集本作「未間」。
〔四〕「答張推官」，元至順本作「答張推官書」。
〔五〕「僕」，元至順本、明成化本、三賢集本、畿辅叢書本作「獲」。

識，固已若親承其教。五月間，彥通來，聞秩滿家居，而僕方私計或以事至府〔一〕，則庶得一見焉。及仲實至，則紙墨等物遽蒙先施之辱矣，且許以北行則取道於此，而將枉駕焉，感慰不自勝。然思其所以得此，豈仲實諸人嘗以不肖欺執事也？比當面敘，姑此馳謝。八月二十八日，某再拜推官先輩執事。

答王判官〔二〕

某頓首復總判執事：向居保府，竊聞才名風節之餘，向慕而願交之者有日矣。然公宦遊南北，而僕復閉門癡坐，蹤跡蹉跌，是以十年之間，僅望見風采一二于稠人中，竟未嘗接杯酒殷勤之歡，以道其相與之意。及來山中，交道日狹，故人日疏，凡鄉曲之賢，平昔之願交而未得者，日往來於心，其相與之意故在。忽八月九日，領四月間見寄詩，其賦敘平實而興寄高遠，辭旨精嚴而風格古雅，其平日磊磊自負，與夫期待之厚〔三〕，又槩見於言意之表，讀之不覺驚喜。向之願交而相與者，自此敢少進於前矣。特恨浮沉久而得之晚，和答難而報謝遲。故謹專人先此馳復，

〔一〕「或」字原缺，據元至順本、明成化本、畿辅叢書本補。此句元至順本、明成化本闕「計」字。
〔二〕「答王判官」，元至順本作「答王判官書」。
〔三〕「厚」，原作「辱」，據畿辅叢書本改。

比良晤。秋嚴，惟順時以道自愛。不宣。八月二十七日，某再拜復〔一〕。

答郭勸農〔二〕

某頓首再拜，復書勸農仲淵先生執事：辱惠書，知勇退之節，好士之風，不勝嘆服。所喻舉可為縣學師者一人，見保府及旁郡諸友人，年及四五十以上者，皆已經擢用。某在城一二生徒稍通經者〔三〕，亦以事奪不能去。惟李某字某者，見在新安縣三台村居〔四〕，其事行頗可為小學師。其累稍輕，或可暫去鄉邑。然逼於嚴命，不敢不勉思之，欲求如許端甫者，實不可多得也。蓋如斯人，每每已在仕路；不然者，或老病不任教讀也。僕平昔一二生徒，精通文義者，亦各以事纏綿，不能遠去。為執事計，不若懇留許君之為得也。恒之、習之廻，謹此奉報，不能既。二月十一日。

如深澤李德常、南宮康和之皆可。但不知其人肯應之否。

〔一〕「拜復」，元至順本無「復」字。
〔二〕「郭」字，元至順本、明成化本、三賢集本、畿辅叢書本皆闕。文津閣本作「王」。
〔三〕「某」，原作「其」，據三賢集本、畿辅叢書本改。
〔四〕新安縣，「新」原作「親」，據三賢集本、畿辅叢書本改。文津閣本作「文」，誤。

答醫者羅謙父〔一〕

八月二日，駰頓首再拜復太醫先生侍下〔二〕：人來，領書，及見賜諸醫書，前後受賜稠疊矣。僕自六月七日中山會葬妻父，七月五日廻，目疾暴發，至今昏花。所謂醫經辨惑，纔檢校二三簡而已。昨日定興奔舅氏喪廻，而知專人來，且以繕寫脾胃論見命，則愈增稽緩之媿也。然目疾纔愈，尚不敢久視。且一二日間，欲於門側建一草亭，又不免監督之役。恐久曠日期，而虛來人之傭直也，今日早飯竟，故遣歸。其二書約兩月可畢，至期使之來取可也。仲實近出，來，即送書去。比良晤，惟以任重自愛，不宣。克溫無異此。駰再拜太醫先生侍下。

請趙教授就師席〔三〕

總管府廉孚等，謹致書於教授安之先生足下：近聞病體就平，學者莫不相慶。比講堂落成，有府學生尚克溫等，修館舍備束脩以請。伏望早就師席，以副國家崇學育才之意。正月初八日，孚等再拜。

〔一〕「羅謙父」，「父」明成化本作「文」，但該書目錄作「父」。
〔二〕「駰」，原作「因」，據本文末落款作「駰」改。明成化本、畿辅叢書本作「駰」。
〔三〕按，此文當是劉因代人起草的書信。元至順本無，其餘諸本均有，姑仍之。

卷二十四 拾遺六

記序哀辭贊疏題跋 十一首〔一〕

宣化堂記〔二〕

大哉化也，源乎天，散乎萬物，而成乎聖人。自天而言之，理具乎乾元之始，曰造化。宣而通之，物付之物，人付之人，成象成形，而各正性命。化而變也，陰陽五行，運行乎天地之間。綿綿屬屬，自然氤氳而不容已，所以宣其化而無窮也。天化宣矣，而人物生焉。人物生矣，而人化存焉。大而父子、君臣、夫婦、長幼、朋友之道，小而灑掃、應對、進退之節，至於鳶飛魚躍，莫非天化之存乎人者也。天能物與之化，而不能使之不違其化，所以明人倫，察物理，作

〔一〕「十一首」三字原缺，據劉因集目錄補。
〔二〕全元文於標題下注：「至元七年十二月。」

禮樂，制刑政，以脩其道，以明其德。人欲化而天理，血氣化而性情，呻吟化而謳歌，暴夭化而仁壽。洋洋乎發育萬物，而放乎四海，盤亘天地，貫徹古今，而莫之違者，此聖人宣天地之化，以立人之化，而使天下後世宣之也。於是時，君宣聖人之化，大臣宣時君之化，列侯守令又宣大臣之化。至於一家宣一長之化，一身宣一心之化，一事宣一理之化，一物宣一性之化。化而宣，宣而復化。宣而不已，至於不宣；化而不已，至於無所化。故人伸天化之上，天隱人化之中。合人物於我，合我於天地。融溢通暢，交欣鼓舞，無所間隔〔一〕，無所壅蔽，人化宣而天化成矣。自世教衰，主德不宣，恩澤不流，而列侯守令又不能承流而宣化，所以陰陽錯繆，氛氣充塞而天化窒；群生寡遂，黎民未濟而人化息。噫！天地之化，會於人心，聖人之化，布於方策，顧人之宣之者何如耳！

順天治中周侯孟戡，故都運公之長子也。學業淹備，才術通濟，而深識治體。昔郡牧劉公病且卒，而繼者未至，侯以獨員主治，有聲。嘗於時豐政暇之際，新其府之公堂。謂是堂者，一道聽政之所也，上之化由是而宣，乃大書其扁曰「宣化」，蓋亦有意於宣其上之化也。且請予記之，以為執事者律。予申之曰：堂以是名，人登斯堂，思所以下教令，思所以變風俗，思所以息

〔一〕「間」，原作「閡」，據明成化本、畿輔叢書本改。

獄訟，上恐負朝廷興化之意，下恐負吾民望化之心，如是，則雖無斯名，豈無斯名？堂以是名，人登斯堂，苟俸祿於此，待日月於此，行賄賂於此，教化不行則歸之上，風化不美則歸之下，如是，則雖有斯名，安用斯名？嗚呼！堂既以是名矣，登斯堂者，無負我侯，無愧斯名。至元庚午十二月朔，易川劉駰謹記。〔一〕

歸雲庵記〔二〕

易有鄉曰「凌雲」，鄉有道庵曰「歸雲」，鄉民劉用之所作也。用家有田千餘畝，水磑二區，白金二千兩。性薄於自奉而喜施予。乃並其居築老子祠，祠側為環堵十餘，客有學老氏之靜者，延而居之，凡衣食皆給焉，使得一意於學，而無事相往來。如是者二十年，其田財費以盡，而用亡矣，客亦散矣，今但有奉祠者數人而已。嗚呼！用亦勤矣哉！蓋聞燕山竇氏之風而興起者，惜其智力止及於此而已也。昔予遊西山，過其鄉，而徘徊者久焉。見其山水雄勝，雲煙奇麗，慨想一時賓主之樂，不覺有飄然遺世、泠然長往之志也。至元丙戌，用之女夫鄧淵拜予，請紀石

〔一〕「駰」，原作「因」，據元至順本、明成化本、畿輔叢書本改。

〔二〕全元文於標題下註：「至元二十三年三月。」

以旌其事。予問他所行狀〔一〕，曰：「嘗收癃老十餘人，養之家終身焉。又通瘍醫，以藥授病者，不責償。」問用時環堵客，曰：「往往以道術知名，亦有被徵車賜真人及師號者。」問今奉祠誰，曰〔二〕：「丈人時客崔徵士之徒也。」問築祠始末，曰：「今五十年矣。」問祠所里名，曰：「沈也。」余於是念疇昔之經行，傷有志之不就，取老氏之旨，為「歸雲」之章，授今奉祠者。俾歌之，以為步虛之變焉。

惟靈居兮大無鄰，旋一氣兮凝雲。忽乘之兮下覽，思明示兮德之門。相彼髦士兮尚不稱老，況乾之尊兮有嚴其昊〔三〕。孰守虛柔兮恒處予道〔四〕？眷茲人兮與俱，命白雲兮前驅。渺何方兮故域，雲遙遙兮踟躕。

是年三月望日，容城劉某記。

〔一〕「行狀」，文津閣本、元至順本、明成化本、三賢集本、畿辅叢書本均無「狀」字。
〔二〕「誰」「曰」二字原缺，據元至順本、明成化本、三賢集本、畿辅叢書本補。
〔三〕「乾」，原作「軋」，據元至順本、全元文改。
〔四〕「予」，元至順本、明成化本作「子」。

田景延寫真詩序〔一〕

清苑田景延善寫真，不惟極其形似，並與夫東坡所謂「意思」〔二〕，朱文公所謂「風神氣韻之天」者而得之。夫畫，形似可以力求，而「意思」與「天」者，必至於形似之極，而後可以心會焉，非形似之外，又有所謂「意思」與「天」者也。亦「下學而上達」也。予嘗題一畫卷云：「煙影天機滅沒邊，誰從毫末出清妍？畫家也有清談弊，到處南華一嗒然。」此又可為學景延不至者之戒也。至元十二年三月望日，容城劉某書。

玉田楊先生哀辭　并序〔三〕

予平生所與往還通問訊者，皆有日録。而以時考之，庶其有自警者焉。昔者有自京師至者，曰：「玉田楊先生嘗問予動静於我。」又曰：「嘗問予言貌於我。」或又曰：「先生謂予，過此必識予，是以來。」若是者無虚歲。至有素疾予如仇讎，而擠毀百至，一及先生之

〔一〕全元文於標題下注：「至元十二年三月。」按，此文與卷十二書東坡傳神記後後半篇文字大體相同。
〔二〕「與夫」，原作「舉夫」，據明成化本、畿輔叢書本、三賢集本改。元至順本作「與」。
〔三〕全元文於標題下注：「至元十五年。」

門，則必幡然親愛。予亦不知何以得此于先生也。後得先生手疏，訪故人遺文行實，而先人與焉。予始疑先生之所以拳拳于予者，或以先人故。思欲一見以報其知〔一〕，而先生歿矣。後五年，至元丙子，其子遇始與予會，其雅相敬愛猶先生。又二年，遇謂予曰：「先人愛子者。子為辭以哀先人，莫子宜。」予固幸其得以遂予哀，故不辭。先生諱時煦，字春卿，仙翁雍伯之後。嘗為興文署丞。幼穎悟質厚，制行不為崖岸。性喜客，家雖貧，而延致接納無虛日。隱居教授餘二十年，名公貴人往往出其門者。築一室，環種以竹，名之曰「庸齋」。或為圖其象，為野服蕭然，先生顧而樂之，名以「庸齋自適」。先生之病革也，訣其門人李生曰：「予平生無媿於世。」言竟，怡然而逝。其所學與其所行，蓋可見矣。而世獨以好客稱之〔二〕，非知先生者。遇今為史院編修官，孫肯堂亦好學。其辭曰：

嗟漓澆兮孰可淳？賦敦龐兮公其人。揚尒波兮一我存，矯獨立兮與物春。物來納兮吾渾淪，氣被物兮吾氤氳。彼巖巖兮駭絕倫，嗟離物兮危尒身。彼悠悠兮逐世紛，孰有渭兮不涇渾？庸可常兮德有鄰，微先生兮吾誰與親？

〔一〕「以報其知」，元至順本、全元文作「以其報知」。
〔二〕「獨」，元至順本、全元文作「特」。

可庵韓道士真贊〔一〕

不巢、由，不伊、周，陶然方外遊。不滄浪，不廟堂，超然無何鄉。冠其髮，繩其鬚，溫然山澤臞。水其心，雲其身，飄然葛天民。俗而無塵，野而有文。九十康強，人間幾人？吾謂可庵之真〔二〕，乃神仙之神也〔三〕。

王治中請趙君玉疏

道人游于內，形骸無廢疾之嫌。老者近于親，飲食有豢養之戒〔四〕。惟其布帛之文不為野，所以耆艾而信可以師。伏惟提學先生，經明行修，年高德劭〔五〕。人惜士安之苦節，天留鑿齒之半軀。某早失師傅〔六〕，今勞王事〔七〕，每慚將逼於晚景，但欲常聞於善言。避堂寢以舍蓋公，固不敢

〔一〕「韓道士」，畿辅叢書本無「韓」字。
〔二〕「謂」，原作「為」，據文津閣本、明成化本、畿辅叢書本改。
〔三〕「也」字原缺，據文津閣本、明成化本、畿辅叢書本補。
〔四〕「豢」，原作「患」，據畿辅叢書本改。元至順本、明成化本作「忠」。
〔五〕「劭」，元至順本作「邵」，疑誤。
〔六〕「師傅」，元至順本、全元文作「師傳」。
〔七〕「今勞」，原作「勤勞」，據文津閣本、元至順本、明成化本、畿辅叢書本改。

當禮賢之僭。載酒肴而過揚子，或能伸問字之勤〔一〕。廚傳已修〔二〕，熏沐而待。〔三〕

請趙提學疏　丁亥正月

桑梓懷歸，遂老者之志。蓬茅增價，賴賢者之光。惠然肯來，實為全美。伏惟提學先生，詩文律口而成，舉動聽天之命。置之中座，居然宿儒。某等久爾鄰居，歆乎雅望。使先生春秋浮湛鄉社，亦何慚東道主人之招。令我輩朝夕出入里門，庶能免西家愚夫之誚。

請趙安之就師席疏〔四〕

為州郡立師〔五〕，久著朝廷之令式。選生徒入學，屢頒台憲之條章。遂興激勵之心〔六〕，爰得依

〔一〕「或」，元至順本、全元文作「庶幾」。
〔二〕「已」，原作「以」，據元至順本、畿辅叢書本改。
〔三〕文末，元至順本、全元文有「謹疏」二字。
〔四〕「趙安之」，元至順本作「趙教授」。
〔五〕「為」字前，元至順本有「伏以」二字。
〔六〕「遂」，元至順本作「共」。

歸之所。恭惟教授先生〔一〕，蚤親有道，晚舉力田。以公論所歸，膺師儒之選。某等幸居是郡，得預諸生〔二〕，敬備束脩，願行見先生之禮。特新講肆，望不虚鄉國之勤。〔三〕

靈陽觀鳩糧疏〔四〕

奉為本院見闕道糧，謹投一鄉上善，共加補助者。竊以力田固清修之本〔五〕，收功有豐歉之殊。終歲徒勞，連年失望。驢虞里巷，共歌樂土之有秋。寂寞齋廚，實望仁人之移粟。〔六〕

跋魯公祭季明姪文真蹟後〔七〕

季明與盧逖，同時遇害也。今公所謂「仁兄愛我，俾尔傳言」者，不應居逖之後也。果先之，

〔一〕「教授先生」，元至順本無「教授」二字。
〔二〕「預」，原作「與」，據元至順本改。
〔三〕文末，元至順本有「謹疏」二字。
〔四〕以上四文，當為劉因代人起草。諸本皆有，姑仍之。
〔五〕「清」，原作「請」，據文津閣本、元至順本、三賢集本、畿辅叢書本改。
〔六〕文末，元至順本有「謹疏」二字。
〔七〕全元文於標題下注：「至元十四年八月。」

則潛告之舉自忠節發，而史為遺誤矣。且公于其父之廟碑，自敘距師古為四世，與忠節為同祖，而新史乃以公為師古五世從孫，與忠節為同五世祖，不應公自敘亦如撰歐陽瓘碑之有誤也。舊史自以之推為公與忠節之五代祖〔一〕，以忠節為公之從父兄矣。不知新史何所據而改之。而汪應辰於公傳，辯師古五世之誤，於忠節傳，不辯其同五世之誤，亦可謂考之不精矣。是以知歐陽永叔不敢以新唐書世系列傳為正者，不特張、許、孔氏，而曾子固所謂史誤者，又不特李白傳而已也。

至元丁丑八月癸亥日，容城劉某書。

書饕餮圖後〔二〕

饕餮之生於唐虞，猶水物之生於陸也。雖欲饕餮，烏得而饕餮？然其所以為饕餮，則陽中之陰所不能絕〔三〕，雖欲不饕餮，烏得而不饕餮？以烏得而不饕餮者，與烏得而饕餮者遇，是以天下莫不見其為饕為餮，而得以饕餮之也。及世運降矣，人道晦矣，淳者漓而和者戾矣。關雎、麟趾之意息，而「河圖」「鳳鳥」之嘆興。饕兮餮兮，此其時也。孰從而見其饕也？孰從而見其餮

〔一〕「代」，元至順本作「伐」，疑誤。

〔二〕全元文於標題下注：「至元十四年正月。」

〔三〕「絕」，原作「紀」，據明成化本、三賢集本、畿輔叢書本改。明成化本「絕」下有「者」字。

也？而又孰得而饕餮之也？此饕餮之所以列於器也。夫饕餮之所以列於器也，其所以著夫惡，則禹鼎以魑魅鑄〔一〕，楚史以檮杌名也。其所以示夫戒，則尊彝之取象，盤盂之有文也。呂氏春秋謂：「以象形飾者，周制也。」或者曰：「以形象識之，則殷器也，非周制也。」是則不可得而知也。世且不可得而知，又烏得而知其用也？金臺田景延得古饕餮，拱泉而垂腹，羸其面，而坐則人焉。其下若有承盤者然。河東元裕之為之考，定其為古器之無疑也。景延遂以劉敞、呂大臨例而圖之。其友郝伯常欲為道其然而不果，而屬予。嗚呼！人之於古器物也，強其所不可知而欲知之，則為博物之增惑也。舍其所不可知而特慕其古焉，則為玩物之喪志也。為增惑，為喪志，皆非知好古者也。舍其所不可知者，而求其所可知者，則古人之所以為戒者在我矣。因其所可慕者，思其大可慕者，則古人之所以為古人者，自此而得矣。求知，是知也；求慕，是慕也。則斯器也，固有為致知之一、明德之端者。不惟在我之饕餮以此而見，在物之饕餮，我將自此而得以饕餮之也。至元丁丑正月丙寅，容城劉某書。

〔一〕「鼎」，明成化本、三賢集本作「金」。

卷二十五　拾遺七

先世雜事記　四首〔一〕，附雜記一首

西塋改葬後祭文〔二〕

維至元五年十月戊寅朔，承祀孫某，謹以清酌之奠，致告於先塋前。金塵昔蕩，人其流離。天寒我族，逃難南飛。遼遼松楸，誰主誰依？雨翳煙荒，牧踐狐悲。春秋失祀，神其餒而。降及大革，吾宗益衰。骨肉連喪，不免兵饑。我父重生，故里爰歸。險阻艱難，亦倍嘗之。先澤未涸，家運欲伸。裔孽是萌，不肖惟騆〔三〕。生遭閔凶，早失二親。先塋所在，莫知莫聞。豺獺報

〔一〕「四首」，目録原作「八首」，據實改。

〔二〕此標題，明成化本、全元文作「改葬後祭文西塋」。

〔三〕「騆」，原作「因」，據明成化本改。按，作此文时（至元五年）劉因年十九，作「騆」當。

本，孰無此誠？心泚溢顙，中心靡寧。寤辟自譴〔一〕，云胡爾生？親櫬尚旅，先塋未祔。載訪鄉人，得此其處〔二〕。白溝之澳，金容之曲，實惟故域，於焉是卜。與此相望，不違十里。神遊下泉，尊卑有齒。我惟後人，莫探其紀。念我孤孫，單獨一身。形影相弔，撫跡酸辛。承我先業，惟恐有墜。其敢勿勤〔三〕，遠大自期。卓然千古，樹我名勳。堂堂先靈，死而不亡。庶聞此言，相我後人。宗其有光，神亦不孤。歲時匪懈，拜掃敢忘！尚饗〔四〕

東塋改葬後祭文〔五〕

祖

念我諸孫，粗濡文墨。實賴我祖，好士雄偉。神臥荒煙，蓋亦有年。豈我父罪，惟某之愆。提攜教育，不辱其先。勿以小息，忘其大全。先父遺命云：「汝祖父母在淺土，我平生艱蹇，不克葬。汝能成之，我事了矣。」

〔一〕「譴」字原缺，據文津閣本、明成化本、三賢集本、全元文補。
〔二〕「得此其處」，明成化本、三賢集本、全元文作「得其所處」。
〔三〕「勿」，明成化本、三賢集本作「弗」。
〔四〕「尚饗」二字原缺，據文津閣本、明成化本、三賢集本、全元文補。
〔五〕此標題，明成化本、三賢集本、全元文作：「改葬後祭文東塋」。

叔祖

我祖登第，光我劉宗。雖先世德，亦我祖功。天道何如，俾絕其嗣。式值兇饑，遽至於此。我父惟子，惟某則孫，歲時拜掃，其敢勿鈞〔一〕。

禰

無狀招禍，兒罪彌天。天不遽殞，俾值孤單。亦愛吾宗〔二〕，不忍絕祀於其先。苟立厥嗣，實不願自延。晨昏奉慰，償過於下泉。嗚呼痛哉！兒復何忍言。

先世行實 六條〔三〕

一、遠祖琮〔四〕 二、高祖敦武校尉臨洮府錄事判官 三、曾奉議大夫中山府錄事 四、祖秉善 五、父述 六、因

高祖昉〔五〕，敦武校尉，臨洮府錄事判官。家居，嘗夜坐廡下，見一人盜廚中大釜。識其為里

〔一〕「勿」，明成化本、三賢集本、全元文作「弗」。
〔二〕「宗」，原作「字」，據明成化本、三賢集本、全元文改。
〔三〕此標題原脫，據明成化本、三賢集本、全元文補。
〔四〕「遠祖琮」，原作「遠祖宗」，據三賢集本改。按，蘇天爵靜修先生墓表、元史本傳敘劉因家世均與此說相合。
〔五〕「高祖昉」，高祖，明成化本誤作「曾祖」。昉，原作「昉」，據文津閣本、明成化本、三賢集本、全元文改。

巷子，呼之語曰：「吾家口衆，明日何以為具？」盜棄釜而走，止之曰：「若走，即使人執汝。姑於此以待。」乃取錢，稱釜之直與之〔一〕。且使置釜於竈所。竟不言。及卒，盜來哭，且以其事告人曰：「吾不言，則沒翁之德。」嘗為吏部掾，每為選人給紙札，曰：「紙札亦細事，但急恐乖程式〔二〕。」鄉人號為劉佛子。娶容城王氏，男四。

曾祖倍，字德容。奉議大夫，中山府錄事。為政有聲。每罷歸，望容城北門堠子下車〔三〕，凡長一歲者，無貴賤皆納拜。娶邊氏，有明鑒。

並曾祖，劉公子英。業進士。早世。

祖秉善〔四〕，字文卿。少讀書，氣豪邁，以義雄鄉里。貞祐之變，鄉豪以國命推為萬人長。遂逃避河南。弟秉德登科後〔五〕，每教之曰：「科舉無用學，特國家設此以取人耳。有志於學者，豈

〔一〕「稱」，原作「禰」，據文津閣本、三賢集本、全元文改。
〔二〕「但急恐乖程式」六字原缺，據文津閣本補。全元文作五個空格。
〔三〕「北」，原作「其」；堠，原作「睺」。二字據全元文改。
〔四〕「祖」，三賢集本作「祖考」。明成化本、全元文作「考」，誤。
〔五〕「秉德」，原作「秉忠」，據明成化本、三賢集本、全元文改。

可如是而已！」養孤姪如己出。有外姻之無託者，皆為撫育〔一〕，不使失所。其子自他而歸〔二〕，遇里中一媪，揖之。招而責曰：「彼年長，雖賤，亦人也。」乃延媪上坐，使再拜。其嚴類如此。壬辰北渡，六月六日卒於安平，時年五十二。其子扶其柩，葬於溝市里之西原。娶陳氏，生子男二，曰紫陽，曰述。女曰桂，適金皇族完顏，世襲千户侯。祖考妣六月九日卒，相去無幾日。

叔祖奉直府君行錄

君諱秉德，改國寶，字長卿，小名壽郎，小字延慶。大定二十五年乙巳正月初一日生。登興定二年進士第。釋褐涇州涇陽縣主簿，改滕州滕縣尹〔三〕，遷中書省令史。未幾改司農主事，尋授秘院經歷，終於奉直大夫、鄭州防禦判官。君性安靜恬退，與物無競。為學不喜作詞章。貞祐間，避地河南，隱於豫州之許封山。從學者惟孔文振。茂林修竹，清泉怪石，終歲無人，惟琴書在側〔四〕。為省掾時，其一省郎暴怒，以燈擊其僕，偶中君之首。君瞑目端坐，神色不動。其人謝之，曰：「偶爾，何謝焉。」嘗燕居，童僕鼓躁相詬詈，以謂無人。俄爾風動簾起，見君坐於堂中，

〔一〕「育」，原作「有」，據文津閣本、三賢集本、全元文改。
〔二〕「而」，明成化本、三賢集本、全元文作「所」。
〔三〕二「滕」字原作「藤」，據明成化本、三賢集本、全元文改。
〔四〕「惟」，原作「維」，據明成化本、三賢集本、全元文改。

衆皆惶恐，往謝罪。君方瞑目端坐，少間，開目顧之曰：「若輩何在此耶？」衆乃具以罪狀自陳。君徐曰：「曲直有在，何至於鬬？」戒勿復然。其寬裕類如此。惜乎天不假年，壬辰歿於京師之厄。先娶王氏，早世。而高尚書有鄰欲以女妻之，不許，曰：「吾不能以一女子而下貴人。」遂娶李氏，生子男二人，曰乞住、道道，皆早卒。

先考行錄〔一〕

君諱述，字繼先。金泰和七年七月九日生〔二〕。六歲值貞祐之變，從親南渡。君早有大志，穎悟絕人。十六七，棄舉子業。二十六，遭壬辰之革，饑險備嘗。北渡至安平，二親連喪，吾母病篤。先生護柩扶疾，重至鄉土。田園盡非我有，環堵蕭然，晏如也。遂刻意於學。大難之後，無書可讀，求訪百至，十年之間，天文歷數陰陽醫方之書無不通，性學史學尤所喜者。其書皆手所謄錄。往來燕趙間，交遊皆父行之天下名士也。時耶律中令君執政，翰林承旨王公百一以名書薦之，中令欲用之而不就。後至順天，隱居教授，杜門絕交，萬事置之度外，惟以教子為事。曰：「始余四十未有子，嘗語人，果無子則已，若有子，必令讀書。我今教子，亦將以成吾之志

〔一〕此標題原無，據內容依上文體例補。
〔二〕「七年」，原作「四年」，據下文先君記事首句改，且與本文「六歲值貞祐（1213）之變」，「二十六遭壬辰（1232）之革」相吻合。

而已。」性不喜酒，好長嘯。嘗遊易州諸山，當秋風落木之下，危坐終日。時作一曲，其聲雖沖澹蕭散，而其慨然之所不能忘者，亦時見之。然其竹冠葛服，雍容樂易，人謂又有真隱之風焉。先生平日明於藻鑒，或評論人物，或指明事體，或推究世變，人必待其驗而後服。中統初，左三部尚書劉公才卿宣撫真定道，辟為武邑令。未幾，以病辭。居真定之北潭。至元四年九月，還順天。明年十月十二日，病革，命其子曰：「汝高祖以來，未嘗為惡。大兵之後，吾再生，而汝兄姐俱亡，而汝獨在，汝其勉之。」明日，卒於客舍。六年十月二十五日，葬於容城縣溝市里之西原。娶定興進士楊昺字勉之之幼女，楊氏生而有知，年十六，歸先生。兵後，親執爨，無難色。先生晚無子，力請令別娶，先生竟以天命拒之。女曰綌、曰繡，皆適人而卒。先妣十一月初六日卒。歲在乙卯〔一〕。

先君記事

泰和七年丁卯，七月九日寅時生。〔二〕

崇慶元年壬申，從親南渡。

〔一〕「歲在乙卯」四字原無，依全元文據宋校本補。

〔二〕七月九日寅時生，原為雙行小字，蓋視為注文。以其本為記事內容，故今視作正文，不排為小字。下同。

正大二年乙酉，娶楊氏。
壬辰，三月降□〔一〕，五月初五日，從親北渡，至安平。六月初□日，父母皆病歿。十二月二十三日，還容城。
乙未，附籍〔二〕。
庚子，八月三日，長女阿乞生寅時〔三〕。
癸卯，遷定興。
乙巳，遷淶水。八月十五日，次女秀生。
丙午，還順天。
己酉，閏二月九日亥時，男因生〔四〕。
庚戌，有北京行。
甲寅，長女嫁韓氏。

〔一〕原文「降」字下空一字，並注「闕」。以下凡遇「闕」文，一律用方框表示，不再出注。
〔二〕「籍」，原作「藉」，據全元文改。
〔三〕「寅時」二字原缺，據
〔四〕「男因生」，原缺「男」字，據明成化本、三賢集本補。

乙卯，遷淶水。十一月初六日，喪妻楊氏。

丙辰，次女嫁欒氏。

己未，復還順天。

中統元年庚申，往真定。〔一〕

附：郭氏親事始末〔二〕

中統四年，郭公許親。至元四年正月，余丁憂。至元六年正月二日，順天教授許邦直傳言，以禫未答。三月十三日，禫終。十五日，以釋服從吉之禮告於皇考，以著即命遇大有之豐。四月，郝仲常以書去。八月，寇長卿以書來。至元七年正月二十八日，請期。二月十日，王彥材、郝季常送予親迎。三月七日，迎歸。

〔一〕「往」，原作「住」，據文津閣本、明成化本、三賢集本、全元文改。明成化本、三賢集本、全元文此句下還有兩行字：「至元三年丙寅九月還順天。至元四年丁卯正月十三日卒。」按，此兩行字或為後人所補，劉述不可能自記其卒年。年數且有疑誤：據上文先考行實，劉述至元四年還順天，至元五年卒。與此處所記各差一年。

〔二〕此文底本原無，據明成化本、三賢集本補。但其內容不屬于「先世行實」，故於標題前加「附」字。

卷二十六〔一〕 續集卷一

詩　十六首〔二〕

擬古　三首

孤蟾皓素色，寂寂虛堂深〔三〕。傷彼蘭蕙花，鬱鬱芳幽林。美人天一方，佳禽響遠音。我有一卷經，洞徹天地心。我有一寸鐵，蕩滌妖氛沉。心定有天遊，淵乎秘中襟。所得不可説，此理神其歆。

浮雲翳陽景，靈飈扇我衣。男兒志萬里，誰復傷別離？我生十五年，世事猶未知。慨然慕

〔一〕續集一至三卷，原未編入總卷次。為便於稱引，茲編為卷二十六至卷二十八。

〔二〕「十六首」，原為十七首，其中一首重出，删。

〔三〕「寂寂」，畿辅叢書本作「寂寞」。

意氣，遠與千古期。高飛不易攀，俗紛亦已羈。所智必我拒，所期必我違。哀歌仰天問，生我亦何為？撫劍一太息，晝夜中情馳。

人生天地間，太倉稊粟微。苟無金石姿，耐此日月飛。當勉玄髪歡，勿取塵世嗤。一笑群憂失，三盃萬事非。豈不志功名，功名來未遲。萬物各有時，時兮不再違。憶昨初讀書，人曰飢寒基。今日追斯言，誠哉不我欺。屠龍無所用，不如學履豨。鏌鎁非所授，不如囊中錐。多少白面郎，屈節慕身肥。奴顏與婢膝，附勢同奔馳。吮癰與䑛痔，百媚無不為。丈夫寧餓死，豈與需臑期？鴻鵠凌雲志，燕雀焉能知？二禽登寥廓，斥鷃笑藩籬〔一〕。世態盡倀鬼，吾將誰與歸？

秋夕感懷

新涼入郊墟，金風蕩秋夕。輕河皎素練，寒霜澹白璧。星斗欄杆橫，孤雲更岑寂。遊子起中庭，感慨心襟激。對酒露肝膽，豁然清塵臆。玩世風生口，開懷月滿席。長嘯一聲秋，雄談群動息。壯志海山平，任氣天地塞。醉舞捫斗牛，浩歌振金石。哦吟驚鬼神，俯仰洪荒窄。恥為時輩群，追思古人跡。人生少年時，分陰真可惜。寒窗一經老，區區竟何益？學劍覓封侯，行行匹

〔一〕「斥鷃」，三賢集本、畿辅叢書本作「尺鷃」。

夫敵。男子志斯民，安用書劍癖？皎然方寸間，自有平安策。一日風會雲〔一〕，四方賢路闢。致身青雲間，高飛舉六翮。整頓乾坤了，千古功名立。

贈寫真田漢卿 別字景延

君不見濂溪先生畫出太極圖，下筆萬物形神枯。又不見伊洛丈人寫出先天理，鑿破化胎混沌死。靈犀一點透圓光，自然造化隨驅使。景延老筆縱橫走，聲名不在龍眠後。一代人才老玉關，精英盡入丹青手。五湖三島在胸中，人間物象無遺蹤。閉門九經庫，意氣摩青空。手探月窟躡天根，千變萬化愁神工。愧我孩提五鬼窮，高軒未遇感秋蓬。千里窮途步兵哭，賓王逆旅客新豐〔二〕。幸遇知音相見好，倒寫詞源談未了〔三〕。閣上麒麟高塚卧，江邊非熊何處老？君王貪夢巫山雲，商霖變作商巖老〔四〕。惟有英雄少年人，路入雲臺猶未到。珍重先生筆下神。等閑莫寫常人真。願君傳寫聖賢之蘊，經緯天地之文，窮乾坤無形之理，思風雲變化之春。周邵二公相左右，

〔一〕「風會雲」，畿辅叢書本作「會風雲」。
〔二〕「賓王」，三賢集本、畿辅叢書本作「賓主」。
〔三〕「寫」，三賢集本、畿辅叢書本作「瀉」。
〔四〕「老」，三賢集本、畿辅叢書本作「皓」。

藐焉不作塵中人。

匏瓜亭

匏瓜隕自天，中涵太虛氣。造物全其真，世人苦其味。雖得終天年，惜坐無用器。伊誰竅混沌？太朴分為二〔一〕。一供顏淵樂，一為許由棄。顏有聖人依，許逢堯舜治。天下非其責，行藏適自遂。秋色高箕山，春風滿洙泗。後來鼎鐺徒，誰知兩瓢貴？寥寥千載間，復墜無用地。神物終有歸，至人可重值。偉哉子趙子，獨兼許顏義。匏瓜集大成，高亭挹空翠。感君亭上名，發我思聖喟〔二〕。人知聖人言，孰有聖人志？聖人心如天，何時無生意〔三〕？時無不可為，人無不可致。吾道苟寸施，吾民猶寸庇〔四〕。堅白自有持，磨涅豈吾累〔五〕？豈不欲無言，恐與匏瓜類。仲子誠稍野，強直無再思。聖人進退間，歷歷生私議。請觀欲往心，豈與乘桴異？我生學聖人，棲棲形痟瘵。窮年憂道喪，漫自中腸沸。君才當有為，自以無用置。我才當無用，自以有為覬。物性雖有

〔一〕「太」，畿輔叢書本作「大」。

〔二〕「喟」字原缺，據三賢集本、畿辅叢書本補。文津閣本作「慮」。

〔三〕「時」、「無」、「意」三字原缺，據三賢集本、畿辅叢書本補。

〔四〕「猶」，畿辅叢書本作「有」，並注：「一作猶」。

〔五〕「吾」，三賢集本、畿辅叢書本作「無」。

殊，我心良可媿。願君志我志，才志庶相利。使君召我名〔一〕，名實亦相位。留彼匏中酒，供我浩歌醉。行當取其種，移來易川植。

寄故人　二首

明時延俊秀，獨分老丘園。道德心猶負，貧窮氣尚存。從容思洛社，親炙憶程門。別後區區意，聊為知己言。

淹留乏世用，憂戚賴天成。行樂肩輿在，歸休縞袂輕。終身雖有素，生物豈無情？高詠風雲志，行藏問此生。

哭松岡先生〔二〕

徙舍勞親意〔三〕，擇師得子賢。從遊無半載，瞻仰似千年。文字雖時樣，規模有正傳。門生感知己，佇立一潸然。

〔一〕「召」，三賢集本、畿辅叢書本作「名」。
〔二〕「岡」，明成化本、全元文作「崗」。
〔三〕「徙」，原作「徒」，據文津閣本、明成化本、畿辅叢書本改。

偶得〔一〕

血氣雖衰志愈真，年來溫故覺知新。久貧多得鄉閭歎〔二〕，漸老惟於道義親。日月消磨三事樂〔三〕，乾坤俯仰一閒人。幾時卜築唐溪上，分得堯民五畝春？

次韻答石叔高

昨屈干旌到敝廬，新詩曾許鳳凰雛〔四〕。閑中無地宜三徑，天下何方是五湖？抱膝長歌憶梁父，曲肱高卧著潛夫。朝廷别有真儒在，莫道斯文賴我扶。

次韻答劉仲澤〔五〕

世態年來一笑餘，易川高興賦閒居。静中一點晝前易，身後數行言外書。不食可憐周二子，

〔一〕偶得原為二首，其第二首「自覺筋骸老漸頑……羨殺江鷗盡日閑」已見卷十六，題為偶成。文字全同，故删。

〔二〕「鄉閭」二字原缺，據三賢集本、畿辅叢書本補。文津閣本作「知交」。「歎」，明成化本、三賢集本作「敬」。

〔三〕「事樂」，明成化本、全元诗作「樂事」。

〔四〕「詩」，三賢集本、畿辅叢書本作「時」。

〔五〕明成化本無「答」字。

獨醒休笑楚三閭。囑君早了治安策，枉對寒窗嚼子虛。

哭母族李涑陽　并序〔一〕

先人北還，主於公家〔二〕。吾母卒，因寓葬焉。後因從先人南遷，十年之間，公率家人拜掃不廢〔三〕。其死也，詩以識哀〔四〕。因自序云。

亂餘家破苦顛連，生者安居死墓田。瓜李自知蒙厚施，瓊瑤終擬奠新阡。餘仁尚墮千夫淚，遺業惟存二子賢。一寸棘心思母切，不堪重詠哭君篇。

自釋

嘗憂身口累心期，溝洫高盟恐易違。仲子不能分跖粟，伯夷終是食周薇。胸中耿耿獨如此，天下滔滔誰與歸〔五〕？洗耳沉江狂狷子，也應猶笑我隨機。

〔一〕「涑」，三賢集本、畿辅叢書本作「涑」。「并序」二字原缺，據畿辅叢書本補。
〔二〕「主」，原作「生」，據畿辅叢書本改。
〔三〕「率」，原作「卒」，據文津閣本、明成化本、三賢集本、畿辅叢書本改。
〔四〕「哀」，原作「衰」，據文津閣本、明成化本、三賢集本、畿辅叢書本改。
〔五〕「與」，明成化本、三賢集本、畿辅叢書本作「汝」。

次韻叩泮宮

誤我儒冠一不成，劍花搖落動江城〔一〕。心飛北闕知天遠，夢入南荒覺地傾。磊落中原千古鹿，淋漓滄海一杯鯨。太平自有諸公在，誰向南陽問孔明？

挽李漢卿

十載從軍苦未遇，直教窮死亦堪哀〔二〕。交遊有淚能知己，天地無心解愛才。孤子猶尋朱硯泣，奚奴不復錦囊開。南兄久客應相識，為向譙東酹一杯。

〔一〕「花」，明成化本、畿辅叢書本作「華」。

〔二〕「亦」，文津閣本、明成化本、三賢集本作「易」。畿辅叢書本作「益」，並注云：「原作易」。

卷二十七　續集卷一

賦　二首〔一〕

渡江賦

郝翰林奉使南朝，九年不還。今國家大舉，方與宋君會獵于江東〔二〕，因之以問罪。北燕處士慨然壯其事，乃計地勢，審攻守，將草渡江策以助之。淮南劍客聞而過之曰：「今茲大舉，長江必可渡乎？江東必可克乎？君其為我言其勢。」處士曰：「昔我國家，初基創元。順斗極，運天關，握雄圖，祭雪壇。神人赫爾折箭以首之。遂超大河，橫八荒，跨北岳，漂九陽〔三〕。南極破而朔風

〔一〕「賦」，原作「古賦」，為統一稱謂，刪「古」字。
〔二〕「與」，原作「輿」，據文津閣本、三賢集本、畿辅叢書本、全元文改。
〔三〕「漂」，原作「溧」，據文津閣本、三賢集本、畿辅叢書本、全元文改。

烈，長星滅而北辰張。繼繼承承，臣僕萬方。其威益振，其武益揚。卵壓中原，勢開混茫。蠢爾蠻荆，何癡而狂。自取征伐，孰容爾強？今乃提天綱，頓地紘〔一〕。竭冀北之馬，會天下之兵。銜枚疾走，攝號而南行。然後駢部曲，列校隊。惣元戎，誓將帥。横竪陣于高崗，招勝風於大旆。鼓角鳴於地中，旌麾拂於天外。驍騎輕車，訇隱匈磕〔二〕。玄幕緑徽，飛揚晻藹。魚麗長蛇，撼搖覆載。長鋋雪點，流矢雨飛。霜矛電激，神劍飆馳。精甲雲屯，白日爭輝。扇燎原之猛勢〔三〕，奮蓋世之雄威。嗚呼噫嘻！吾想夫陰山虎士〔四〕，茹毛飲血。狀如神鬼〔五〕，氣傲霜雪。嬉於戰鬭，業在征伐。咆哮而貙兕怒，感激而風雲變。頽崑崙而翻海浪，折江河而崩雷電。川谷為之蕩波，丘陵為之震眩。使彼淮方之矮馬，蠻溪之豪族，延目望之，固足以拳拘喘汗〔六〕，免胄肉袒。進不敢敵，退不敢竄。我乃擊奔霆而倏昇，怒長風而迅征。一吡而建瓴折箠，再鼓而瓦解土崩。於是環疊刳塹，靡城下邑。灌以流潦，礮以巨石。前喉後背，左排右掖。一日之間，一方之地，開拓千

〔一〕「紘」，文津閣本、三賢集本、畿辅叢書本作「統」。
〔二〕「訇隱匈磕」，原作「匄磕隱訇」，據畿辅叢書本改。畿辅叢書本注云：「與上下韻不葉，據枚乘七發改定。」
〔三〕「燎」，明成化本作「撩」，誤。
〔四〕「士」，文津閣本作「虣」。
〔五〕「神鬼」，明成化本、全元文作「鬼神」。
〔六〕「喘」，明成化本、全元文作「湍」。

里。遂乃進楚泗，拔江都，擊丹陽，取南徐，浙西之津破矣。擁廬壽，跨烏江，濟蕪海，攻建康，淮南之戍潰矣。平舒剪蘄，順流而下，徑入潯陽，江東之渡得矣。掠荆州，掩黄岡〔一〕，下江陵，困武昌，湖北京西之虞通矣〔二〕。於時六師奮撅，萬馬吞舟〔三〕。駕黄龍之雲颿〔四〕，御五牙之蜺幬。斷横江之鐵鎖，焚柵岸之河樓。其勢也，人人清河公，一一韓擒虎。小王濬之樓船，凌伏波之銅柱。朝發舳艫，夕會南隅，囊括百越，杯觀五湖。靈旗所指，席捲長驅。哀哉宋君，可憐也！戰則為黄泉之士〔五〕，降則為青衣之奴。上絕奎宫之運，下失皇祐之區。草滿金陵，鹿走姑蘇。五溪焦土，七澤丘墟。何其痛哉！」客聞之而笑曰「信如公言，以謂遂無宋矣。曾不知大國有征伐之力，小國有禦敵之勢。而我長江所以限南北〔六〕，山川所以界封域。外則西接巫峽，東至海陵。相望萬里〔七〕，烽櫓旗亭。其形勝也，臨谷爲塞，因山爲嶂。振扼喉衿，天設巨防。蒼龍

〔一〕「岡」，原作「囷」，據文津閣本、明成化本、三賢集本、畿辅叢書本改。
〔二〕「虞」，明成化本、全元文作「鎮」。
〔三〕「萬」，原作「木」，據畿辅叢書本、全元文改。
〔四〕「颿」，按，「颿」為「帆」之異體字。明成化本作「瓢」，誤。
〔五〕「士」，原作「土」，據叢書集成本、全元文改。
〔六〕「南北」二字原缺，據文津閣本、明成化本、三賢集本、畿辅叢書本、全元文補。
〔七〕「相望萬里」四字原缺，據文津閣本、明成化本、三賢集本、畿辅叢書本、全元文補。

玄武之制，白狗黃牛之狀。鐵甕銅梁之固，劍門石闕之壯〔一〕。峭峽東之狼尾，聳荆門之虎牙。持夔州之百牢，揭瞿塘之兩崖。鳥道盤空，戟牙剌天。馬不得列，車不能旋。一人守隘，萬夫莫前。彼雖有懸車束馬之勤，棧雲梯石之役。我主彼客，彼勞我逸。財殫力痛〔二〕，功不補患矣〔三〕。内則灘流迅急，波濤洶湧，狂瀾逆走，絕壁障壅〔四〕。其所鼓盪，則盤渦谷角〔五〕，濤陵山頹〔六〕。隳雲遁雨，怒風轟雷。狀如天輪膠戾而激轉，又似地軸挺拔而爭迴。吞淮飲海，滔天而來。中有舟艦被江，旌甲燭日。金翅青龍，風烏水鷁。連檣萬里，牽拖千尺。槁工舟師，選自閩禺。靡颸風，翫靈胥，搠馮夷〔七〕，策天吳。察象馬之神機，責千里於須臾。東守偃城之塢，西屯采石之戍。一軻據津，萬夫莫渡。孫權割險而自霸，曹丕望洋而迴取。加之以春水方生，漲氣連天。蓊

〔一〕「劍門」，明成化本、全元文作「劍閣」。
〔二〕「痛」，原作「痛」，據文津閣本、畿辅叢書本改。
〔三〕「功」，原作「切」，據文津閣本、三賢集本、畿辅叢書本改。
〔四〕「壁」，原作「筆」，據畿辅叢書本改。文津閣本作「港」。
〔五〕「角」，畿辅叢書本據郭璞江賦改作「轉」。
〔六〕「濤陵」，畿辅叢書本據郭璞江賦改作「凌濤」。
〔七〕「搠」，明成化本、三賢集本、畿辅叢書本、全元文作「撫」。

鬱熏蒸〔一〕，跕墮飛鳶。彼雖有甲騎百萬，横屯北岸，安能飛渡我長江乎？又若船襄漢之粟，漕江淮之資。發武庫之兵，剸犀象之皮。鏤銅牙於龍川，伐竹箭於會稽。使巴渝趫捷善鬬之夫，服而用之，亦足以抗衡中原，隔障蠻夷，退以堅守，而進以力持也〔二〕。又有義士奮袂，良將登壇。既有枕戈之劉琨，豈無擊楫之謝安？假祖逖以黄鉞之威，拜陸遜以都督之權。而曹公赤壁之役，苻融合淝之戰，公獨不聞之乎？」處士曰：「表裏山河，備敗而已。堅甲利兵，應敵而已。以勢禦勢，固未知其孰利。曾不知應之以大機，昭之以大義，而有不可禦者。我請為子籌之。我直而壯，彼曲而老。我有名而衆，彼無義而小。一也。彼江塞之地，盤亘萬里。分兵以守之，則力懸而勢屈；聚兵以守之，則保此而失彼。二也。彼持衣帶之水，據手掌之隅。將惰兵驕〔三〕，傲不我虞。其備愈久，其心愈疏。三也。彼荆鄂之民，舊經剪伐，久痛瘡痍。見旃裘而膽落，夢毳窟而魂飛〔四〕。今聞大舉，重被芟夷，人心摇落，士卒崩離。四也。彼留我奉使，讎我大邦，使天下英雄請纓破浪，虎視長江，亦有年矣。今天將啟〔五〕，宋將危。我中國將合，我信使將歸。應天順

〔一〕「熏」，明成化本、三賢集本、畿辅叢書本、全元文作「薰」。
〔二〕「力」，原作「功」，據畿辅叢書本改。
〔三〕「惰」，原作「墮」，據文津閣本、畿辅叢書本改。
〔四〕「窟」，原作「闕」，據文津閣本、三賢集本、畿辅叢書本改。
〔五〕「天」，原作「元」，據明成化本、三賢集本、畿辅叢書本改。按，劉因作本文時在至元四年（1267），至元八年忽必烈改國號為「元」。

人，有征無戰。五也。孰謂宋之不可圖耶？」客於是帖然失氣〔一〕，循牆匍匐，口怯心碎，不知所以對矣。

横翠樓賦〔二〕

金臺雄壯甲天下，而山水人物為最也。其西北有峰，望之巀然而立，巍然而高，琅然而秀者，郎山也。其西四十里有泉，穴城而來，流分而派衍，環乎市井之間，為一時之偉觀者，雞水也。水之上又多樓亭臺榭之美，而宏麗傑出〔三〕，俯瞰閭閻，騁懷遊目，足以極登臨之勝概者，横翠樓也。樓之上，飄輕裾，曳長袖，解劍指麾，釃酒臨江，養胸中之天地，遊物外之文章，為燕南文物之冠冕者，樓之主人也。主人觴於斯，詠於斯〔四〕，會賓客於斯。見千巖萬壑，盤紆拂鬱，而交致乎几案間〔五〕，故樂而名之曰「横翠」也。然而樂其所以樂者，

〔一〕「怗」，原作「恬」，據畿輔叢書本改。文津閣本、明成化本、三賢集本作「怙」。
〔二〕全元文於標題下注：「至元三年七月。」
〔三〕「傑」，明成化本、畿輔叢書本、全元文作「特」。
〔四〕「斯」，原作「此」，據三賢集本、畿輔叢書本改。
〔五〕「交」，明成化本、畿輔叢書本、全元文作「坐」。

非直為景物役也，將以取山水之秀，而助其氣也。若夫嵯峨叢集，刻削峰巒，混涵天地，呼吸萬壑，斬絶峻拔，嶷嶷然有可望而畏之者，與秋色而相高也〔一〕。雲開日出，雨霽虹銷，岩崿灑霽？若拂嵐撲黛，藹藹然有可喜而玩之者〔二〕，朝來之爽氣也。霜露既下，木葉盡脱，水窮霞盡，天高鶩飛，微微螺髻，隱隱娥眉者，天寒而宜遠也。日下壁而乘彩〔三〕，月上軒而飛光，開簾拄笏，把酒而觴者，翠屏之晚對也。朝暉夕陰，煙容雨態，如萬物供四時而無窮也。由是而觀之〔四〕，主人氣象巍然，襟韻磊落，靈臺洞月，玉骨横秋，飄飄然有淩雲之風者，殆不偶然也。燕趙諸公多以歌詩道其美，記之者有陵川之雄文，詠之者有木菴之絶唱。前人之述作已備，主人復以文命僕。僕輒不自揆，拾人之滞穗，匄人之殘膏者〔五〕，亦爲之賦而贅之於後。其辭曰：

丙寅之秋七月，與主人相攜登於横翠之樓。覽斯宇之所處，極滄溟之盡頭。地連西鄙，雄

〔一〕「相高」，原作「高相」，據文津閣本、三賢集本、畿辅叢書本改。
〔二〕「喜」，明成化本作「憙」，全元文作「熹」。
〔三〕「下」，原作「上」，據文津閣本、明成化本、三賢集本、畿辅叢書本改。乘彩，文津閣本作「沈彩」。
〔四〕明成化本無「而」字。
〔五〕「膏」，文津閣本作「緒」，明成化本作「暑」，三賢集本、畿辅叢書本作「唾」。全元文作「暑」，並注云：「汪堅本、方義壯本作『者』，宋校本作『炙』。」

冠中州。星分箕尾，州别冀幽。控雁門之右塞，引雞距之清流。倚太行之宏觀〔一〕，接易水之長洲。有如陰雲慘慘，晦日冥冥。林巒失色，岊巀潛形。或風雨驟至，洶然如半夜之潮生〔二〕；或波濤怒捲，湧然如萬馬之軍聲。使人魂飛膽慄〔三〕，心折骨驚，倀然失視，悚然忘形〔四〕。怛惻於憭慓兮〔五〕，而若有遠行者乎！又如雲開山色，雨沐秋容。天光接塞，水影涵空。浮一天之灝氣，快千里之雄風。使人湍飛逸興，浩發吟魂。如登太山，漂昆侖，有可挾日月而薄風雲者乎！又如騁出岫之白雲，傲横空之素靄。揖列巀之青嵐，訪攢風之翠黛〔六〕。窮島嶼之縈迴，觀宇宙之宏大。吞燕趙之精英，吸乾坤之沆瀣。發胸次之磈砢〔七〕。豁中襟之蒂芥。其亦有思乎古人之登高而弔古，傷時而感慨也。若乃太行之英，郎山之靈。開岫幌〔八〕，闢岩扃，收霧幃，列雲屏。供詩情

〔一〕「宏」，原作「宕」，據三賢集本、畿辅叢書本改。明成化本、全元文作「岩」。

〔二〕「洶」，文津閣本、三賢集本、畿辅叢書本作「泊」，全元文注云：汪堅本作「洶」。

〔三〕「慄」，原作「慓」，據畿辅叢書本改。

〔四〕「忘」，原作「亡」，據文津閣本、明成化本、三賢集本、畿辅叢書本改。

〔五〕「慓」，畿辅叢書本作「慄」。

〔六〕「風」，文津閣本、畿辅叢書本作「峰」。

〔七〕「瑰珂」，原作「磈砢」，據文津閣本、明成化本、三賢集本、全元文改。畿辅叢書本作「磊砢」，並注：「原作瑰珂。」

〔八〕「岫」，明成化本、全元文作「袖」。

於晚照〔一〕，貢圖畫於新晴。於時吾與子詠春風於舞雩，濯塵纓於滄浪。來登斯樓，終日徜徉。歌紫芝之曲，酌明月之觴。渺天地於一粒，隨造化而翱翔。期萬代於咫尺，順四時而行藏。下視萬物，杳焉如千里毫芒〔二〕。然後囂囂然，洋洋然，庶乎可以與天下俱忘者矣。

雜著　七首

廉泉真贊　并序〔三〕

中統初，廉泉公年甫三十，以門第才望，為天子宰相。未幾，以病去〔四〕。而天下之人，日夕相與語曰：「幸廉公病少瘉，當復相天子以福我。」而公之志則亦未嘗一日而忘天下也。如是者凡十餘年，而公竟不起以終。以人觀之，公為不幸，抑不知天之愛公，俾盛名全當世，其所得已多矣。公雅愛予，而未之識也。近獲拜公像於其子孚〔五〕，遂為之贊，以報其

〔一〕「照」，三賢集本、畿辅叢書本作「翠」，文津閣本、全元文作「眺」。
〔二〕全元文「千里」下有「之」字。
〔三〕「并序」二字原缺，據畿辅叢書本補。
〔四〕「病」，明成化本、三賢集本作「疾」。
〔五〕「獲」，原作「僕」，據三賢集本、畿辅叢書本改。文津閣本作「得」。

知。公本高車部人，因官命氏為廉。公舊嘗鎮秦中〔一〕，既去，而秦人思之，呼其濯纓之水曰「廉泉」，後以為號云。

北庭而西〔二〕，風氣所同。雲龍所會，如漢沛豐。公惟世臣，金人命氏。天畀以文，用瑞斯世。胡其畀之，不盡施之？茲實嗇公〔三〕，使全歸之。我思廉泉，路遠莫致。龐眉者誰？不動聲氣。觀公之像，湖海之豪。求公之心，憔悴離騷。彼齊魯儒，輕自高大，何不旁觀〔四〕，九州之外？

田先生真贊

貌澤而腴，氣秀而疎。善畫如閻立本，而不以藝自恥。識字如楊子雲，而不以諸生自居。人類萬殊，觀物有書。所謂三皇氏之民，百世之士者，蓋斯人之徒歟！

〔一〕「公」字，明成化本脱。

〔二〕「庭」，明成化本作「雲」。

〔三〕「嗇」，原作「喪」，據文津閣本、明成化本、三賢集本、畿辅叢書本、全元文改。

〔四〕「觀」，畿辅叢書本作「求」。

與趙安之手書

某再拜。人自保來，就問動靜。方聞先丈捐館，不勝驚悼。惟足下哀痛，何以堪之！交朋義重，奔慰無由。臨書悵然，裁抑是望。七月十三日，某再拜安之大孝苫次。

又與趙安之書〔一〕

某再拜安之吾友：劉碑續入數事，改定附呈。若有未安，望就為更正，以示仲良諸君。不然，亦當見教，使再刪潤也〔二〕。鄉所命寫謬作，但諸藁多塗抹，學生輩不能盡辨〔三〕，今姑錄此，後當續書寄之〔四〕。然亦望因此而有所教告也。而老兄所見，及前後二詩，卻望付下。時一覽之，當以不能副所知而自警省焉。若有近作，幸併得見。謬作冊子中所謂河圖辯者，初未嘗示人，學生輩誤寫入此。然欲去之，則連前後，且封緘已竟，而不及矣。望不出示也。自來山中，聞見日

〔一〕此文原與上文相連，茲據三賢集本、畿輔叢書本改。此標題原缺，亦據三賢集本、畿輔叢書本補。
〔二〕「再」，原作「某」，據文津閣本、三賢集本、畿輔叢書本改。
〔三〕「辨」，原作「辦」，據三賢集本、畿輔叢書本改。
〔四〕「書」，三賢集本、畿輔叢書本作「盡」。

狹，交道日寡，徒深馳想，孰從晤語？益恨前日之不得日相從遊也〔一〕。近題孫仲誠山水詩卷，中有一詩及諸公，可取者發一笑也。參蕨少致野人意〔二〕，希領之。會伯起、純甫，致懇。閏十一月十一日，某再拜。

又與趙安之書〔三〕

劉碑「理財」一節，多聞人稱道。近聞劉之故人復能道其詳，故書所謂「薦」與「詔可之」云者，見其所授宣中詞如此。「西塘」見宋編年雜書。「衛村」見五代史，當作此「衛」字。「息盜」一節，近見諸史循吏傳中〔四〕，事有細於此者亦得書，故復續入。恐疑前後所云不同，故及之。然更望可否也。「縣官猶學官」云，即官舍也，見前漢詩。後二「公」字，係是二章，不係重韻。「役使」一章，亦有此例，無妨。「共張」二字，前碑卻附下。近趙君玉寄一卷詩來，深入理窟，當略其辭語，取其旨意，乃知此老有非人所能到者。似此書生，今世能有幾人？謹附去，試過目焉。以

〔一〕「恨」，原作「悵」，據文津閣本、明成化本、三賢集本、畿辅叢書本改。
〔二〕「參」，原作「荀」，據文津閣本、明成化本、三賢集本、畿辅叢書本改。
〔三〕此文原與上文相連，據三賢集本、畿辅叢書本改。此標題原缺，亦據三賢集本、畿辅叢書本補。
〔四〕「循」，原作「衛」，據三賢集本、畿辅叢書本改。

吾兄實古人所謂「人之有技，若己有之」者，故敢以是相告也。某又拜。

與郭子東手書

先太守銘中，書先夫人事蹟，則賓不可以勝主。先夫人銘中，書先太守事蹟，則陰不可以統陽。且婦人前無表墓之例，但有誌爾。必一樹之墓表，一埋之墓道，於情文始備。希知之。某再拜子東奉議大孝苫次。

答仲誠問干支〔一〕

甲，陽氣萌動，草木至是始甲而出。

乙，陰氣尚強，陽出乙乙也，草木亦然。

丙，陰氣初動，陽氣將虧〔二〕，故文從陰內而陽外，在萬物則炳然而成〔三〕。

丁，陽強不為主，其勢適與陰丁，萬物至是皆丁實。

〔一〕「干支」，明成化本作「支干」，誤。

〔二〕「將」字原缺，據明成化本、三賢集本、畿辅叢書本補。

〔三〕「萬」字前原衍一「盛」字，據明成化本、三賢集本、畿辅叢書本刪。

戊，陽土也，故文通物而出，戕物而入。
己，陰土也，故文象萬物辟藏詘形。
庚，以陰干陽，更而續之，又為萬物庚庚有實也。
辛，陰干陽極，更故而新〔一〕，故萬物更為成熟。
壬，陽受始，而陰壬之〔二〕。
癸，水土平，可揆度也。
右干
子，滋也，陽氣動，萬物滋也。
丑，紐也，萬物動，有事。
寅，髕也，正月，陽動欲上，而陰強髕寅於下。
卯，冒也，二月，萬物冒地而出。
辰，震也，三月，陽氣震動。
巳，已也，四月，陽氣已出，陰氣已藏。

〔一〕「故」字原缺，據文津閣本、明成化本、三賢集本、畿輔叢書本補。
〔二〕「而」，原作「乃」，據文津閣本、明成化本、三賢集本、畿輔叢書本改。

午，悟也，五月，陰午逆陽，冒地而出。

未，味也，六月，滋味成。

申，神也〔一〕，七月，陰成體。

酉，就也，八月，物成。

戌，滅也，九月，陽氣微。

亥，荄也，十月，微陽起。

右支

〔一〕「神」，全元文作「伸」。明成化本此字模糊，不易辨認。

卷二十八　續集卷三

雜著　三首〔一〕

河圖辨

河圖之說，朱子盡之矣。後人雖欲議之，不可得而議之也。然其自私者，必出於己而後是，是以致疑於其間者，尚紛紛然也。有指伏羲八卦次序為之者，有指先天圖而為之者，亦有主劉牧而疑朱子取捨之誤者，而近世大儒，又有自畫一圖為之者。其圖八卦次序者則曰〔二〕：「大傳既謂『河出圖，洛出書，聖人則之』，是必有其所謂圖與書〔三〕，聖人可得而則者矣。今夫十數之點誌，

〔一〕「三首」二字原缺，據静修集目錄補。
〔二〕「次序」，原作「次敘」，據畿辅叢書本改。
〔三〕「必有其」，明成化本、全元文無「其」字。

安可則以為八卦之畫象也?」此其為說,蓋出乎漢儒「洛書有文字」,王肅「河圖即八卦」,及蘇子瞻「圖書粗有卦疇之象」之說,而與張敬夫以河圖為興易之祥,聖人則其時以作易,而力詆先儒有所則其圖者,正相反而各極其偏也。若是,則卦固自畫,安得謂聖人則而畫之?而聖人亦何必復觀取於遠近俯仰之間?而程子何為有「河必圖至」與「因見河圖」之說也哉?其圖先天圖者,而其失尤甚,固可以借唐孔氏「天語簡要,不應若是之煩」,及朱子「伏羲淳厚,未必如是之巧」者以破之矣。其主劉牧者,則以九數之變見於列禦寇之書,九宫之文見于張平子之言,而巽四、兌七〔一〕、震三〔二〕、艮八,又雜出於魏晉諸儒之説,固不可必以八卦之本於九數,而謂劉氏之説無明驗也。然其劉氏之説〔三〕,則緯書從而出者,而説者固以一為北方陽氣之始,七為南方陽氣之盛,九為西方陽氣之究,而與圖合矣。而圖之下之一得六,固可上變而為七〔四〕,上之七得二,固可左變而為九,九窮則復下變而為一,又無不合者焉。然彼以七為衍而九為玄者,亦無不可。然於圖亦安見其不合者,而必以洛書為説也?就使列氏指洛書而言,則洛書固可以為易,而亦不必

〔一〕「兌七」,原作「兌二」,據文津閣本、明成化本、畿辅叢書本改。
〔二〕「震三」,明成化本、全元文作「震二」。
〔三〕「劉氏」,明成化本、畿辅叢書本、全元文作「列氏」。
〔四〕「七」,原作「二」,據明成化本、畿辅叢書本改。

遂以為河圖也。夫九宮之說出於緯書，而張氏亦嘗破之。且其言又曰「雜之以九宮」矣，蓋不即以九宮正為八卦也。斷為九宮之說〔一〕，與河圖九篇之說者，鄭康成也。其於明堂之數，則曰「法龜文」，是鄭氏又不以九為圖，而其說有自相矛盾者。則是亦可以證劉氏之失矣，安得引之以為助乎？彼又為邵子但言方圓之象〔二〕，而不指九、十之數。若以象觀之，則九又圓於十矣。且其所謂方圓而前後乎此者，皆不過指陰陽、剛柔、奇偶而已。在此，則星少陽而土少柔，其偶者，固當為方而為陰，而奇者，固宜為圓而為陽矣。故朱子發、張文饒，精通邵學者，而皆以十為書而九為圖也。若設是，而朱子之所取所證者，則關子明也。然彼既以其書為偽矣，何獨於此而信之乎？曰邵子之所謂方圓，固無一定之指，獨於此則言之甚明。且以六數少陽之十，既合乎曆紀〔三〕，而應天之時，而八方並虛中為九，又合乎州田，而應地之方。且十既剋方，則惟見其圓。九又可以畫方而為井。而五位既鈞，則不能為九；四偶既布，則自無所容十。而又嘗以八十一為範之數矣。安得謂洛書反圓於河圖〔四〕，而不指九、十之數哉？夫偽關氏之書者，非偽後人之託夫

〔一〕「斷」，原作「所」，據畿辅叢書本改。畿辅叢書本注：「原作斯。」明成化本、三賢集本、全元文作「斯」。文津閣本作「其」。

〔二〕「但言」二字原缺，據明成化本、三賢集本、畿辅叢書本補。

〔三〕「曆」，原作「歷」，據全元文改。

〔四〕「謂」，明成化本作「為」。疑誤。

闕氏也。蓋僞其書，實闕氏之所自作，而乃託之為聖人之書，異人之旨，猶戴氏之麻衣易然也。且其論，又闕氏之自謂也，說者安得從而廢之乎？或曰：「劉氏說託言出於陳希夷，而得之范諤昌矣。」然而希夷龍圖乃以五十五為說，而范〔一〕氏八卦亦以河圖而演之，是不足以正劉氏之失乎？曰：「龍圖之說，未必出於劉氏之前，而呂伯恭從而誤信之，猶張敬夫之為戴氏所欺也。」夫希夷未聞有書傳，至邵子而後有書。其太極圖，則朱子發謂發於穆伯長〔二〕，而胡仁仲因之，遂亦以為穆特周子學之一師。陸子靜因之，遂以朱錄為有考，而潘誌之不足據也。蓋胡氏兄弟於希夷不能無少譏議，是以謂周子為非止為種、穆之學者〔三〕。陸氏兄弟以希夷為老氏之學，而欲其當謬加無極之責，而有所顧藉於周子也。然其實，則穆死於明道元年，而周子時年十四矣。是朱氏、胡氏、陸氏，不惟不考乎潘誌之過，而又不考乎此之過也。然始也，朱子見潘誌，知圖為周子所自作，而於行錄附注，雖破朱氏之說，而猶以胡氏之抑希夷、種、穆，謂特其學之一師者為過，而疑其傳自希夷，至周子始筆之書，而亦不敢遽以為不傳於希夷、種、穆也。豈其後有所考於此

〔一〕自「不指九十之數」至「以五十五为说而范」，凡三百八十字，底本全缺，據文津閣本、明成化本、三贤集本、畿辅丛书本補。

〔二〕「朱子發」，原作「朱子亦」，據畿辅叢書本改。其注云：「按朱震，字子發。」

〔三〕「種穆」，明成化本作「穆種」。誤。

也？故於注圖書，則曰：「莫或知其師傳之所自。」記遺文後，則曰：「非有所受於人。」記書堂，則曰：「不繇師傳，默契道體，實天之所畀也。」而其問答之間，則嘗謂〔一〕：「希夷未嘗有濂溪之說。濂溪之說，未嘗出於希夷。」「周子自為周子之學，而未嘗考夫邵子者。邵子自為邵子之學，亦未嘗考夫周子者。」而斷然以為無所傳授，而不出於希夷。而敬夫亦以謂：「自得之妙，非數子所得而知也〔二〕。」若夫邵學，則雖穆、李之前不著其傳，先儒謂有深意，而始推及理，自得為多，固有如二程之言者。然其源之隱於方士，而發於希夷，為無可疑，而不必強為授於王豫，得之歸藏之說也。蓋義理，人心之所同，不必託之異人異書而後神。義理，天下之公器，雖得之方外之書，亦不當為之諱也。若言希夷之學，則當以邵學為正也。彼以五十五定四方之位，以水、火、木、金為四正卦之象，分四象之數，自左旋去三，而生四偶卦之畫〔三〕，則闕氏之說，而范氏取之者。然其所合，乃文王之八卦，固已與邵學不合矣，亦安可以偽攻偽也哉？夫前之所論，皆託言出於希夷，而不合乎邵學者也。若朱子發、張文饒，又求之邵學而失之者也。若夫朱子，則

〔一〕「嘗」，原作「常」，據明成化本、全元文改。

〔二〕「數」，原作「邵」，據三賢集本、畿辅叢書本、全元文改。明成化本此字空缺，全元文注云：「此字原空缺，據宋校本補。」

〔三〕「偶」，畿辅叢書本改作「隅」，并注云：「原作偶。」

極邵子之大，盡周子之精，而貫之以程子之正也。後人惡得而議之！雖然，抑有一說，而竊附于朱子之後。夫河圖之中宮，則先天圖之所謂「無極」，所謂「太極」，所謂「道」與「心」者，即太極圖之所謂「無極而太極」，所謂「太極本無極」，所謂人之所以最靈者也。河圖之東北，陽之二生數，統夫陰之二成數，則先天之左方震一，離、兌二，乾三者也。先天圖之左方震一，離、兌二，乾三者，即太極圖之左方「陽動」者也。其兌、離之爲陽中之陰，即陽動中之爲陰靜之根者也。河圖之西南，陰之二生數，統夫陽之二成數，則先天圖之右方巽四，坎、艮五，坤六者也。先天圖之右方巽四，坎、艮五，坤六者，即太極圖之右方「陰靜」者也。其坎、艮之爲陰中之陽者，即陰靜中之爲陽動之根者也。河圖之奇偶，即先天、太極圖之所謂陰陽，而凡陽皆乾，凡陰皆坤也。河圖、先天、太極圖之左方，皆離之象也，右方，皆坎之象也。是以河圖水、火居南北之極，先天圖坎、離列左右之門，太極圖「陽變陰合」而即生水、火也。而易之爲書，所以首乾、坤，中坎、離〔一〕，終既濟、未濟。而先天之爲圖，中孚、頤、小過、大過，各以其類而居於正也。如是，則周子、邵子，其學雖異，先天、太極，其源雖殊，而其理未嘗不一，而其所以出於河圖者，則又未嘗不一也。若夫其自爲圖者，則曰：「河圖之數，凡五十五而十位，洛書之

〔一〕「中」，原本作「終」，據畿辅叢書本改。

數，凡四十五而九位，舉不合夫畫三卦八，錯綜之六十四。若以位言，則去九與十，合夫乾一、兌二、離三、震四、巽五、坎六、艮七、坤八之敘〔一〕。然不知所以爲卦，所以爲畫，雖爲推衍湊定，不免牽合。若五、十爲衍母，一、九爲衍數，則揲蓍求卦之法，非案圖畫卦之本。」此其爲說，似也，然及自爲圖，則亦不外乎十數，而爲白圈黑圈，爲五相間而爲十，以白為天奇，以黑爲地偶，取三奇爲乾，三偶為坤，其餘卦取之亦然。觀其附合，乃有纂組華紛之極所不能爲者。而謂出於天之自然之數必如是，而聖人之畫卦，如根幹枝葉，迫於不得已而然者，亦必如是，是則可疑之大者。若其以天五、地五，合各一太極而爲六，爲重卦之本；二五相合而爲十，爲揲蓍之本，凡其不可曉皆此類。而其假合悠謬，又有出於林黃中、郭子和百千之下者。然其反復辯論，幾數萬言，蓋有欲盡廢先儒，而獨行己說之意。嗚呼！朱子之於河圖，雖推本爲卦畫之源，而欲人玩心於其間，然亦有不切之戒。而其爲說，第於其理可通而事有證者而敘次之，然亦有傳疑，而未嘗以爲河之所出，伏羲之所目睹者必如是也。今斯人也，既以先儒之或有所傳而來者盡以爲非，而於千萬世之下，出於己手之所纂畫者，自斷以為必合乎天之所出，則是以天自處，其所見亦必有甚異於人者也。惜不得從而問之。姑與諸說雜而記之，以俟參考。

〔一〕「敘」，明成化本作「序」。

中孚彖

本義於中孚・象，則曰「能致豚魚之應」，小過・象，則曰「能致飛鳥遺音之應」，於小過之「初六，飛鳥以凶」，則引郭璞洞林「或至羽蟲之孽」者以釋之。予謂，於其凶以孽言，則所謂吉之應者，疑其為致禎祥也。然嘗有問朱子，豚魚之應，謂真致豚魚者，而朱子亦不敢遽以為然。抑不知其所謂應者，又將何所謂也。或曰：「頤、中孚，皆有離之象也，離則有水蟲之象焉，故在頤則為靈龜，在中孚則為豚魚，是特取其象焉爾，非必謂其真有所致也。」是皆不可得而知矣。獨信及豚魚之言昭然甚明，其吉將不在夫豚魚，而在夫此者，則可得而知也〔一〕。孫仲誠筮遇中孚，不變，求余說，以告。

敘學

性無不統，心無不宰，氣無不充。人以是而生，故材無不全矣。其或不全，非材之罪也。學術之差，品節之紊，異端之害惑之也。今之去古也，遠矣；衆人之去聖人也，下矣〔二〕；幸而

〔一〕「可得而知」，原作「不得而知」，據三賢集本、畿辅叢書本改。
〔二〕「矣」，原作「也」，據明成化本、畿辅叢書本改。

不亡者，大聖大賢惠世之書也。學者以是性與是心與是氣，即書以求之，俾邪正之術明，誠僞之辨分，先後之品節不差，篤行而固守，謂其材之不能全，吾不信也。保下諸生，從余問學有年矣，而余梗於他故，不能始卒成夫教育英才之樂〔一〕，故為陳讀書為學之次敘〔二〕，庶不至於差且紊而敗其全材也。

先秦三代之書，六經、語、孟為大。世變既下，風俗日壞，學者與世俯仰，莫之致力，欲其材之全，得乎？三代之學，大小之次第，先後之品節，雖有餘緒，竟亦莫知適從〔三〕，惟當致力六經、語、孟耳。世人往往以語、孟為問學之始，而不知語、孟，聖賢之成終者，所謂「博學而詳說之，將以反說約」者也。聖賢以是為終，學者以是為始，未說聖賢之詳，遽說聖賢之約，不亦背馳矣乎！所謂「顏狀未離於嬰孩，高談已及於性命」者也。雖然，句讀訓詁，不可不通，惟當熟讀，不可強解，優遊諷誦，涵泳胸中，雖不明了，以為先入之主可也。必欲明之，不鑿則惑耳。六經既畢，反而求之，自得之矣。治六經必自詩始。古之人十三誦詩，蓋詩吟詠情性，感

〔一〕不能始卒成夫教育英才之樂，夫，明成化本、全元文作「失」。全元文將此句標點為：「不能始終卒成，失教育英才之樂」。

〔二〕「敘」、「故」下原有「其」字，明成化本、畿輔叢書本無，據刪。明成化本、全元文作「序」。

〔三〕「知」，原作「之」，據明成化本、畿輔叢書本改。

發志意，中和之音在是焉〔一〕。人之不明，血氣蔽之耳。詩能導情性而開血氣，使幼而常聞歌誦之聲，長而不失刺美之意，雖有血氣，焉得而蔽也？詩而後書。書，所謂聖人之情見乎辭者也。即辭以求情，情可得矣。血氣既開，情性既得，大本立矣。本立，則可以徵夫用。用莫大於禮。三代之禮，廢矣，見於今者，漢儒所集之禮記，周公所著之周禮也。二書既治，非春秋無以斷也。春秋，以天道王法斷天下之事業也。春秋既治，則聖人之用見。本諸詩以求其情，本諸書以求其辭，本諸禮以求其節，本諸春秋以求其斷，然後以詩書禮為學之體，春秋為學之用，一貫本末具舉，天下之理窮〔二〕，理窮而性盡矣。窮理盡性，以至於命，而後學夫易〔三〕。易也者，聖人所以成終而成始也〔四〕，學者於是用心焉〔五〕。是故詩書禮樂未明〔六〕，則不可以學春秋，五經不明〔七〕，則不可以學易。夫未知其粗者，則其精者豈能知也？邇者未盡，則其遠者豈能盡也？學者多好

〔一〕「在是」，明成化本、三賢集本、全元文作「在意」。
〔二〕「天下之理」，「下之理」三字原缺，據明成化本、三賢集本、畿辅叢書本補。
〔三〕「學」，原作「舉」，據三賢集本、畿辅叢書本、全元文改。
〔四〕「成始也」之上原衍「所」字，據三賢集本、畿辅叢書本、全元文刪。「聖人所以」，明成化本作「聖人之所以」。
〔五〕「用心」，明成化本、全元文作「刳心」。
〔六〕「詩書」二字原缺，據三賢集本、畿辅叢書本補。「禮樂」，明成化本、全元文作「二禮」。
〔七〕「五經」，文津閣本作「四經」。

高務遠〔一〕，求名而遺實，踰分而遠探，躐等而力窮。故人異學〔二〕，家異傳，聖人之意晦而不明也。六經自火於秦，傳注於漢，疏釋於唐，議論於宋，日起而日變。學者亦當知其先後，不以彼之言〔三〕，而變吾之良知也。近世學者，往往舍傳注疏釋，便讀宋儒之議論，蓋不知議論之學自傳注疏釋出，特更作正大高明之論爾。傳注疏釋之於經，十得其六七，宋儒用力之勤，剗偽以真，補其三四而備之也。故必先傳注而後疏釋，疏釋而後議論，始終原委，推索究竟，以己意體察，為之權衡，折之於天理人情之至。勿好新奇，勿好辟異，勿好詆訐，勿生穿鑿。平吾心，易吾氣，充周隱微〔四〕，無使虧欠。若發強弩，必當穿徹而中的。若訊重囚〔五〕，棒棒見血而得情。毋慘刻，毋細碎，毋誕妄，毋臨深以為高。淵實昭曠，開廓懇惻，然後為得也。

六經既治，語、孟既精，而後學史。「先立乎其大者，小者弗能奪也。」胸中有六經、語、孟為主，彼廢興之跡，不吾欺也。如持平衡，如懸明鏡，輕重寢颺，在吾目中。學史亦有次第。古無經史之分。詩書春秋皆史也，因聖人刪定筆削，立大經大典，即為經也。史之興自漢氏始。

〔一〕「務」，明成化本、全元文作「慕」。
〔二〕「學」，明成化本。全元文作「說」。
〔三〕「言」，明成化本、全元文作「變」。
〔四〕「隱」，明成化本、全元文作「發」。
〔五〕「訊重囚」，原作「論罪囚」，據明成化本、全元文改。

先秦之書，如左氏傳國語世本戰國策，皆掇拾記錄，無完書。司馬遷大集群書為史記，上下數千載，亦云備矣。然而議論或駁而不純，取其純而舍其駁可也。後世史記，皆宗遷法，大同而小異。其創法立制，纂承六經，取三代之餘燼，為百世之準繩，若遷者，可謂史氏之良者也。班固前漢史，與遷不相上下，其大原則出於遷，而書少加密矣。東漢史成於范曄，其人詭異好奇，故其書似之。然論贊情狀有律，亞於遷、固。自謂「贊是吾文之奇作，諸序、論往往不減過秦」，則比擬太過。三國陳壽所作，任私意而好文，奇功偉績，往往削沒，非裴松之小傳，一代英偉之士，遂為壽所誣。後世果有作者，必當改作，以正壽之罪，奮昭烈之幽光，破曹瞞之鬼蜮〔一〕，千古一快也。晉史成於李唐房、杜諸人，故獨歸美太宗耳〔二〕。繁蕪滋漫〔三〕、誣談隱語、鄙泄之事具載之〔四〕，甚失史體。三國過於略，而晉書過於繁。南北七代，各有其書，至唐李延壽，總為南北史，遺辭記事〔五〕，頗為得中，而其事蹟汙穢，雖欲文之而莫能文矣。隋史成於唐，興亡之際，徼訐好惡，有浮於言者。唐史二：舊書劉昫所作，固未完備，文不稱事；而新書成於宋歐、宋諸

〔一〕「蜮」，原作「賊」，據畿辅叢書本改。
〔二〕「故獨」，全元文作「所作」，且將二字屬上句，似欠妥。
〔三〕「漫」，文津閣本作「蔓」，明成化本、全元文、三賢集本作「浸」。
〔四〕「具」，原作「且」，據文津閣本、明成化本、三賢集本、畿辅叢書本改。
〔五〕「辭」，原作「時」，據文津閣本、明成化本、三賢集本、畿辅叢書本改。

公，雖云完備，而文有作為之意，或過其實，而議論純正，非舊書之比也。然學者先當舊，而後新。五代二書皆成於宋，舊則薛居正，新則歐陽子也。新書一出，前史皆廢，所謂「一洗凡馬空」者也。宋、金史皆未成。金史只有實錄。宋事纂錄甚多，而東都事略最為詳備。是則前世之史也〔一〕。學者必讀全史，歷代考之，廢興之由，邪正之跡，國體國勢，制度文物，坦然明白，時以六經旨要立論其間，以試己意，然後取溫公之通鑑、宋儒之議論，校其長短是非，如是，可謂之學史矣。學者往往全史未見，急於要名，欲以為談說之資〔二〕，觜吻之備。至於通鑑，亦不全讀，抄撮鉤節通鑑之大旨，溫公之微意隨以昧沒，其所以成就亦淺淺乎。

史既治，則讀諸子。老、莊、列、陰符四書〔三〕，皆出一律，雖云道家者流，其間有至理存。取其理而不取其寓，可也。素問一書，雖云醫家者流，三代先秦之要典也，學者亦當致力。孫、吳、姜、黃之書，雖云兵家智術戰陳之事，亦有名言，不可棄也。荀子議論過高好奇，致有性惡之說，然其王霸之辨，仁義之言，不可廢也。管子一書，霸者之略，雖非王道，亦當讀也。揚子

〔一〕「前」，原作「兩」，據文津閣本、明成化本、三賢集本、畿辅叢書本改。

〔二〕「談說」，原作「談論」，據文津閣本、明成化本、三賢集本、畿辅叢書本改。「資」，全元文作「鎡」，並注云：「宋校本作滋。」

〔三〕「老」，原作「者」，據三賢集本、畿辅叢書本改。

雲太玄、法言，發孔孟遺意，後世或有異論者，以其有性善惡混之説，劇秦美新之論，事莽而篡漢。韓子謂其文頗滯澀，蘇子謂「艱險之辭，文膚淺之理」，而溫公甚推重之，以為在孟、荀之上。或抑或揚，莫適所定。雖然，取其辭而不取其節，可也。賈誼、董仲舒、劉向皆有書，惜其猶有戰國縱横之餘習。惟董子三策，明白純正，孟軻之亞，非劉、賈所企也。文中子生於南北偏駁之後，隋政横流之際〔一〕，而立教河、汾，作成將相，基唐之治〔二〕，可謂大儒矣。其書成於門弟子董、薛、姚、竇之流，故比擬時有太過，遺辭發問，甚似論語，而其格言至論，有漢儒所未道者〔三〕，亦孟軻氏之亞也。韓子之書，刪去靡麗，李唐一代之元氣也，與漢氏比隆矣。其詆斥佛老，扶持周孔，亦孟軻氏之亞也。諸子既治，宋興以來諸公之書，周、程、張之性理，邵康節之象數，歐、蘇、司馬之經濟，往往肩漢唐而踵三代，尤當致力也。

孔子曰：「志於道，據於德，依於仁」矣，藝亦不可不遊也。今之所謂藝，與古之所謂藝者不同。禮、樂、射、御、書、數，古之所謂藝也，今人雖致力而亦不能，世變使然耳。今之所

〔一〕「北偏駁」「隋政」五字原缺，據明成化本、三賢集本補。「偏駁」，文津閣本作「煽惑」。

〔二〕「基唐」二字原缺，據文津閣本、明成化本、三賢集本、畿辅叢書本補。

〔三〕「論」「有」二字原缺，據文津閣本、明成化本補。三賢集本、畿辅叢書本作「論」「實」。但畿辅叢書本「實」字下注云：「古文正集作『有』。」

謂藝者，隨世變而下矣。雖然，不可不學也〔一〕。詩文字畫，今所謂藝，亦當致力，所以華國，所以藻物，所以飾身，無不在也。學詩當以六義為本，三百篇，其至者也。三百篇之流，降而為辭賦，離騷楚辭，其至者也。詞賦本詩之一義，秦漢而下，賦遂專盛，至於三都兩京，極矣。然對偶屬韻，不出乎詩之律，所謂「源遠而末益分」者也。魏晉而降，詩學日盛，曹、劉、陶、謝，其至者也。隋唐而降，詩學日變，變而得正，李、杜、韓，其至者也。周宋而降，詩學日弱，弱而後強，歐、蘇、黃，其至者也。故作詩者，不能三百篇，則曹、劉、陶、謝；不能曹、劉、陶、謝，則李、杜、韓；不能李、杜、韓，則歐、蘇、黃。而乃效晚唐之萎苶〔二〕，學溫、李之尖新〔三〕，擬盧仝之怪誕，非所以為詩也。至於作文，六經之文尚矣，不可企及也。先秦古文可學矣，左氏國語之頓挫典麗，戰國策之清刻華峭〔四〕，莊周之雄辨，穀梁之簡婉，楚詞之幽博，太史公之疏峻。漢而下其文可學矣，賈誼之壯麗，董仲舒之沖暢，劉向之規格，司馬相如之富麗，揚子雲之邃險，班孟堅之宏雅。魏而下，陵夷至於李唐，其文可學矣，韓文公之渾厚，柳宗元之

〔一〕「學」，三賢集本、畿辅叢書本作「察」。全元文注云：「汪堅本作『索』。」

〔二〕「苶」，原作「薾」，據畿辅叢書本改。明成化本、全元文作「榮」。按，「薾」音耳，花盛貌。「苶」音聶，疲倦貌。作「苶」為是。

〔三〕「尖」，原作「溫」，據三賢集本、畿辅叢書本改。文津閣本作「纖」。

〔四〕「峭」，原作「削」，據三賢集本、畿辅叢書本改。

光潔〔一〕，張燕公之高壯，杜牧之之豪縟，元次山之精約，陳子昂之古雅，李華、皇甫湜之溫粹，元微之、白樂天之平易，陸贄、李德裕之開濟。李唐而下，陵夷至於宋，其文可學矣，歐陽子之正大，蘇明允之老健，王臨川之清新，蘇子瞻之宏肆，曾子固之開闔，司馬溫公之篤實。下此而無學矣。學者苟能取諸家之長，貫而一之，以足乎己，而不蹈襲麇束，時出而時晦，以為有用之文，則可經緯天地，輝光日月也。字畫之工拙，先秦不以為事。科斗、篆、隸、正、行、草，漢氏而下，隨俗而變，去古遠而古意日衰。魏晉以來，其學始盛，自天子大臣，下至處士，往往以能書名家，變態百出，法度備具，遂為專門之學。故宋高祖病不能書，不足厭人望〔二〕。劉穆之使放筆大書，亦自過人，一紙可三四字，其風俗所尚如此。至於李唐，學者愈衆。字畫於士夫固為末技，而衆人所尚，不得不專力〔三〕。學者苟欲學之，篆隸，則先秦款識金石刻，魏晉金石刻〔四〕，唐以來李陽冰等，所當學也。正書，當以篆隸意為本，有篆隸意，則自高古。鍾太傅、王右軍、顏平原、蘇東坡，其規矩準繩之大匠也。歐陽率更〔五〕、張長史、李北海、徐浩、柳誠懸、楊凝

〔一〕「宗」，原誤作「忠」，據文津閣本、明成化本、三賢集本、畿辅叢書本改。
〔二〕「厭」，原作「壓」，據文津閣本、明成化本、三賢集本、畿辅叢書本改。
〔三〕「專」，明成化本、全元文作「致」。
〔四〕「金」，明成化本、全元文作「間」。
〔五〕「歐陽」，「陽」字原缺，據畿辅叢書本補。

式、蔡君謨、米芾、黄魯直，萃之以厲吾氣，參之以肆吾博，可也。雖或不工，亦不俗矣。技至於不俗，則亦已矣。

如是而治經治史，如是而讀諸子及宋興諸公書，如是而為詩文，如是而為字畫，大小長短，淺深遲速，各底於成，則可以為君相，可以為將帥，可以致君為堯舜，可以措天下如泰山之安。時不與志，用不與材，則可以立德，可以立言，著書垂世，可以為大儒，不與草木共朽，碌碌以偷生，孑孑以自存〔一〕，失天之至善〔二〕，壞己之全材也。勗哉諸生，毋替茲命。

拾補（詩二首，詞二首，賦一篇）

馮道〔三〕

亡國降臣固位難，癡頑老子幾朝官。朝梁暮晉渾閒事，更舍殘骸與契丹。

〔一〕「存」，明成化本、全元文作「蔽」。

〔二〕「失」，原作「非」，據三賢集本、畿辅叢書本改。文津閣本作「沒」，叢書集成本作「夫」，明成化本作「小」。

〔三〕本詩載於元詩記事（陳衍輯撰，上海古籍出版社 1987 年版），又見元明清詩選注（陳友琴主編，北京出版社 1988 年版）。二書均未提及該詩原載何處。

題楊補之梅花〔一〕

江南近臘時，已逗雪中枝。一夜影開盡，百花猶未知。人情皆共惜，天意不教遲。莫訝無穠艷，芳筵正好吹。

菩薩蠻　湖上即事〔二〕

樓前曲浪歸橈急，樓中細雨春風溼。終日倚危闌，故人湖上山。高情渾似舊，只在東風瘦。薄晚去來休，裝成一段愁。

玉樓春

柳梢緑小梅如印，乍暖還寒猶未定。惜花長是為花愁，殢酒卻嫌添酒病。蠅頭蝸角都休競，萬古豪華同一盡。東君曉夜促歸期，三十六番花遞信。

〔一〕本詩載於全元詩一八五頁。該書原注：「原載秘殿珠林石渠寶笈合編二冊七二七頁。」

〔二〕本篇及下篇詞二首載於全金元詞（唐圭璋編，中華書局 1979 年版），該書原注：「以上二首，四印齋本樵庵詞據歷代詩餘補，王鵬運疑非劉詞。」

山居賦〔一〕

出自西門，言涉江滸。背連城郭，依於山阻。負巖為楹，因麓開宇。山中有人，來叩余户：「公子胡為？山居良苦。春畏出蛟，冬畏伏虎。虎谷蹲以生風，蛟天飛而挾雨。是以居人春戒於雷陰，行者夜號以求伍。爾乃淒飀恒秋，寒日不午。蛟隱霄而難旭，幽含嵐而易暮。見殪雲以生悲，復狂風之常怒。迴阿激峭，崩松飛枱。悄愴寂歷，恍惚驚憮。魑含睇以媚人，猨擲果而相侮。斑蛟蠆毒，元蟻蠅巨。宵眠輾轉，閒居錯迕。且今守令失政，氓不安堵。稻稼鮮收，盜賊時舉。嗟短垣之易超，諒非薄墉之可禦。公子何不斂跡深閨，安神邃宇。春盼陽景，冬避嚴苦。秋衣納清，夏簟卻暑。或意至而遊嬉，維傷時而慕古。對酒當歌，倚觴看舞。友朋相存，從容燕語。承色笑之康怡，倚縞紈而延佇。孰與夫離遠親賓，貍貛為侶哉？」答曰：「嘻！山中人未知之也。厭枯槁者，夸朝市為榮華；好寂寞者，嘉山林之脩逸。居陋逐紛，苦喧慕寂。性各有安，趣各有適。子之所言，匪余之所則也。今夫倚崖為壁，鑿岫為宮。陵薄相帶，丘麓相縈。前則纖阡廣陌，背則嶺復岡重。啟南户而眺遠碧，俯北窗而啟慈紅。朱霞界天，峰初酡而繼赤；斜

〔一〕本篇載於全元文。其出處，該文原注：「古今圖書集成・考工典卷一二九，台灣鼎文版第一二三九冊。」

暉半視，壑含黄而曈曨。奇石碕礒，怒峙相向。雪膚鐵色，是不一狀。或獸而蹲，或人以望。欲墜復倚，傾撑横嶂。背登高岡，群峰嵯峨。川原在目，高下交過。古道曲直，新阪陂陁。其雲生也，荏苒蓯蘢，蒙茸婆娑。後先相逐，若期於阿。横巘無缺，出谷有波。奔紫崖而黑掩，映緑樹而白多。爾乃彌天垂雨，通畦溢澗。飄飖翕忽，不知所散。其風生也，輕盈縹緲，清和寒涼。摇青蕩緑，振柯鳴篁。出自幽谷，來集衣裳。爾乃季秋元冬，凜冽勃蓬。迴薄衝激，浩呼洶涌。若長江之澎湃，林壑為之震動。逮其狂闌怒緩，樹定草靡。千山倏静，不知所止。木則叢灌茂林，蔚然四植。柯葉交加，枝幹相直。橘柚千章，杉松百尺。蒼皮兕形，碧鱗虬色。甘受霜而秋黄，苦凌寒而冬碧。或懸垂於傾巖，亦横生於絶壁。繡天餘影，透日有隙。靈卉奇葉，雜産其中。女蘿薜荔，繚繞其側。薈蔚芬芳，難以殫記。卉木藥芝，不可備識。鳴禽不一，睍睆參差。飛翔林中，往來投擲。赤白異彩，組綬備色。長尾宜照，文羽如織。高冠長距，好音連翼。飛不避人，呼而就食。鳩獨鳴而知雨，鳥群棲而知夕。鵵兔得霜以桀驕，麏麚避雪而遂馴。驚武者逞氣，藏跡者養文。往來狉狉，相從踆踆。見猨猱之攫木，思有巢之遺民。嗟元風之既邈，孰反樸而含淳。其為俗也禮簡，人情樸而閒閒。户不盈五，室不連三。素布裹首，居者不冠。散處谿谷，佃於壁間。旬日浹辰，無人往還。有客至止，駭而出觀。當慈母之操箠，稚子則走乎山巔。遠村舉火而煙纓阜，雞棲於桀而牛歸阡。獸不網罟，鳥無驚喧。維斯人之易與，將逍遥兮永年。且其連山隱伏，平疇相翼。塍埒縱横，水木明瑟。面畦枕碵，流泉在北。下有澗水，上有磐石。喬木來風，夏可偃息。流觴從杯，浮瓜沉李。濯纓濯足，惟吾所適。晝遊遨以眺望，夜歸休乎巖室。孰與紛紛歸市之人，擾擾趨關之客哉？」「然則公子何不擇勝區，開名園。道枉渚，引清漣。植嘉卉，育飛翰。招走屬，致淵潛。構臺榭，啟亭軒。披圖史，繹靈篇。閨房窈窕，遠近芊綿。與良朋達士，論説乎其中。暇則盤桓乎其間，縱觀乎其前。斯亦人間之至樂，足以自怡其天者也。」曰：「未也。苑囿之觀，池沼之樂。豢鵠鶡，養魴鱮。環以長堤，灌以清渠。種以楊棣，植以芙蓉。對客鼓琴，呼童吹竽。酌芳醴，歌飲趨。攜手而遊，接袂連裾。皆富貴之侈淫，匪達者之歡娱。若乃峭峰萬尋，去天尺五。構室其下，離群絶侶。日暮登高，以望大荒，見千里之平楚。哀壑憭兮威遲，罔阜莽兮廻互。平沙曛兮蒼黃，曲陵繆兮紆組。眈峰崿之嶙峋，感蘭菊之荒蕪。蒹葭蒼而思秦，木葉落而傷楚。或悲起於秋天，或思同乎春女。感興懷於丘陵，乃遺情乎島嶼。嘉危峰與明壑，將飄飄兮輕舉。苟余情其信樂，又何戀乎金閨之與玉宇！高山兮峨峨，曾崖垂兮青莎。樹木兮翁蔚，清風兮振柯。狖啾啾兮夜鳴，禽翔飛兮暮過。陟崔嵬兮四望，青山纍兮若螺。幽人兮空谷，羌獨處兮浩歌。目極千里兮曠莽，思美人兮傷如之何！」（古今圖書集成・考工典卷一二九，臺灣鼎文版第二三九冊）

附録一　提要序跋[一]

文淵閣四庫全書·靜修先生文集提要

臣等謹案：靜修集二十五卷，續集三卷，元劉因撰。因字夢吉，容城人。至元十九年，用薦為右贊善大夫，教宮學近侍子弟。未幾辭歸。後復以集賢學士徵，固辭不就。卒年四十有五。事蹟具元史本傳。因早歲詩文，才情馳騁。既乃自訂丁亥集五卷，盡取他文焚之。卒後，門人故友裒其軼稿，得樵庵詞集一卷，遺文六卷，遺詩六卷，拾遺七卷，最後楊俊民又得續集三卷。

〔一〕附録二卷原缺。四庫全書總目稱：「靜修集三十卷」，又稱：「房山賈彝復增入附録二卷」。可見原有附録。茲據明成化本卷二十七附録、三賢集本卷四附録補，并據畿辅叢書本增加了幾篇序跋及傳記資料。

捃拾殘賸，一字不遺〔一〕。其中或有因所自焚者，未可知也。〔二〕至正中，官為刊行。〔三〕因其所居齋名之曰靜修集。〔四〕因研究經學，沉潛於周、程、張、朱之書，而通其突奥。歐陽玄贊其畫像，至稱其「為往聖繼絕學，為萬世開太平〔五〕」，學者不以為溢美。其於詞章之學，似非所屑屑注意，然觀平日論詩有云：「魏晉而降，詩學日盛，曹、劉、陶、謝，其至者也。隋唐而降，詩學日變，變而得正，李、杜、韓，其至者也。周宋而降，詩學日弱，弱而後強，歐、蘇、黄，其至者也。」其評騭精確如此，則其流派之正，亦概可見矣。〔六〕乾隆四十二年二月〔七〕，恭校上。

〔一〕「捃拾殘賸一字不遺」八字原缺，據四庫全書總目補。

〔二〕此句，四庫全書總目、文津閣四庫全書・提要作：「其中當必有因所自焚者，一例編輯，未必因本意也。後房山賈彝復增入附録二卷，合成三十卷。」

〔三〕此句下，四庫全書總目、文津閣四庫全書・提要云：「即今所傳之本。」

〔四〕四庫全書總目、文津閣四庫全書・提要此句下云：「其文遒健排奡，迴在許衡之上，而醇正乃不減於衡。張綸林泉隨筆曰：『劉夢吉之詩，古選不減陶、柳。其歌行律詩，直溯盛唐，無一字作今人語。其為文章，動循法度，舂容有餘味。如田孝子碑、輞川圖記等作，皆正大光明，較文士之筆，氣象不侔。』」（按，「輞」原誤作「桐」，據劉因文改。）

〔五〕「為萬世」，「為」字原缺，據張載原文補。按，歐陽玄靜修先生畫像贊原作「為來世」，而張載原作「為萬世」。

〔六〕四庫全書總目、文津閣四庫全書・提要此段文字稍異，云：「所見深悉源流，故其詩風格高邁，而比興深微，闖然升作者之堂，講學諸儒，未有能及之者。王士禎作古詩選，於詩家流別，品録頗嚴，而七言詩中，獨録其歌行為一家。可云豪傑之士，非門户所能限制者矣。」

〔七〕落款時間，文津閣四庫全書・提要為：「乾隆四十九年三月。」

總纂官：臣紀昀、臣陸錫熊、臣孫士毅。

總校官：臣陸費墀。

靜修先生文集序〔一〕　元·李謙

劉君夢吉，天資卓軼，早歲讀書屬文，落筆驚人。既又涵浸義理，充廣問學，故聲名益大以肆。裕宗皇帝方毓德青宮，聞其賢，以贊善大夫召至京師，未幾，辭以親老歸養。居數歲，朝廷尊仰德誼，拜集賢學士，又以疾辭。踰年，遂不起，春秋纔四十有五〔二〕，縉紳惜之。門生哀集詩文，得數百篇。右轄張公子有，篤故舊之義，且哀其無後，將鋟木傳，需僕為序。僕與君同侍從春坊，相從非一日，嘗以事過保定，君適居母憂，衰絰中，留連願接為半日留，頗訝君形體癯瘁，鬚髮頒白，意其哀毀而然，不謂一別遽成永訣，其悵惘為何如也。若夫君之辭章，閑婉沖澹，清壯頓挫，理融而旨遠，備作者之體，自當傳之不朽，庸何序為？姑述梗概如此。君諱因，

〔一〕本文錄自四部叢刊本靜修先生文集卷首，原文旁注：「據抱經樓舊藏元至順本補」。原無標題，據內容補。該書卷一末有牌記：「至順庚午孟秋宗文堂刊」，可證其為元至順刻本。

〔二〕「四十有五」，原作「四十有二」，據劉因本傳改。

夢吉其字，自號靜修云。東平李謙序。

元至正九年九月十一日牒〔一〕

皇帝聖旨：裏江南浙西道肅政廉訪司，准本道僉事哈拉那海儒林牒。嘗謂，國有名賢，幸遺言之未泯；職司風紀，惟見義則必為。切睹故徵士、集賢學士、嘉議大夫、贈翰林學士、資德大夫、追封容城郡公、謚文靖、靜修先生劉因，負卓越之才，蘊高明之學。說經奚止於疏義，為文務去乎陳言。行必期於古人，事每論乎三代。漢唐諸子，莫之或先；周邵正傳，庶乎可繼。户外之屨常滿，邱園之帛屢來。咸虛往而實歸，竟深居而簡出。雖立朝不踰於數月，而清節可表於千年。慨想高風，蓋已廉頑而立懦；訪求故藁，所當微顯而闡幽。考諸學官，或文有可采，或事有可錄，皆得鋟梓以傳。況先生詩文，大關世教，豈容獨缺？今鈔錄詩文附錄共三十卷，於各路儒學錢糧多處，刊行傳布。則上可以禪國家之風化，下可以為學者之範模。牒請照驗施行。准此。憲司今將項上文籍九本，隨此發去，合行故牒，可照驗以上施行。須至牒者。〔二〕

〔一〕本文錄自畿輔叢書本靜修先生文集。
〔二〕畿輔叢書本止於此。三賢集本此下還有十二行文字，為公文傳達語。從略。

重刊靜修先生文集序〔一〕　明・邵寶字國賢，謚文莊〔二〕

靜修先生容城劉公文集若干卷，川浙舊有刻，歲久鮮傳，有志誦讀者蓋深病之。户部主事李君時雍，公邑人也，近得善本於九江，捐俸重刊，歸公書院，以惠學者。比會寶於濂溪新祠，具語其故，且屬為序。寶為諸生時，嘗觀是集。繼讀公傳，而夷考其世，蓋自守伊閩諸君子後以儒稱者，未能或先公也。初，公作希聖解，其志已略見之。及夫聞風妙契，能自得師，而「大、精、正、貫」之評出焉。其識與力，庶幾副乎其志〔三〕。雖年未及艾，其造於道者深矣。不然，何其出處進退貞而且裕，一至是哉！論者擬公兩生、四皓，世以為知言〔四〕。然兩生責漢以德，四皓責漢以禮，而不謂其世之不可也。若公之世，蓋大異於漢。公産其地，如碩果在剝，渺焉獨存。再徵再孫，而自靖以卒。知春秋之義者，當有以處公矣，尚奚以他求為哉！雖然，伯夷之不臣周

〔一〕本文載於畿辅叢書本。原文未署年代。
〔二〕「字國賢謚文莊」，六字畿辅叢書本原無，據三賢集本補。
〔三〕「庶幾」，幾，畿辅叢書本誤作「畿」，據三賢集本改。
〔四〕「名言」，元史本傳一作「知言」。

也，愛斯義焉爾也，是以有登山之歌；仲連之不帝秦也，愛斯名焉爾也，是以有蹈海之誓。公負名義之重，而力莫能與，山登海蹈，未盡其憤，顧乃敢為危行，而不敢為危言。嗚呼！秦人非周也，元人又非秦也，甚矣世之為變，於是益可痛矣！而裕以成貞，非深於道者，其孰能之？由是觀之，則天下後世，固有不假言而知公者。況其言尤可傳也哉！公之書，有四書精義及是集。集凡若干篇，具諸體裁，詞意所到，壁立萬仞，而洞視千古。蓋不勝其壯也！此其言之可傳，實與行稱，而孰謂其終於孫哉！公没之後，歷勝國至我朝皇明，二百年間，建請從祀孔廟者無慮數十，最後教諭李仲言之尤力。此固天下後世之公論也。孟子謂，尚論古人必自詩書始。是集之鮮傳也，其何怪夫遺恨於學者哉！李君文雅介直，無愧公卿，宜其汲汲於是。君又欲求所謂精義者，並刻以傳，且申從祀之請，其意可謂勤矣。吾尤望其成，因並書之。無錫邵寶敘。

劉文靖公文集序〔一〕

容城靜修劉先生夢吉，負天成間世之才，有自得上達之學。人品英邁，振古之豪傑也。元

〔一〕本文原載明成化本卷首，未署作者姓名。

裕皇知其賢，召爲贊善大夫，世皇復召爲集賢學士。天下瞻望風采，與許文正公衡、吳文正公澄生於一時，天下屬於斯文者有在矣。先生之文，吐天地之精華，啟聖賢之藴奥，浩浩乎如瀚海之無邊際，巍巍乎如華嶽之極崇高。推其心，乃致君澤民之心也。際千載之知遇，不爲不深。若天假以年，亦必能成相業，而如許公輔佐於國，澤利於物也。惜乎年四十五而卒。許公於至元初已列從祀，吳公至我聖朝亦入從祀。當時，禮部尚書王沂、翰林學士宋褧等屢建言，國家褒德重道，宜以先生與許文正公同祀孔庭。議者不知學有原末，言於經籍無所箋注，累章不報。吁！此衆人之所不識也。若曾子則有大學，子思則有中庸，孟子有七篇之書，顔子無書而列於四科之首，古今無敢議者，以其原於治心將從無欲始乎！先生之學，學顔者也。況有四書精義、易繫辭説，大章短篇，皆極要領、覈精微之言也。其言豈非六籍箋注耶？彼以文辭視之者，則非也。學既得乎正傳，安知後日不與許、吳同列於從祀也哉？國政之暇，讀先生之遺文，見丁亥、樵庵等集，而記序碑誌傳贊詩賦前後失次，不便披閲。因命儒臣，彙聚成編，鋟梓以傳。俾先生之道，暴白於世，後之學者，誠有賴焉。

成化己亥歲中秋前一日。

重刻靜修劉先生文集序〔一〕

明·方義壯

予束髮時，究觀宋元間史策，見容城劉先生義高不仕，心竊慕之。以為魯兩生、晉五柳其人也，而無由一至其鄉寄吊古之思。萬曆歲丁亥，予更領先生邑事。剪蕪先生祠下，問於邑中諸老，僉謂予言：「先生昔家邑之溝市村，今嗣裔族氏久湮沒，惟是丘墓幸在。文皇帝所賜祠額祭豆，自陰少參修葺之後，日漸圮且廢矣。」曰：嗟乎！劉先生何淪落至此哉！越數月，於府城購獲先生丁亥集並遺文數卷，然字句訛舛，至不可讀。於是為請於郡伯昆陵顧公，許重梓焉。無何，顧公奉命治兵三關，而太原李公至郡，予復請如初。遂命諸生孫重捷、王衍祚、侯進之，分訂類校，共得詩文凡若干卷。方義壯曰：天地之氣，宋元之際極矣。以吳臨川、許平仲之賢，而猶然甘心之也。先生謝春宮之命，辭集賢之拜，復作詩以自見，曰：「區區此世真何物，落落平生只寸心。」蓋有味乎其言之矣。隱居三臺，教授生徒，希聖有解，河圖有辯，周易發微，學士家有藏誦者。此其羽翼經傳之功，足等吳、許，而出處之正，視兩生不赴綿蕞，五柳卒老柴

〔一〕本文原載三賢集本。

桑，疊山謝氏後，先生一人而已。渡江之賦，為先生少年之作，遜言之意，非耶？今容新二邑博士弟子多邃於易，名卿節士，往往由學易起家。溝市歲苦河患，先生丘墓近之，屹然砥柱如故。嗟乎！先生文章淑人心，節義參造化，斯亦足以類推也。夫予生也晚，無能窺先生奧旨。領牧踰年，景先生之烈，而慶文獻之在茲也。梓人告成事，敢僭序末簡，庸識歲月，仰答顧公、李公先後委勤大都云。萬曆十六年戊子冬十二月既望，進賢後學方義壯撰。

三賢集序〔一〕　清·富鴻基

容城三賢集者，元劉先生靜修、明楊先生椒山，洎今孫先生鍾元也。劉、楊二先生舊有合刻，久已行世。獨孫先生生稍後，世未有盡知之者。歲己未，上谷同郡諸君子始裒先生集，與二先生合梓，而屬序於予。予小子伏讀再三，深嘆二先生之道德風節，同條共貫，而孫先生之善為私淑，其淵源有默契焉。孟子曰：「先聖後聖，其揆一也。」夫當元世祖時，劉先生以理學著；當明世宗時，楊先生以忠諫顯。趨尚亦若有不同矣，然其匡正人心，維持國是，總此天理民彝

〔一〕本文原載三賢集本。

一點真種子，知明守固，易地皆然。劉先生倡道北方，遠紹濂洛關閩之統。而高蹈不仕，屢辭徵召，其芳標峻致，議者至比之孤竹伯子之清。令當椒山先生時，身在郎署，親見巨奸盜竊國柄，其肯嘿嘿苟容，而不一發其蹇諤之論哉？楊先生浩然之氣，百折不回，然宦留都時，即從諸大老講學，追貶斥狄道，顛沛轗軻之際，猶汲汲然以倡明道教為己任，闢講堂，進其邦之秀者講習揖讓其中，俗以大化。令天假先生年，不死權奸之手，其著書明道，亦豈在靜修先生下哉？鍾元先生生二先生之後，以古人自期，敦倫常恬仕進，六年廬墓，累聘不出。至其樂道嗜學，老而彌篤。嘗自言：「七十歲工夫較六十而密，八十歲工夫較七十而密，九十歲工夫較八十而密。」此劉先生「靜以修身」之遺教也。周旋左、魏、周諸公之難，不避權逆之燄，此楊先生忤咸寧侯鸞、劾權相嵩之氣節也。嗟乎！輓近而降，功利富貴之習，膠結於人心；唯諾脂韋之態，浸淫於風俗。奔競輭熟，茅靡波流而不可救止。有三先生其人者起而振之，庶其有瘳乎？雖然，三先生雖歿，而其書具在也。表而出之，於以修明道德之旨，興起節義之風，是亦世道人心之一助也。諸君子合梓是編之意，其在斯乎！予既景仰三先生之為人，而又歎容城片地數百年光岳之聚，篤生三異人為不偶，且嘉諸君子能表彰先賢，其廉頑立懦之功為不可泯也。於是乎不敢以固陋不文辭，而勉為之序云。

康熙己未孟冬上澣之吉，賜進士出身通奉大夫禮部右侍郎兼翰林院學士加一級，晉江後學富鴻基拜題。

靜修先生文集·跋〔一〕　清·王灝

靜修集十二卷，容城劉靜修先生撰著。先生名因，字夢吉。世為儒家。至元十九年，徵授右贊善大夫，教授東宮，以母疾辭歸。再以集賢學士徵，不起。卒謚文靖。學者稱靜修先生。元初，趙江漢傳周、程、張、朱之學於北方，先生讀其書曰：「道在是矣。」作希聖解以見志。其敘學也，則曰：「六經傳注於漢，疏釋於唐，議論於宋。宋儒之議論，自傳注疏釋出。必先傳注而後疏釋，疏釋而後議論。」蓋先生之學，博通精深，未嘗專守一家言。故其為文，沖夷閎肆，隨事遣詞，皆於道有左右逢源之樂。詩亦氣骨超邁，意境深遠。比之擊壤集，實為過之。元史稱，先生自選詩五卷，號丁亥集；文集十餘卷，門人故友所錄。明萬曆中，容城知縣方義壯得丁亥集並遺文數卷刊之，為文二卷，詩七卷，即今三賢集所傳之本也。謹考四庫全書提要稱，門人

〔一〕本文原載畿辅叢書本。

故友裒其遺稿，得樵庵詞集一卷，遺詩六卷〔一〕，遺文六卷，拾遺七卷，楊俊民又得續集三卷〔二〕，賈彝復增入附錄二卷，合之自訂丁亥集，共三十卷，至正中，官為刊行。與今本多寡懸殊。蓋四庫所據者，初刻之全本。方義壯僅得文數卷刻之，不但不足三十卷之數，即元史所稱之十餘卷，亦未必無遺也。今四庫秘本不可得見，方刊本、三賢集本魚魯亥豕，不可卒讀。謹正其訛謬，釐為十二卷，不可知者闕之。先生著述多就湮沒，詩文之存者僅有此集。觀於此，先生之志節學問可藉以稍傳矣。光緒十一年乙酉六月十七日，王灝謹識。

〔一〕「樵庵詞集一卷，遺詩六卷」，二句原缺，據四庫提要補。
〔二〕「三卷」，原作「二卷」，据四庫提要改。

附錄二　傳記資料

元史本傳〔一〕

劉因，字夢吉，保定容城人。世爲儒家。五世祖琮，生敦武校尉、臨洮府録事判官昉，昉生奉議大夫、中山府録事俣，俣生秉善，金貞祐中，南徙。其弟國寶，登興定進士第，終奉直大夫、樞密院經歷。秉善生述，述，因之父也。歲壬辰，述始北歸。刻意問學，邃性理之説。好長嘯。中統初，左三部尚書劉肅宣撫真定，辟武邑令，以疾辭歸。年四十未有子，嘆曰：「天果使我無子則已，有子必令讀書。」因生之夕，述夢神人馬載一兒至其家，曰：「善養之。」既覺而生，乃名曰駰，字夢驥。後改今名及字。因天資絶人，三歲識書，日記千百言，過目即成誦。六歲能

〔一〕本文轉引自畿辅叢書本。原載元史卷一百七十一，中華書局1976年版。個别文字有誤，據元史改。

詩，七歲能屬文，落筆驚人。甫弱冠，才器超邁，日閱方冊，思得如古人者友之，作希聖解。國子司業硯彌堅教授真定，因從之遊，同舍生皆不能及。初為經學，究訓詁疏釋之說，輒嘆曰：「聖人精義，殆不止此。」及得周、程、張、邵、朱、呂之書，一見能發其微，曰：「我固謂當有是也。」及評其學之所長，而曰：「邵，至大也；周，至精也；程，至正也；朱子，極其大，盡其精，而貫之以正也。」其高見遠識率類此。因早喪父，事繼母孝。有父祖喪未葬，投書先友翰林待制楊恕，憐而助之，始克襄事。因性不苟合，不妄交接。家雖甚貧，非其義一介不取。家居教授，師道尊嚴，弟子造其門者，隨才器教之，皆有成就。公卿過保定者衆，聞因名，往往來謁，因多遜避，不與相見。不知者或以為傲，弗恤也。嘗愛諸葛孔明「靜以修身」之語，表所居曰「靜修」。不忽木以因學行薦於朝。至元十九年，有詔徵因，擢承德郎、右贊善大夫。初，裕皇建學宮中，命贊善王恂教近侍子弟，恂卒，乃命因繼之。未幾，以母疾辭歸。明年，丁內艱。二十八年，詔復遣使者，以集賢學士、嘉議大夫徵因，以疾固辭。且上書宰相曰：「因自幼讀書，接聞大人君子之餘論，雖他無所得，至如君臣之義，自謂見之甚明。如以日用近事言之，凡吾人之所以得安居而暇食，以遂其生聚之樂者，是誰之力與？皆君上之賜也。是以凡我有生之民，或給力役，或出智能，亦必各有以自效焉。此理勢之必然，亙萬古而不可易，而莊周氏所謂『無所逃於天地之間』者也。因生四十三年，未嘗效尺寸之力，以報國家養育生成之德。而恩命連至，因尚敢偃蹇不出，貪高尚之名以自媚，以負我國家知遇之恩，而得罪於聖門中庸之教也哉！且因之立心，自幼及長，未嘗一日敢為崖岸卓絕甚高難繼之行。平昔交友，苟有一日之雅者，皆知因之此心也。但或者得之傳聞，不求其實，止於蹤跡之近似者觀之，是以有高人隱士之目，惟閣下亦知因之未嘗以此自居也。向者，先儲皇以贊善之命來召，即與使者俱行。再奉旨令教學，亦即時應命。後以老母中風，請還家省視。不幸彌留，竟遭憂制，遂不復出。初豈有意於不仕耶？今聖天子選用賢良，一時新政，雖前日隱晦之人，亦將出而仕矣。況因平昔非隱晦者耶？況加以不次之寵，處之以優崇之地耶？是以形留意往，命與心違，病卧空齋，惶恐待罪。因素有羸疾，自去年喪子，憂患之餘，繼以痁瘧，歷夏及秋。後雖平復，然精神氣血已非舊矣。不意今歲五月二十八日，瘧疾復作。至七月初二日，蒸發舊積，腹痛如刺，下血不已。至八月初，偶起一念，自嘆旁無期功之親，家無紀綱之僕，恐一旦身先朝露，必致累人。遂遣人於容城先人墓側，修營一舍，儻病勢不退，當居處其中以待盡。遣人之際，未免感傷。由是病勢益增，飲食極減。至二十一日，使者持恩命至，因初聞之，惶怖無地，不知所措。徐而思之，竊謂供職雖未能扶病而行，而恩命則不敢不扶病而拜。因又慮，若稍涉遲疑，則不惟臣子之心有所不安，而蹤跡高峻，已不近於人情矣。是以即日拜受，留使者，候病勢稍退與之俱行。遷延至今，服療百至，略無一效。乃請使者先行，仍令學生李道恒納上鋪馬聖旨，待病退自備氣力以行。望閣下俯加矜憫，曲為保全。因實疏遠微賤之臣，與帷幄諸公不同，其進與退，若非難處之事。惟閣下始終成就之。」書上，朝廷不強致。帝聞之，亦曰：「古有所謂不召之臣，其斯人之徒歟！」三十年夏四月十有六日卒，年四十五。無子。聞者嗟悼。延祐中，贈翰林學士、資善大夫、上護軍，追封容城郡公，謚文靖。歐陽玄嘗贊因畫像曰：「微點之狂，而有沂上風雩之樂；資由之勇，而無北鄙鼓瑟之聲。於裕皇之仁，而見不可留之四皓；以世祖之略，而遇不能致之兩生。嗚呼！麒麟鳳凰，固宇內之不常有也，然而一鳴而六典作，一出而春秋成。則其志不欲遺世而獨往也明矣。亦將從周公、孔子之後，為往聖繼絕學，為來世開太平者耶！」論者以為知言。因所著，有四書精要三十卷；詩五卷，號丁亥集，因所自選；又有文集十餘卷，及小學、四書語錄，皆門生故友所錄；惟易繫辭說乃病中親筆云。

薦劉先生充國子祭酒書〔一〕　元・吳明國子助教

國子助教吳明謹端拜奉書中書政府閣下：明所以拜狀者，蓋非敢出位犯分，妄論國家之事，

〔一〕本文原載明成化本附錄。

亦無非理干犯覬覦之心。第以監學一事，職分所當言者，故不避嫌疑，以道其詳，望閣下垂聽。伏惟國家自至元二十四年建立國子監學，設生員二百名。初，一品至三品朝士子孫，許令肄業。選師儒以陳其教訓之方，置僚吏以備參佐之任。日課給內府之紙墨，餼廩出太倉之米監，下至席簟炭薪，一切所須之物，莫不官為供給。此實國朝之盛事，漢唐所不及者。爰自立學迄今五年，而士不加多，俗不加變，悠悠靡靡，僅存虛名。近因學舍空虛，生徒零落，准呈省劄，加至五品子弟悉許入學。榜諭日久，略無所增。日者御史建言，又以所設為不廣，復請自五品以下與凡民俊秀，並聽補員。此固國之重務，不可不廣其規模。雖然，其所以士不加多，俗不加變者，實有所自。何則，蓋學官者，多士之範模，人才之儀則。誠得其人，不患不立。且如卑職者，資性庸鄙，學問空疏，聞望未徹於里閭，姓名不推於士類推原作挂，偶偕訂吏訂原作計，濫廁膠庠，既非出類拔萃之才，安有立教明倫之術？始緣升斗以糊口，終非道義以處心。雖一己不能自修，而國人何所矜式？此風教所以隳廢，而人才所以壞也。居是任者，自非學明行修、德尊望重，士流之所嚮慕，學者之所歸依，何以興起文風，作成賢秀，變化禮俗哉？乃者屬聞新政更化以來，賢相登庸，舊弊盡革，百工庶務得人，內外諸司既無不稱，遠求隱逸以補闕遺，首以前太子贊善大夫保定處士劉公夢吉為集賢學士，所謂「舉逸民而天下歸心」者也。縉紳韋布，想望風采，披青雲而瞻眉宇者，且候於燕之南、趙之北矣。安車駟馬，捧丹詔以南行；鶴怨猿驚，持移文而北返。不知者謂山人之索價，而知者謂蠱之上九，處士所以賢也。愚謂，二者皆非也。蓋嘗聞之，儒者，學乎孔孟者也。孔孟去魯，適衛，事齊，遊梁，無君遑遑，出疆載質。夫聖賢汲汲如是者何哉？正伊尹所謂：「與我處畎畝之中，以樂堯舜之道，豈若使吾君為堯舜之君，吾民為堯舜之民哉！」「天之生斯民也，使先知覺後知，先覺覺後覺也。予，天民之先覺者也，予將以斯道覺斯民也。非予覺之，而誰也？」故先聖後聖，其歸一揆。孔孟自任既如此其重，是安得一日而安於逸豫哉？今劉公冠儒冠，衣儒服，學孔孟，志伊尹者也。學儒而不尊孔孟，愚未知其說也。雖然，劉公豈不仕哉？又惡不由其道，但不肯苟進耳。先是，春宮以贊善召，一命而起。其去也，以母老辭。是其去就皆有可說。夫何以集賢侍從之尊，反為之拒哉？若以今日不起為是，前日之起為非矣。乃知公於進退之間，必有所未宜者。但衆人不察其所以然，咸以不起為是，愈賢其為人，欲遂其高尚之志，若是則僅可矣。愚請據理論之。夫朝廷以劉公之賢也，自五品而陞三品，由宮臣而置諸侍從，其意以為，不若是則不足以致斯人。此意誠善，然恐得其一未得其二。何者？蓋集賢之任，雖系瀛洲之選，然僚屬既衆，所任不專；名分雖高，職守未重。此公之所以不苟起也。況既已受訖朝命，無獨善之意，但以疾病為辭，亦覘朝廷所以處之何如耳。然則當以何官而可乎？意者劉公平日聚徒教授，端莊嚴毅，素以師道自居，其意固常以教養人材為己任。海內聞人，亦以師道推許，謂自魯齋之後，其道業學術，未見出其右者。夫魯齋以左轄而不居，甘心於祭酒者，豈以與聞國政不若教養之貴乎？此正合乎古人所謂「得天下英才而教育」是其一樂之意。今若以魯齋罷政故事待公，庶有可起之理。誠如是也，不惟尊賢之道於禮為宜，將使四方學徒有仰韓之望，國子監為不寂寞矣。若此舉不起，是不以孔孟出處為法則，必別有一種義理，實非愚下所能測也。飲牛洗耳，荷蓧耦耕，於道當然，孔孟為之矣。孔孟既不為，孰謂劉公舍彝倫而肯與鳥獸群哉？竊意劉公若知愚言，必當秣馬膏車，待詔於保定北門之外。愚之屑屑為是計者，一則為賢者不起，無以塞士大夫之望；二則為監學狼藉如此，非鴻儒碩德振舉其綱，將見淪胥頹壞，不可救藥，必至斯文盡喪而後已。此明之所以不避僭越，妄意干求，管見之愚，實有不獲已者。其所允否，則在廟堂鈞裁。望恕其唐突之愚，幸甚。明頓首再拜。至元二十九年正月初六日上。

祭劉先生文〔一〕　元·安熙真定處士

維至元三十一年歲次甲午六月庚申朔越四日癸未，後學鎮州安熙，謹以茶果清酌之奠，致

〔一〕本文原載明成化本附錄。

祭於集賢學士汎翁先生之靈。嗚呼哀哉！山頹梁壞，天不憖遺。生榮死哀，孰不摧慕。嗚呼哀哉！熙也晚學無知，幸蒙私淑，勖勉勵志，於茲七年。顧以鈍駑，鞭繩罔及。學不加進，頹墮無成。尚企宮牆，灑掃函丈。親承謦欬，大啟愚衷。孰謂難期，不就此志，俾茲凡陋，抱恨終天。嗚呼痛哉！矧惟先生，至誠樂育，憐熙之愚，欲收教之。謂我當來，政此閒適。斯言在耳，耿耿如存。今其已矣，將安放矣？先生此恩，何日忘之！茲焉奔赴，奉奠以贄，舉觴以慟，薦此哀誠。嗚呼痛哉！仰止前修，精思力造。親賢取友，進德修業。熙雖不肖，敢負初心！伏惟先生，實監臨之。嗚呼痛哉！尚饗。

挽夢吉詩〔一〕　元・滕安上國子司業

天才如水氣如鯢，千里真堪一息馳。幼歲襟期希聖解，暮年志趣和陶詩。意長日短終成恨，痛與閒宜匪好奇。幾向西齋同夜宿，微言還有故人知。

〔一〕本文原載明成化本附錄。

靜修先生壙記〔一〕　元·杜蕭河南儒學提舉

有元靜修先生劉公，諱因，字夢吉，雄州容城人。父諱述，母楊氏。己酉年閏二月九日生〔二〕。年甫弱冠，其學行已名當世。至元十九年〔三〕，裕宗皇帝方位東宮，以承德郎、右贊善大夫召至京師，未幾辭歸。二十八年，世祖皇帝徵為集賢學士、嘉議大夫，不起。事載國史。三十年四月十有六日終。二十日葬縣之溝市里先塋。時年四十五。有文集二十二卷行於世。娶平定州判官郭某之女，後先生八年卒。子男和，早卒。女三，長仲皆適名族，季尚幼。大德五年歲次辛丑，清明前一日，門生杜蕭誌。

〔一〕本文原載明成化本附録。
〔二〕「閏」字原缺，據先君記事補。
〔三〕十九年，原作「二十年」，據靜修先生墓表改。

乞褒贈劉公書〔一〕 元·吳明

臣聞，國家之有隱士，足以勵薄俗，扶世教，英風清節，照映千古。如堯舜在位，而有巢、由；文武開基，而有夷、齊；漢高滅秦，而有四皓；光武中興，而有嚴光。此皆當世大賢，高蹈遠舉，萬乘不得而臣，諸侯不得而友。進退關國家之治亂，出處繫天下之重輕，治平之世，不可無者。伏見保定處士劉因，當先帝時，隱居教授，不求聞達。屬裕宗皇帝在東宮，由布衣起為贊善大夫，旋以母老辭去。既又以集賢學士召，而不肯起。是其志趣高尚，有非時輩之敢望者。今去世已久，豈可不褒而顯哉？士之處世，不自貴重，聞一人之譽、一章之薦，或得人簞食豆羹，則喜見顏色，惟恐或失，不復知有廉恥羞辱等事。何則？私欲動於中，而利祿奪於外也。夫富貴利達，皆常情之所欲，而斯人也，授以三品清要之職，居論思之地，為侍從之官，是衆人所宜喜者，彼皆棄而不顧。非操守有素，能如是乎？當風俗澆薄中，而忽得此人，足為奔競者之勸。可謂頽波砥柱，絕無而僅有者也。仗望令太常，定因謚名，贈以美職，明施詔旨，賜其本家，仍令守土，

〔一〕本文原載明成化本附錄。

常加存問，卹其妻子，蠲其徭役，使吾道有所光顯，知所勸懲。庶幾息奔競之風，厚薄俗之道矣。

靜修先生墓表〔一〕　元·蘇天爵集賢侍講學士

靜修先生劉公，葬容城縣易水之陰溝市里。至正戊子，縣尹賈侯始捐俸買石，表諸墓。書來請曰：「先生之歿五十有六年，道德之懿，風節之偉，固多士之所景仰。丘墓之寄是邑者，旁無宗人守護。彝自下車，率僚吏諸生，拜而祠之。恭修封樹，以限樵牧。又將建石琢辭，彰示悠久，庶來者聞風興起焉。」天爵伏念，自聖賢之學不傳，禮義廉恥之風日泯。至宋伊洛大儒，克紹其緒。然而廢棄於紹聖，禁錮於崇寧，而中原已為金人有矣。方是時，士之慕功名者，溺於富貴之欲；工文藝者，汩於聲律之陋。其能明乎聖賢之學，嚴乎出處之義，蓋不多見也。我國家治平方臻，貞元會和，哲人斯生，有若靜修先生者出焉。氣清而志豪，才高而識正。道義孚於鄉邦，風采聞於朝野。其學本諸周、程，而於邵子觀物之書，深有契焉。惜乎立朝不及數旬，享年不滿五十。迄今孺子遠人皆知傳誦姓字，是豈聲音笑貌所能致歟？宜述其

〔一〕本文原載明成化本附錄。

德，以表於墓。奈何先生既歿，行業未有紀述，故雖作者不能措辭。今謹考求遺文，掇其大節一二而為之書，尚稱賈侯尊賢尚德之心乎。按，先生諱因，字夢吉，保定容城人。世為儒家。五世祖琮，生敦武校尉、臨洮府錄事判官昉，昉生奉議大夫、中山府錄事俣，俣生秉善，金貞祐中，南徙。其弟國寶，登興定進士第，終奉直大夫、樞密院經歷。秉善生述，是為先生之父，壬辰北歸，刻意問學，尤邃性理之說。獨好長嘯，嘗遊西山，當秋風木落，時作一曲，而感慨係之。中統初，左三部尚書劉公肅宣撫真定，辟武邑令，以疾辭歸。先生將生之夕，父夢神人馬載一兒至其家，曰：「善養之。」既覺而生，乃名曰駰，字夢驥。後改今名及字。先生天資絕人，三歲識書，日記千百言，隨目所見，皆能成誦。六歲能詩，十歲能屬文，落筆驚人。故國子司業硯公彌堅教授真定，先生從之遊，同舍生皆莫能及，獨中山滕公安上差可比。硯公皆異待之，謂先生父曰：「令子經學貫通，文詞浩瀚，當爲名儒。」初，先生之父四十猶未有子，乃曰：「天果使余無子則已，有子必令讀書。」故自真定還居保定，謝絕交朋，專務教子。先生年未弱冠，才器超卓，日閱方冊，思得如古人者友之。嘗作希聖解、吊荊軻文，豪邁不羈之氣可想見也。鄉閭老儒，說經只傳疏義，為文盡習律賦，聞先生講貫，閱先生論著，始則謗訕，久亦敬服。先生杜門授徒，深居簡出，性不苟合，不妄接人。保定密邇京邑，公卿使過者衆，聞先生名，往往來謁。先生遜避，不與相見。不知者或以為傲，先生弗恤也。王師伐宋，先生作渡江賦以哀之。數欲南遊江湖，覽觀儒先名迹而不果。嘗愛諸葛孔明「靜以修身」之語，表所居曰「靜修」。間遊郎山雷溪，又號雷溪真隱。先是，京師有曰田尚書者，西域貴族，頗尚文學，聞先生名，厚禮請教其子，先生以水齧先墓，謀遷避之，不及往。既而，易州何公瑋，辭兩淮鹽使，奉親家居，藏書萬卷，亦以教子為請，先生平居苦無書讀，又樂易之風土，遂允其請。三年即歸，何公贄以銀幣，皆謝不受。世祖皇帝自居潛藩，大召諸儒〔一〕，講求治道。及踐天位，姚文獻公樞、許文正公衡、楊文獻公果、商文定公挺，皆列臺省，而憲章文物，號盛治者，非偶然也。久之，諸公相繼告老，當國者急於功利，儒者之言弗獲其進用。時先生年雖甚富，聲聞已彰，中朝賢士大夫多稱譽之，故相文貞王不忽木薦之尤力。至元十有九年，朝政更新，有詔徵起先生於家，擢拜承德郎、右贊善大夫。初，裕皇建學宮中，命贊善大夫王公恂教近侍子弟。恂卒，繼者難其人，乃以先生嗣其教事。未幾，母感風疾，即日辭歸。明年，母卒，治喪合禮。二十八年，朝政又一更新，復遣使者，以集賢學士、嘉議大夫來徵，先生以疾固辭，不起。世祖聞之，亦曰：「古有所謂不召之臣，其斯人之徒歟！」明年，國子助教吳明陳書於朝，薦先生為國子祭酒，世論高之。三十年夏四月十有六日，先生終

〔一〕「大」，蘇天爵滋溪文稿卷八，四庫全書影印本作「收」。

於容城，春秋四十有五。海内聞之。無不嗟悼。曾祖妣邊氏，祖妣陳氏，妣楊氏，繼妣某氏，配郭氏。一子曰和，早卒。三女俱適名族。先生早喪父母，事繼母孝。以父祖之喪未葬，獻書先友翰林待制楊公恕，楊公憐而助之，克襄大事。家雖甚貧，非其道義，一毫不取於人。先生師道尊嚴，學子造門，隨其才品而教焉。講說諸經，理明義正，聽者心領神會。初，朱子之於四書，凡諸人問答與集注有異同者，不及訂歸於一而卒。或者輯為四書集義數萬言，先生病其太繁，擇為精要三十卷，簡嚴粹精，實於集注有所發焉。有詩五卷，號丁亥集，先生所選，常自諷詠，復取他文焚之。今所傳文集十餘卷，得於門生故友，然不為空言，皆有補於世教。其他小學、四書語録，亦皆門人所録，惟易繫辭說乃先生病中筆之，親授其徒者也。先生每以後世史官不明義理，修辭之際，輕為增損，使忠臣義士之心，不得暴白於世。嘗曰：「若將字字論心術，則受屈者多矣。」先生之亡未久，吳明復進言於朝曰：「風俗之薄久矣。士之處世，不自貴重，聞人譽己，喜見顏色，不復知有廉恥等事。何則，欲動於中，利奪乎外故也。伏見故處士劉因，隱居教授，不求聞達，授以三品清要之官，辭而不顧。若蒙賜謚贈官，庶幾息奔競，惇風化，士類知所懲勸焉。」延祐中，始贈先生翰林學士、資德大夫、上護軍，追封容城郡公，謚文靖。是後，中外風紀儒臣，咸以先生礪俗興化，有功昭代，宜如許文正公，從祀孔子廟庭。禮官會議，亦皆曰可，而當路者未遑行也。嗚呼！天之生賢也，豈無意乎？自義理之學不競，名節隳頹，凡在有官，見利則動。有國家者，欲圖安寧長久之計，必崇禮義廉恥之風，敷求碩儒，闡明正學，彰示好惡之公〔一〕，作新觀聽之庶〔二〕。使人人知有禮義廉恥之實，不為奔競僥倖之習，則風俗淳而善類興，朝廷正而天下治。世祖皇帝再三聘召先生者，其以是歟〔三〕？天爵之生也後，不獲見先生，及遊成均，得臨川吴文正公澄為之師。吴公於海内諸儒最慎許可，獨尊敬先生〔四〕，豈其問學出處，道同而志合歟？當國朝龍興之初，歲在己酉二月，先生生於保定，吴文正公亦以是歲正月生於臨川。是時南北未一，天已生斯大賢，他日輔贊國家文明之治。吴公年八十餘方終，著書立言，盛傳於時。先生早歲去世，雖不及大有著述，然風節凜凜，天下慕之，扶世立教之功大矣。賈侯由進士入官，治邑有聲，獨能訪求先賢遺跡而表章之，其於風勵俗化，惇崇名教，誠非小補云。是歲春三月甲子，趙郡後學蘇天爵述。

〔一〕公，原作「心」，據滋溪文稿卷八改。
〔二〕庶，原作「幾」，據滋溪文稿卷八改。
〔三〕「其以」二字原倒，據滋溪文稿卷八改。
〔四〕「獨」字下原衍「知」字，據滋溪文稿卷八删。

書靜修先生碑陰〔一〕　元・歸暘樞密參議

天地生萬物，而獨異於人。生人也，而獨異於君子。不有君子，其能自振於萬物之表，以為衆人之楷則乎！君子之生，其取諸造物者為多。是以四海之遐，數百歲之久，乃特起於其間。獨其百年之身，則無擇於衆人者，邈然以生，而溘然以死。故人常慕其生，而不忘其死也。元有君子曰靜修先生者，生於保定之容城。道德之藴，實鄒魯聖賢相傳之絶學；風誼節概，則孤竹伯子之清也。所謂萬人之傑，百世之師者歟！其生也，足跡不出燕趙，而風采聞乎天下；自處不離布衣，而貴尚軼於王公。其歿今已久矣，得年四十有五，傍無期功之親，以奉其烝嘗，以守其窀穸，此人人所以思之不足，而繼以太息也。然死而不朽，有不尚乎其年；歿而有述，有不賴其子孫者，既已得之矣。彼世俗之庸人，隨萬物以澌滅，雖其生息禪續於蚩蚩之群，其與蜂蟻蚊蚋聚散起滅於天地之間，而曾不足為輕重者，何以異哉！為君子者，寧不以此而易彼也。五十餘年，過其里則式，望其墓則下者，不知其幾人。房山賈君來為其縣之大夫，不徒氏其里，且有以尸祝

〔一〕本文原載明成化本附錄。

之；不徒下其墓，而且有以壤樹之。既又求趙郡集賢學士蘇公、河東僉事楊公為文，以刻其祠庭墓道之石，以抒其思，以告其人，以風厲其俗，而作其興起之心。賈君其賢矣哉！君之先府君嘗執經先生之門，故其用心也勤。蘇集賢、楊河東其於先生之道，則皆聞而知之者也，故其為說也詳。石已具，走介如京師求暘書。暘非善書者。竊嘗望先生於千里之外，數十年前，慨然有生晚之嘆。賈君又故人也，能無一言以寫其區區，以塞故人之請乎？遂書此，請列於碑陰云。奉訓大夫參議樞密院事後學歸暘書。

創建靜修祠堂疏〔一〕　元·王理江西廉訪副使

保定路容城縣尊賢莊修建靜修先生祠者。伏謂天運不息，聖學相傳。不有其人，孰開後覺？故學士文靖公劉先生，道遵往聖，德紹先賢，蔚為儒者之宗，允屬斯文之望。歷升孔堂之室，瞻其奧窔；泝求伊水之源，極其涯涘。遺榮好爵，嘉遯清時。既藏用於經綸，聿存心於刪述。傾倒五經之笥，愈出愈多；考擊六間之鐘，輒叩輒應。至無遠邇，來如景從。爰分亥豕之文，已嘆龍

〔一〕本文原載明成化本附錄。

蛇之歲。人惟仰賴，天不憖遺。反築於場，已過六年之久。私淑其道，宜深五世之傳。尊賢莊者，先生之桑梓在焉。去溝市之鄙號，易尊賢之佳名。松柏丸丸，手植斯在；丘園奕奕，心賞攸深。野卉江花，每具歌吟之嘯傲；淵魚林鳥，曾識杖屨之夷猶。矧在吾徒，實親里閈。芬芳言論，式存簡冊之華；輝映光儀，尚冀鬼神之格。頃崇廟貌，用示無忘。往者，劉仲永、嚴仲仁等，蓋嘗稽揆禮文，聿同鄉約，營其爽塏，以奠神居。雖基搆之有崇，尚修飾之多闕。今海等念良規之可繼，惜嘉事之靡終，徒使學者生疑，鄉人增嘅。因茲棟宇，用訖成功。神像在堂，庶行車之肯下；周垣有鐍，止彼牧之來踰。獨力未能，或胥告於同志。衆心既允，尤須定以佳盟。見善必從，敢期高舉。施財有當，固曰能賢。謹疏。

靜修先生祠堂記〔一〕

元・楊俊民河東廉訪僉事

道統肇於羲、軒，而極盛於文、武。乃若周、召，同為文王之子，則皆見而知之。國風首列二南之化，其德固無優劣也。周公封於魯，傳五百餘歲，而孔子生於其地。又未百年，而孟子

〔一〕本文原載明成化本附録。

生於比邑。是知天道自西而東也明矣。召公封於燕，由有國而下歷二千餘歲，而無一人可方孟氏者。韓嬰、盧植、劉蕡輩，章句辭華之流，不足多也。山川完固之氣，不過泄為豪傑之助，豈地靈清祕，必待天道之歸而興賢耶？聖元立極朔方之四十四年，為歲己酉，而靜修先生起燕之容城。人品英邁，不下孟子。是召公之國，生賢雖出後世，原始要終，抗衡東魯，實賴先生而增重，非近代諸子所可擬也。自其將生，已有異兆。既誕，而神采炯然。甫成童，進學之敏，一日千里。初為經學，究訓詁疏釋之說，輒驚〔一〕歎曰：「聖人精義，殆不止此。」及得周、程、張、邵、朱、呂之書，一見能發其微，曰：「我固謂當有是也。」及評其學之所長，而曰：「邵，至大也；周，至精也；程，至正也；朱子，極其大，盡其精，而貫之以正也。」是時，先生年方弱冠，而其造詣如此。蓋間世之才，上達之學，天成自得，振古之豪傑也。孟子探舜之心曰：「象憂亦憂，象喜亦喜。」先生則曰：「惟見舜胸中有弟，不見舜胸中有象。」孟子論夷、惠之行曰：「伯夷隘，柳下惠不恭。」先生則曰：「伯夷視四海，願人皆我儔。吾謂下惠隘，此說君試求。」先正得時行道，大闡文風，衆人宗之如伊洛，先生斥之曰：「老氏之術也。」詳具退齋記。大儒創畫河圖，肆為新說，觀者神之如羲皇，先生闢之曰：「是欲以天自處也。」詳具河圖辯。先生夐見卓識，

〔一〕「驚」字疑衍。元史本傳、墓表等文，此句皆作「輒歎曰」。

出人意表，或者以為隱怪。夫豈知秉剛健高明之資，凝大中至正之道，蓄為粹德，發為精辭，氣蓋一世，特立寡與，是猶奏咸英於蛙吹之耳，獻圭璋於瓦礫之目，宜乎駭愕而未信也。平昔極罕許可，一聞孝忠節義，發揚蹈厲，若自己出。偶及王維、馮道輩，唾罵百至，怒猶未解。泰山巖巖，不足為高；秋霜烈烈，不足為嚴。仰止風猷，邈乎不可及也。裕皇御德青宮〔一〕，詔起先生為贊善大夫，未幾歸侍母疾。世皇復以集賢學士召，謝病不起。天下咸高其操，至今稱道不衰。惜乎啟手足之日，年纔四十有五。天不欲斯文興耶〔二〕？何奪先生之速也！近年學者，追述範世之功，請列從祀，累章不報。議者謂：於經無所著述。嗟夫！先生詩文無非六籍箋注，惟善讀者知之。先師子安子曰：「吾每閲一過，於經必有新得。」彼第以詩文視之，何啻千里！初謚文靖，後欲改如許文正之例，執政者曰：「渠安得儕許？渠務獨善者爾。」是烏知先生之志者哉？欽惟世皇，聖慮深遠，徵先生翊儲君，蓋欲他日相須，猶向之用許公也。誠得裕皇嗣臨大寶，先生天假以年，君臣都俞，道合言從，必能致王道之雍熙，還風俗之淳厚，俾儒者之效大白於天下，不但學者依歸而已。奈何事與願違，雖善無徵，徒貽獨善之誚，豈非天乎！墓在容城溝市里，縣大夫賈侯彝，以集賢侍講學士蘇公天爵之文表其上。里故有祠，侯加崇飾，徵記俊民，俊民辭以道

〔一〕「御」，原作「育」；「青」，原作「春」，據元史本傳改。
〔二〕「不」原作「下」，據三賢集本改。

大難名，伻來數四，期以必得。其惟先生既終之五年，俊民始生。稍長，學於先師。先師即先生私淑之徒。侯之先府君，執經先生函丈。侯能推庭訓之本，以圖報德。俊民顧不可究師承所自以致力乎？侯與俊民，問學既出一源，登科又為同年，故初讓而竟諾，恐負再三之義，有孤賢侯之望，謹攄管見以為祠記。或疑先生有裨名教，在在宜祠，里人烏得而私也？蓋不知孔廟終漢世不出闕里。今祠，即哀公立廟故宅之義。將來布列天下，當自此始。矧先生之神，眷戀桑梓為多，則里祠固不得而緩也。族系贈爵，具載於表。字諱稱號，人所共知。不書，戒瀆也。至正戊子六月丙寅朔，河東廉訪僉事滹川學者楊俊民記。

靜修先生畫像贊　三首〔一〕

元・歐陽玄翰林承旨

微點之狂，而有沂上風雩之樂。資由之勇，而無北鄙鼓瑟之聲。於裕皇之仁，而見不可留之四皓。以世祖之略，而遇不能致之兩生。嗚呼！麒麟鳳凰，固宇內之不常有也，然而一鳴而六

〔一〕前二首載明成化本附録，後一首載三賢集本附録。

典作，一出而春秋成。則其志不欲遺世而獨往也明矣。亦將從周公孔子之後，為往聖繼絕學，為來世開太平者耶！

又　元・謝端翰林直學士

淫樂慝禮，褋然前陳。言言君子，師友古人。道德內充，不緇不磷。如彼鳳凰，翔於千仞。

又　明・宋濂

先生之心，岳鎮川澄。先生之操，玉溫石貞。先生之學，寤寐六經。岐陽之鳳，魯郊之麟。和氣襲人，盎然陽春。周孔性情，挹其深醇。或出或潛，與道周旋。九京可作，吾為執鞭。

建言從祀　七首〔一〕

元・王沂禮部尚書

伏以天啟文明之運，必生希世之賢。既接夫道統之傳，宜置諸從祀之列。竊見故集賢學士、

〔一〕前五首原載明成化本附錄，後二首原載三賢集本附錄。

嘉議大夫、贈翰林學士、資德大夫、上護軍、追封容城郡公劉因，資稟既異，充素有方，不繇師傳，默契道體。精明純一，觸處洞然。神定氣和，色溫言厲。測之若滄溟之無際，望之猶山嶽之崇高。言有物而行有恆，居廣居而行大道。其議論著述，如四書集義精要、容城集，皆根極理要，發明秘藴，而周公、孔子、孟氏以相傳，濂、洛、考亭諸儒所未發。凡聖人之所以為教，與學者之所以為用，本末始終，精微該備。使功利之習，無以亂其正；異端之説，無以申其誣。求道者有其門，而言治者有以本。可謂有功於聖門，而流澤於後世。欽惟世祖皇帝，紹天稽古，作新文化，於至元二十年遣使徵聘，授以承德郎、右贊善大夫。天下瞻望風采，拭目真儒之效，而以親疾去。至元二十八年，以集賢學士、嘉議大夫再徵之，而病不起。其自任之重，以一物不被其澤為己病，非握瑜懷瑾於山林者也。公與許文正公，以明德之重，為世祖皇帝器重。其出處雖異，宜與其列。非惟表聖朝崇尚斯文之意，亦以見傳道有其人也。卑職叨任師儒，義不容默。具呈照詳本監，議得劉文靖公出非貪位，處非獨善。其言論著述，有意於立言。規圓矩方，以道自任。如淮博士王承德所言，與許文正公一體從祀，誠為相應。

又　元・江存禮國子博士

自古一代之興，必有出群拔萃之士，以道德為天下倡，四海之士，翕然宗之。其道愈久而愈尊，其澤愈遠而愈深。此非人之所能為也，天將啟一代之運，固有出而任其責者矣。我世祖皇帝，龍興朔方。一時文武之士，雷動雲合，各盡所長，輔成一代之治。時也，有若靜修先生劉因，生於兵革之餘，長於承平之際。天資穎悟，學問夙成。深探周孔之源，洞究程朱之蘊。惟德義是貴，而不慕乎圭組之榮；惟聖賢是師，而不改其簞瓢之樂。闢異端，辨邪說，推其道，足以致君而澤民。由義路，入禮門。聞其風，足以廉頑而立懦。浩浩乎文章之富，巖巖乎名節之高。甘受清貧，不求聞達。世祖皇帝夙聞德義，屢致弓旌。裕宗皇帝育德春宮，早佩師訓。一時聖君賢相，欽崇嚮慕，行遂顯榮。而力疾還山，浩然長往。至今學者仰其德，如慶雲之在天。味其言，如春風之被物。其於名教，關繫匪輕。且同時許文正公，際遇世皇，以道學為諸儒倡。由是，天下學術，粹然一歸於正。當時咸謂：劉夢吉之高明，許魯齋之踐履，未易優劣。四海傳誦，以為名言。武宗皇帝推獎儒先，特降綸音，命許衡從祀夫子廟庭。而劉因猶未稱舉。熙朝盛典，容有闕遺。如蒙具呈中書，命儒臣集議聞奏，比許衡例，命天下學校設像從祀，以風勵天下，其於世教，實非小補。

又　元·宋褧翰林直學士

竊惟道之大原出於天，弘之則存乎其人。堯舜禹湯文武周公孔子，心法相傳，統緒相承。

自茲以降，漢唐歷代名儒，宋九先生，我元朝許文正公，皆以得其正傳，故從祀孔子廟庭，實為尊崇賢哲，啟迪世教之大義也。伏見故集賢學士、嘉議大夫、贈翰林學士、資德大夫、上護軍、追封容城郡公、謚文靖劉因，以天挺英邁之資，廓自得正大之學。負浩然之氣，崇高尚之志。真知力行，清修苦節。其言論則主乎大經大法，其念慮則存乎致君澤民。傳注有功，出處合義。夷考盛德，克配前人。如蒙上聞，從祀賢廡，不惟彰我朝有大賢之才，接道統之正，抑且表聖上崇儒重道、興起斯文之心。又有爵封容城郡公，謚曰文靖。容城乃保定一縣，既非郡國，以靖配文，義若未稱。宜從合干部分太常禮官改議封謚相應。

又　元·楊俊民

伏聞天開治教之正統，必生君師於同時。聖君尊配乎上帝，師儒宜祀於孔庭。欽惟聖元太祖皇帝建極之四年，歲在己巳，司徒許文正公衡生於覃懷，上距朱子之卒纔十年爾。又四十一年，歲在己酉正月十有九日，翰林吳文正公澄生於臨川。二月朔又九日，集賢劉文靖公因生於容城。二賢興於旬月之內，雖其北南遼絕，天之屬斯文於聖元者，昭昭矣。許公以大中至正之道，佐世祖皇帝於至元之初，論功褒德，列之從祀，萬世不易之典也。劉公挺間世超群之才，負天成自得之學，峻節清風，光輝宇宙。偉見卓識，燦列遺文。著述不及朱子之富者，年止四十五而終，意長世短，不暇遍為。然其振作斯文之盛，日星垂而山岳峙也。吳公以至明至敏之資，勵人一己百之功，弱冠立言，以道自任。諸經註釋，毫分縷析，不減朱子之富者，壽至八十六而終，日就月將，肆其周覽，故其發揮斯文之功，時雨降而雲霧霽也。二公祖述程朱，擴以己見。劉公極高明於大綱，吳公盡精微於細目。劉公雖不得年，生長畿甸之內，迹其危行危言，有若祥麟瑞鳳，使人爭睹而莫及也。吳公既享其壽，復處江湖之遠，味其諄辭懇諭，真如布帛菽粟，使人日用而無厭也。年之促與延，地之遐與邇，天也。其均有功於聖門，學問之力也。能極其資之所及，不奪其業之所專，祖宗培養之澤也。劉公當至元十九年徵為右贊善大夫，得侍裕宗皇帝於春宮，其所以際千載之知遇，基萬世之太平，世祖之慮深矣。未幾，劉公歸侍親疾，裕皇奄棄監撫。其後，宸衷念念不置，復以集賢學士召之，而劉公病矣。又二年而遂逝，天下惜之。吳公自應奉翰林文字，五聘而至，學士尊為內相。近侍經筵，眷顧方隆，而以耄衰辭去。欽惟今上皇帝，繼天繩祖，作新風化，開宣文閣，注意真儒，怡神至道。士生斯時，何其幸歟！而吳公丘木拱矣，時論憾之。宋之周子，直接孟子之傳。而其生也，當真宗天禧元年丁巳。是時，宋興五十八年，視許公生乎肇基之始者，後矣。程叔子既沒之二十四年，而建炎庚戌，朱子始生。又四年癸丑，張宣公生。又五季丁巳，呂成公生。視劉、吳同生旬月之密者，疏矣。周子歷仕卑冗下職，未嘗受知於時君，列爵於朝廷；明道未及大用，伊川止於說書；朱子立朝四十餘日，洛黨之誹方息，僞學之謗復興。視聖朝信任許公，優禮劉、吳，生寵榮而没追贈者，又不可□而語〔一〕。然宋之從祀多至九人，而堂堂天朝，止一許公，豈非萬世之闕典乎！天之屬斯文於聖元者，如是其明也。祖宗託斯文於大賢者，如是其切也。而三賢可續夫道統之傳者，天下所共知也。若以劉文靖公因、吳文正公澄，與許文正公衡一體從祀，上以著昭代生賢傳道之昌運，下以慰萬世瞻仰歸依之至情，實關元氣之公言，非黨二公之私計。如蒙舉行，斯文幸甚。

又　元・李世安鎮江路總管

嘗聞，凡有道有德者，歿則祭於瞽宗，古之禮也。故唐皮日休請韓文公配饗之書曰：「今有人焉，身行聖人道，口吐聖人言，行如顏閔，文若游夏，死不得配食於夫子側，是不知尊先聖之道也。」當時卒從其言，而韓子得列於從祀。竊見故贈翰林學士、資德大夫、上護軍、封容城郡公、謚文靖劉先生，心探聖學，德重儒宗。負天挺英邁之才，峙山立揚休之表。充然養浩，卓爾離倫。視軒冕如泥塗，樂簞瓢若芻豢。推其道足以尊主而庇民，聞其風可以廉頑而立懦。名譽昭於日月，志節凜乎冰霜。其所著述，有四書精要三十卷、容城集十卷，至於易繫辭說、小學語

〔一〕「不可」下有一字，字迹模糊，不能辨識，謹以□表示。以上下文推之，似當作「同年」或「同日」二字。

錄，皆根極理要，該覈精微，上承羲孔千載之傳，下繼周程諸儒之統。禮部尚書王沂、國子博士江存禮、翰林直學士宋褧、河東僉憲楊俊民，皆嘗敘述先生德行文學及其出處大節，建言於朝，仍援許文正公故事，欲得從祀宣聖廟庭。此誠萬世之公言，昭代之令典。雖禮官克諧於會議，而有司未見於施。殊睽尚德之風，有孤多士之望。竊觀孔安國、范寧、杜子春、馬融、鄭康成、何休、毛萇、王肅、王弼、杜預之疇，特以章句箋釋訓詁專門之學，猶且歷代褒封，列祀兩廡。曾謂以劉公之賢，簡知世祖，翊贊裕皇，而不得比肩接蹟於漢晉諸儒之後者乎？當職叨部郡符，職當宣化，是用申明王尚書等所陳四章之旨，遠推韓子，近擬劉公。誠準其言，允謂無忝。仍乞將容城縣所建祠堂改為書院，設置師生，講明其道。注除山長一員，專一主領教條，修嚴祀事。尤見聖朝崇儒重道之美意，斯文幸甚。本路參詳，宣贊皇猷，文化肇興於闕里；闡明正學，道傳實接於容城。既啟迪於後人，宜陟登於從祀。如準總管李世安中大夫所言，誠為天下之公論。錄連王尚書等所陳四章備坐，申覆江浙等處行中書省，照詳施行。

又　明·張紹烈容城徵士

一疏為崇儒重道事。臣竊惟致治莫大於重道，重道莫先於崇儒。蓋儒所以重道，而道所以致治也。苟儒不知崇，固無以重夫道；道不知重，則治何由而善哉？自古聖帝明王，治莫能及者，端在於此。下此若漢武帝之好神仙，梁武帝之尚佛老，不惟無益於治，而反招禍，此其治所以不善也。洪惟我朝，丕隆治道，儒無不用，用無不專。是以百年於茲矣。天下久安，人民康泰，未有不由崇儒重道以致之也。臣惟元儒靜修劉先生因，七次奏請從祀孔子，禮官未遑舉行。曰：「汝若得時宜再奏請，必有行者。」臣今年幾七十，無能奮用清時，恐靜修祀遂泯，以孤我聖朝崇儒重道之意。臣伏思，劉因道明德立，繼往開來，有功名教，實與許衡、吴澄相匹者。元史載有曰：「微點之狂，而有沂上風雩之樂；資由之勇，而無北鄙鼓瑟之聲。」又曰：「麒麟鳳凰，固宇内之不常有也，一鳴而六典作，一出而春秋成。」又曰：「亦將從孔子之後，為往聖繼絶學，為萬世開太平者也。」蘇天爵之為墓表，楊俊民之為祠記，元臣李世安輩，累章奏請從祀，不能備述。成化三年，蒙准學士劉定之議，準楊時事例，行令容城，建祠奉祀。近楊時已蒙從祀，而劉因亦宜準楊時例從祀孔子為是。如蒙乞敕禮部翰林院。考劉因有功聖學，與許衡、吴澄、楊時而無忝，則與許衡、吴澄、楊時從祀孔廟，以謝天下之公論，庶崇儒重道之愈盛，而隆致治於無疆矣。臣紹烈為此具本親賫謹具奏聞。

又　清·陈夔龍直隸總督〔一〕

奏為元儒學術精純，志行卓越，懇請從祀文廟，以闡幽潛，而資方表，恭摺，仰祈聖鑒事。竊據容城縣知縣牛桓詳轉，據縣屬先儒孫奇逢後裔孫容恭等聯名稟稱。竊查元集賢學士謚文靖劉因，本籍容城，當有宋南渡之後，中原道梗，文獻蕩然，因以北地儒生，獨承墜緒。元史稱，因三歲識書，長而深究性理之學，日閱方策，思得如古人者友之，作希聖解。初為經學，究訓詁疏釋諸說，輒嘆曰：「聖人精義，殆不止此。」及得趙復所傳周、邵、程、朱諸说書〔二〕，即曉然曰：「我固謂當有是。」居嘗論學大旨，略謂：「邵，至大也；周，至精也；程，至正也；朱子，極其大，盡其精，而貫之以正也。」其擇術不苟，概可想見。所撰易繫辭說，元史著之。所撰四書精要二十八卷、靜修集三十卷，則俱為四庫全書所收錄。伏讀四庫全書目錄稱：「盧孝孫採朱子語類、文集，編為四書集義一百卷，讀者病其複雜，因乃擇取精要，以成是書。」又稱：「因文在許衡、吳澄之上，而純正不減於二人。北宋以來，講學而兼擅文章者，因一人而已。」是其著述隆富，羽翼經傳之功，早經論定先朝，允足信今傳後。孫奇逢採其言行，冠理學宗傳之首，又列

〔一〕本文原載三賢集本附錄。原標題爲直隸總督陈夔龍奏元儒劉因請從祀文廟摺。

〔二〕「说」，疑當作「儒」。

入北學編。其集先與楊繼盛合刻為兩賢集，後與楊繼盛、孫奇逢合編為三賢集，而楊繼盛、孫奇逢二賢，皆私淑於因。則其行誼粹然，尤自無可疑者。至元史所稱，因愛諸葛孔明「靜以修身」之語，表所居曰「靜修」。丞相不忽木薦於朝，徵拜右贊善大夫，後復召為集賢學士，皆以疾固辭。元帝稱嘆：「古有所謂不召之臣，其斯人之徒與！」」明儒薛瑄，稱其有鳳翔千仞氣象，又稱其足以廉頑立懦，百世之下，聞其風者，莫不興起。又曰：「靜修不屑就，其意微矣。」孫奇逢稱，其生有元之盛，闡明絕學，復能高蠱之上九，時與許平仲、耶律晉卿稱三大儒。而大義凜然，體純學粹，先生而已。其為先儒推重類如此，所言自足徵信。元臣李世安等累章請與許文正同祀。明禮部尚書王沂、翰林學士宋褧〔一〕，亦嘗以從祀請。成化元年，助教李伸亦請從祀。弘治元年禮部尚書周洪謨等議，薛瑄與元儒劉因并祀。正德間，容城張紹烈復力言，宜準楊時例從祀。以格於時議，曠廢至今。伏思元儒從祀者，如金履祥、許謙、許衡，皆隨其時地，學有師承。獨因生於金元之地，奮然自立，以開北方之正學，真可謂無文猶興。其出處一節，即吳澄猶若不及。議者不考其本末，謂因渡江賦幸宋之亡。不知因祖父以來為金人，於宋實無故主故土之誼。渡江賦深心隱慟，蓋王猛不欲滅晉之意，孫奇逢嘗著文辨之，公論已明，無可疑議。重以我

〔一〕按，此二句有誤，王沂、宋褧皆元臣。

高宗純皇帝欽定書目，稱其文為北宋後一人，迥在許衡、吳澄之上，純正亦不減於二人。今二人既已從祀，獨因尚未列入明禋，實為缺典。謹檢呈理學宗傳、三賢文集、容城縣志，籲請從祀文廟，以資觀感等情，由縣詳經前署督臣那桐批司核議。茲據藩、學、臬三司核明，請奏前來。臣查從祀典章，關繫至鉅。前代鴻儒碩學，進退時有所聞。或先罷而後復，或舊缺而續增，大率以德行純懿，有功經學者為要義。我朝崇儒重道，超漢軼唐，先後增祀先賢先儒幾六十人。或以羽翼聖經，維持名教；或以學術精純，經論卓越。均經列聖論定，炳若日星。咸豐十年，議定從祀章程，以闡明聖學，傳授道統為斷。並聲明，「嗣後，必著書立說，羽翼經傳，真能躬行實踐者，始准奏請」等語，奉旨允行在案。誠以從祀大典，實關學術人心，宜復宜增，必詳加考證，折衷至善，方足使萬世遵守，永無異議。例至嚴，典至鉅也。元儒劉因，學術精純，志行卓越。前明請從祀者七次，均以格於時議。自勝國以洎昭代，儒臣皆有論辯。前修未泯，公論愈彰。雖疑當作「唯」祀典攸關，不敢不倍加詳慎。臣謹就原詳所稱各節，綜其生平，繹其言論，復證以史氏文疑當作「及」通儒之說，悉心考核，委係粹然純詣，無可復疑。既查與已定從祀章程，悉相符合。復揆諸列聖論定從祀精義，無不允協。前雖累章不報，閱三百餘年，士紳復申前議，足徵論以久而益定，澤雖遠而未湮。自未敢壅於上聞，久虛衆望。查元儒吳澄於前明弘治八年黜祀，乾隆二年復祀。今劉因品學之純，遠在吳澄之上，以格於時議，曠廢至今。吳澄已黜而旋復，劉因舊缺而未增。更懼無以弼成盛典，垂示來茲。相應請旨俯准，將元儒劉因從祀文廟，以闡幽潛，而資坊表。除書志咨送禮部外，理合恭摺具奏。伏乞皇上聖鑒訓示。謹奏。

宣統元年三月初四日，奉硃批該部議奏。欽此。

四月初六日，禮部奏元儒劉因從祀文廟，先行照章覈辦。

四月初七日，奏旨依議。欽此。

宋元學案·靜修學案

序録

祖望謹案：靜修先生亦出江漢之傳，又別爲一派。蕺山先生嘗曰：「靜修頗近乎康節。」述靜修學案。梓材案：靜修傳梨洲本附北方學案，謝山序録始別爲靜修學案。

江漢別傳

文靖劉靜修先生因

劉因，字夢吉，雄州容城人。初從國子司業硯彌堅視訓詁疏釋之説，輒嘆曰：「聖人精義，殆不止此。」後於趙江漢復得周程張邵朱呂之書，始曰：「我固謂當有是也。」至元十九年，詔徵為承德郎右贊善大夫，教近侍子弟。未幾，以母疾辭歸。二十八年，以集賢學士、嘉議大夫召，固辭不就。帝曰：「古所謂不召之臣，其斯人之徒與？」三十年卒，年四十五。贈翰林學士、資德大夫、上護軍，追封容城郡公，謚文靖。學者稱為靜修先生。

百家謹案：有元之學者，魯齋、靜修、草廬三人耳。草廬後至，魯齋、靜修，蓋元之所藉以立國者也。二子之中，魯齋之功甚大，數十年彬彬號稱名卿材大夫者，皆其門人，於是國人始知有聖賢之學。靜修享年不永，所及不遠，然是時虞邵庵之論曰：「文正沒，後之隨聲附影者，謂修辭申義為玩物，而苟且於文章；謂辨疑答問為躐等，而姑困其師長；謂無所猷為，為涵養德性；謂深中厚貌，為變化氣質。外以聾瞽天下之耳目，內以蠱晦學者之心思。雖其流弊使然，亦是魯齋所見，只是粗跡，故一世靡然而從之也。若靜修者，天分儘高，居然曾點氣象，固未可以功效輕優劣也。」

附録（限於篇幅，僅録一條）

陶宗儀輟耕録曰：「初，許衡之應召也，道過真定，因謂曰：『公一聘而起，無乃速乎？』衡曰：『不如此則道不行。』及先生不受集賢之命，或問之，乃曰：『不如此則道不尊。』」

策劃編輯:方國根
責任編輯:方國根　崔秀軍
封面設計:石笑夢

圖書在版編目(CIP)數據

劉因集/(元)劉因著;商聚德 點校. —北京:人民出版社,2017.5
ISBN 978-7-01-016093-1

Ⅰ.①劉…　Ⅱ.①劉…②商…　Ⅲ.①劉因(1249~1293)-文集　Ⅳ.①Z429.47

中國版本圖書館 CIP 數據核字(2016)第 077177 號

劉 因 集
LIUYIN JI

[元]劉因 著　商聚德 點校

人民出版社 出版發行
(100706　北京市東城區隆福寺街 99 號)

北京匯林印務有限公司印刷　新華書店經銷

2017 年 5 月第 1 版　2017 年 5 月北京第 1 次印刷
開本:880 毫米×1230 毫米 1/32　印張:18.75
字數:380 千字

ISBN 978-7-01-016093-1　定價:78.00 元

郵購地址 100706　北京市東城區隆福寺街 99 號
人民東方圖書銷售中心　電話 (010)65250042　65289539